不确定性、融资约束与企业投资分析

Uncertainty, Financing Constraints and the Analysis of Enterprise Investment

郭建强 著

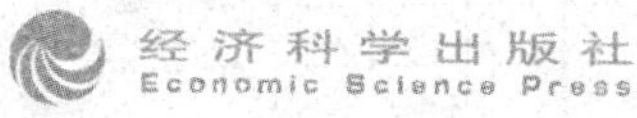

图书在版编目（CIP）数据

不确定性、融资约束与企业投资分析／郭建强著．北京：经济科学出版社，2007.8
ISBN 978－7－5058－6673－7

Ⅰ．不…　Ⅱ．郭…　Ⅲ．①企业－投资－研究－中国②企业－融资－研究－中国　Ⅳ．F279.23

中国版本图书馆 CIP 数据核字（2007）第 162768 号

内 容 摘 要

该书主要是研究企业的投资行为。该书从理论和实证两个方面分析了不确定性和融资约束的投资效应，其中主要是理论分析，实证研究是基于中国转型的经济背景，使用中国上司公司的数据，对理论分析的结论给予验证。

我们按照“成本——收益原则”，从新古典投资模型的框架出发，将投资过程区分为相互联系的两个阶段（理论分析上的过程而不是实际投资行为上的具体过程），深刻分析了影响投资的成本和收益的各种成本，并将这些成本和收益融合在一个投资理论中。该书使用实物期权理论，将投资的等待价值定义为投资的成本，而将资本市场的非完全引起的融资约束定义为投资的资本成本，由此将现有的融资约束研究和不确定性期权分析进行了综合。该书还重新定义了投资的收益，对影响投资收益的因素进行了更深入的分析。在投资成本中，我们还充分考虑了传统的调整成本，完善了传统投资理论的非动态化缺陷。书中使用了大量的篇幅来讨论现有的文献，提出了现有文献的不足和进一步发展的趋势。总之，该著作主要从不确定性环境、融资环境角度，在综合现有理论的基础上，给出相对全新的投资行为的理论解释。该著作还讨论了中国转型问题，以及这种转型对企业投资行为的特殊影响，最后讨论了投资政策问题。

影响企业投资决定的因素是具体的，投资研究需要将这些因素进行必要的限制和抽象，这种抽象一般就是构建不同条件下的投资模型。假设条件不同投资理论就不同，投资理论的发展，就是逐步放宽假定条件，使投资行为假定与投资实际一致的过程。

如果假定企业投资的环境是确定的，则投资决定就是简单计算投资的收益、投资的支出，然后比较投资的净收益的过程。当投资的收益大于投资的支出时，投资的决定就是恰当的，否则投资就是不合适的。传统的投资理论一般假定经济环境的确定性（包括特质性不确定性），所以传统投资理论可以称为确定性投资理论。

传统的确定性投资理论主要的缺陷在于：过分抽象了投资行为假设，忽视了影响投资收益的因素分析，忽视影响投资成本的因素分析，忽视资本的成本因素分析。如在投资成本中，调整成本的存在可能会降低投资水平；期权价值的存在，使投资的成本中必须考虑期权的价值。在投资的收益中，不仅宏观经济运行，或者经济周期影响企业的投资收益，而且，经济环境的不确定性可能影响对投资收益的确定。经济环境的不确定性，从资产的收益和投资成本两个方面影响投资的净收益，影响着投资决定以及投资水平。

因此，现有的投资理论可以区分为三种基本形式：即确定性条件下的投资理论；不确定性条件下的投资理论；以及资本成本约束性——融资约束性的投资理论。传统的投资理论是确定性的理论。传统投资理论的发展沿着两个方向进行，一个是在投资理论中加入不确定性因素分析；另一个是在投资理论中加入融资约束因素分析。

不确定性分析的最新发展是期权价值的引入。现有的期权分析，通过构建动态化的投资模型，来计算所谓的投资价值，以此来确定企业投资的临界值，并且提出不确定性抑制当前投资的结论，但这种分析往往以假定资本市场是完全的。不仅中国这样的国家不具备完善的金融体系，即使是成熟市场经济，资本的成本问题，也是企业投资必须面对的，所以，不确定性（期权方法）分析也要发展，需要考虑资本市场的完全性假定。不仅如此，不确定性分析在解释资本存量水平方面存在一定缺陷，而资本存量是传统的确定投资水平的方法，具有很大的优势，而且与现有的宏观投资水平（总投资水平）分析一致。

融资约束理论尽管分析了资本供给特点，分析了这种供给特点影响投资行为，但却忽视了投资环境的不确定性的分析，因而是不全面的。现有的融资约束分析，普遍重视实证研究，而理论研究不足，最主要的不足是该理论没有包含不确定性分析。总之，投资理论的现有文献存在融合的需要，即融资约束的投资效应与不确定性投资效应的融合分析。

该书主要的贡献是建立统一意义上的投资模型，即在投资模型中加入不确定性分析和融资约束分析。这样，一方面，影响投资决定的诸多因素都可以包含在投资模型中，从而形成一个能够体现投资实际的投资需求理论；另一方面，可以将现有投资理论进行综合，即发展了现有的投资理论。研究的基本结论是：不确定性、融资约束严重抑制了企业的当前投资，降低了当前的投资水平，而且两种效应还存在某种联系，这在一定程度上反映了投资行为的复杂性。

基于不同的投资行为假定，将形成不同的投资政策。现有的投资政策——基于确定性假定的投资理论——利率的投资政策方案，明显不足。在充分考虑不确定性及融资约束的统一投资模型的基础上，投资政策将是全新的，即投资政策的出台需要考虑经济环境的确定性、融资环境的改善等，使投资政策更具有实际的指导意义。这是该文的第二个方面的创新之处。

要达到上述的研究目标，仅仅使用现有的分析方法是不够的。该书在传统的资本存量方法的基础上，构建了投资决定的两阶段法。投资的两阶段方法的实质是比较静态分析。该方法能将影响投资决定行为的因素，区分为互相联系的投资净收益决定过程，以及投资决定的资本净收益因素分析，同时，该方法将投资水平确定为企业的合意资本存量，这样，投资的所有影响因素，表现为边际成本和边际收益，只要边际成本和边际收益确定，投资水平随之确定。该书分析了不确定性条件的资产收益以及随着资本存量增加时的资产收益，分析了期权价值存在下的投资成本，并构造出一般意义上的能够体现所有投资成本的净收益水平。这是该书的第三个方面的贡献。

最后我们分析了转型时期的企业投资行为的特殊性问题。因为前面的投资理论，基本的假定前提是市场经济，而对于处于特定的转型时期的中国企业而言，上述分析的理论结论，不一定适合中国的实际，即该理论无法直接解释中国的企业投资行为。我们认为，中国的企业投资行为需要充分考虑中国的具体经济环境来解释。该书从理论上分析了：中国转型时期的体制与投资行为的特殊性的关系；转型时期的融资约束和不确定性；体制转型引起的不确定性的投资效应等问题。我们还以中国上市公司的数据，对我们的理论进行了初步的检验，检验的结论基本上支持了我们的理论推论，有些结论则与我们的判断相左，这表明中国经济的特殊性以及在企业投资行为上的表现。

Abstract

This book mainly carries out researches about the investing effect under uncertainty and capital imperfection condition from theoretical and empirical aspects, especially from the former one. The empirical research testifies the conclusion of theoretical analysis by using the data of Chinese public companies, which is based on the economic background of such a transitional period the China.

According to the "cost—proceed principle", with the help of New Classical Investment Model, we divide the investing process into two interacting stages (theoretical process, not the real specific behavior of investing process) to give a deep analysis of costs that affect the investment and proceed, and combine them into one investment theory. By using the Real Option Value Theory, we define the option value as cost of investing and the capital imperfection as capital cost of investing, and then combine the existing research of capital imperfection and the option analysis under uncertainty circumstance together. Further more, the book redefines the investment proceed, which gives a thorough analysis of the factors that affect proceed of investment. As to the investment cost, with full consideration of traditional adjusted cost, we meliorates the no-dynamic defects of the traditional investment theory. There is a large part putting on discussing the current literature of this field, pointing out their defects and the future trend. All in all, from the condition of uncertainty and capital imperfection, basing on synthesis of the current theories, the book gives a new theoretical explanation of investment behaviors. Also in this book, issue of transition in China and its impact on the behaviors of enterprise investment are discussed. Finally, some investment policies discussion is presented.

Factors affecting enterprise investment choice are various and complicated. It is essential to limit and generalize those factors during the investment research. The generalization of those factors is to construct investment models under different hypothetical conditions. The different hypotheses formulate different investment theories accordingly. The development of investment theories is to make the behaviors of investment agree with the actual investment by gradually setting free the hypotheses.

If the conditions of enterprise investment are certain, the decision to investment or not is calculating enterprise investment cost and investment proceed, then comparing the net proceed of investment. When the investment process is larger than the investment cost, the enterprise may make a proper decision about its investment plan; otherwise, the investment plan may not be appropriate. The traditional investment theories, the so-called investment theories under certain environment, assume the investment conditions to be certain.

The traditional theory is limited in explaining the phenomena of investment. The limits consist in many aspects: firstly, neglecting the actual characteristics of investment, neglecting the analysis of factors that affect investing proceed and cost; secondly, postulating the condition of investment is certain; thirdly, figuring the capital market is absolute, namely, the demand equates the supply, neglecting the exist of cost of capital. Therefore, the traditional investment theory need be developed.

Therefore, there are three types in the investment theories: investment under the certainty; investment under uncertainty; investment under capital market imperfections. The traditional investment theory is the theory of investment under certainty. The traditional investment theories develop along two trends: one is theory of investment under uncertainty; the other is investment under capital market imperfections.

The introducing of option value is the latest development of uncertainty analysis. In the investment cost, option value is important variable, the new existing dynamic investment model of option value, by calculating of the investing value, the enterprise educes a so-called critical point. However, the model of option value presumes that the capital market is perfect. In fact the capital market is imperfect. Not only in China, there are limits of capital system, even in the mature market, capital cost may affect investment decision. Therefore, capital cost analysis is included in investment model. The current option value method pay attention to the critical point but neglect the quantity of capital. The quantity of capital is important to total quantity of investment in the national economy. So the current option value method need be developed.

The theory of capital imperfections presumes that the supply of capital is less than the demand of capital and this characteristic of capital supply may affect the quantity of investment. But this theory lacks the uncertainty analysis. The accurate theory must contain the analysis of uncertainty and capital imperfections.

The main creative point in this book are the integrated investment model, namely uncertainty analysis plus capital imperfection analysis in the model. For one thing, all possible factors affecting investment choice can be included in the model, which can accurately reflect the actual investment; for another, the model promotes the development of existing investment theories. The conclusion of the integrated investment model shows that the two factors reduce the levels of current enterprises investment. Further more, there is some connection between the two factors that generally reflects the complexity of investing behavior.

The second creative point is the formulation of appropriate investment policies. The traditional investment theories presuming certain investing environment believe that interest rate is the central factor in determining the investment level, but this book believes that certainty and uncertainty of economic environment and the conditions of capital acquisition will be altogether affecting the investment level. SO the coming out of investment policy should be completely new accordingly, in which improving of capital market and uncertainty must be considered to play an actual guidance role.

The third creation point is establishing a new method of capital quantity, which is developed from the traditional one. The method is in essence a comparative static analysis. A two-stage method has been formed, in which one process is to determine investment net proceed; the other is to determine capital net proceed. The investment net proceed and the capital net proceed are realized by the comparison of marginal cost and marginal yield. We also discuss about investment cost about option value, and the total investment cost containing almost all factors which affect investment choice.

The last is the discussion of particularity of enterprise investment behavior in transition in China. The Chinese enterprise investment behaviors differ from the enterprise behaviors under market economy. Transitional economic system in China will affect the choice of enterprise investment. We also discuss about the connection between transitional economic system with uncertainty, and the investment effects under this uncertainty. This book uses the data from the companies that enter stock markets and testifies the above-mentioned theories. On the whole the results supports the theory. Though some results is dissatisfactory, it may be the reflection of economy with Chinese characteristics.

目　录

导　论

一、问题的提出和研究的意义

什么是企业，企业的投资行为在理论上如何解释？具体经济环境中的企业投资行为呈现什么样的特点？这些问题一直是投资研究的热点问题。[①] 经济学上研究企业的投资行为目的要回答以下两个问题：微观上企业的投资决策受何种因素影响，各种因素作用大小如何，这些因素是以何种方式起作用的；宏观上投资水平是由什么因素决定的，投资为什么发生变化和波动。

实际经济中，总投资水平的变化对国民经济的稳定运行具有重要影响。投资是总需求的重要部分，总投资的变化决定国民收入的水平，决定社会财富的大小。不仅如此，投资的稳定决定了整个国民经济运行的稳定性。现代宏观经济学认为投资的稳定是决定经济运行稳定性的关键因素。投资增加或者减少通过乘数作用更大数量

---

① 关于企业的定义学术界仍然存在争论。不同的学者可以从不同的角度去定义企业或者从不同的研究目的去定义企业，但有一点是肯定的，这就是随着企业性质、形式和地位等特点的变化，随着人们对企业认识的加深，企业的定义也会发生变化。最新的关于企业定义从几个方面概括了企业的内涵：第一，企业是一个契约性组织；第二，企业是一个市场性组织；第三，企业是学习型组织；第四，企业是一个家教性的组织；第五，企业是一个虚拟的组织；第六，企业是一个无边界的组织；第七，企业是一个系统性的组织；第八，企业是网络化组织；第九，企业是全球性组织；第十，企业是体系性的组织。显然，这一认识是从企业所处环境和企业最新特点和功能等方面进行定义的。但这里，我们定义的企业更多的是从经济学的角度，因而，所谓企业投资行为研究，我们也更多是从经济学角度研究企业的投资行为。

地影响国民收入的变化，而且投资是形成固定资产的主要形式，投资形成的固定资产一旦出现，就会在较长时期内对国民经济施加影响。投资不是免费的，投资需要“消费”大量的生产要素，投资形成的“产品”不是社会需要的最终产品，只能是中间产品。中间产品最终要服务于最终产品服务。投资形成的社会生产能力超过经济所需时，就会产生生产能力过剩，造成社会资源的巨大浪费。生产能力过剩正是造成诸多经济问题的重要原因。

在中国，投资在总需求中的地位更为重要，从而成为我们关注的焦点。因为，中国是一个发展中国家，正在持续进行新型工业化建设，所以，投资的作用十分重要，只有通过投资强化工业化力量，形成国民经济的完整体系，增强国民经济的竞争力，为提供更多的社会消费品奠定基础。现阶段投资还承担着配合改革的需要。改革是体制和政策的巨大调整，改革要触犯一些个人和集团的利益，改革需要投资拉动经济增长，进而配合各项改革的顺利进行。改革开放以来，投资对经济增长的拉动作用十分明显。同时，投资波动也是决定经济周期性变化的主要原因。中国现阶段投资的主要问题似乎是：重复建设严重；投资的过快增长；投资变化的过于激烈；投资形成的生产能力在部分或者大多行业中的过剩等。

能否稳定投资水平是宏观经济政策的重要目标，也是经济增长持续稳定的奋斗目标。然而，无论是刺激投资还是抑制投资，关键要解决一个基本问题：投资会对何种宏观经济变量做出反应？这些宏观经济变量中哪些是最重要的？这就是说，宏观意义上的总投资的背后是微观投资行为——企业的投资选择。因此，总投资分析的关键是微观意义上的企业投资行为分析。

投资行为也是管理学要回答的重要命题。投资是企业最重要的决策行为，因为，投资形成的资源将决定着企业未来的收益和具有的风险，鉴于投资在企业决策中的地位与作用，企业进行投资决策必须考虑相应的成本与收益。尽管投资所发生的收益和具有的风险是分开的，但一定程度上又是统一的。这是因为不确定性等因素进而引起的投资风险，可以通过适当的方式内化为投资发生的成本。本书重点考察了与投资有关的两种成本：一种为不确定性引起的投资成本问题；另一种为融资约束下的资本成本。[1] 本书认为，“投资成本”与“资本成本”是两个完全不同的变量，不确定性环境影响投资的成本而不影响资本成本，而投资所需要的资本成本决定是独立的。从企业外源性融资形式上，资金提供者与企业的关系决定融资成本，由于企业本身特点的不同，以及资本市场（或者银行等资金提供者）与企业的信息水平上的均等性等将影响企业的融资成本。同时，融资约束条件和不确定性条件下具有加强的作用，实证研究显示了这种加强作用。总之，这种不确定性、融资约束与企业投资行为的理论分析，以及实证研究将有利于对企业投资行为的解释，从而有利于企业投资决策的优化。

企业投资研究沿着两种不同的方式进行：一是一定假定前提下，通过构建理论化的模型，说明投资决策变量与相关的变量的相互关系；二是关于企业投资行为的实证研究，即投资决策变量与一定环境下的其他变量的经验研究。从两种形式的研究之间的关系看，前一种研究是后一种研究的基础；两者互为补充。

追求经济利益是企业的基本目标，企业的投资决策也像其他形式的决策一样，是基于成本—收益原则的选择行为，因此，大多数投资理论都可以将影响投资行为的变量内化为一定的“成本”和“收益”。投资理论之间的差异，很大程度上就是关于投资形成的收益和发生的成本上的差异。传统投资理论如早期的 M-M 定理（Modigliani Miler，1958），新古典投资理论（如豪尔（Hall）和乔根森，1967；艾斯纳（Eisner）和 Nadiri，1968；Bischoff，1971 和 Clark，1979），以及新古典投资模型的发展形式——托宾的 q 理论（1969），都有一个重要假定前提——融资对投资决策不构成影响。

---

① 实际上，投资过程中的成本具体而多样，理论上也有不同形式的成本如调整成本等，但为了能够充分说明不确定性和融资对投资的影响，重点讨论上述投资成本是必要的也是恰当的。

因为假定资本市场与标准市场一样是完全的，企业的价值与满足投资需要的融资形式无关，则投资的主要决定因素是融资因素之外的投资机会。所谓投资机会即企业获得具有一定量的现金流现值的机会，该机会可以是指企业将要实施的一个项目，也可以是其他形式的能够形成现金流的存货投资等等。

“融资无关”命题有两层含义：一是融资没有投资的成本效应，即投资所需资金以一定的成本无限获取，则投资是投资机会与投资所需资本之间的比较，以确定投资是否进行，因而决定投资水平的关键是降低资本成本——融资成本，传统的宏观经济理论认为总投资水平主要是由利率大小决定的；[①] 二是部分企业不受外部资金提供者的限制，即不存在信贷配给等。

实际经济中不仅存在融资的成本效应而且存在融资限制。最新的企业投资理论对融资与企业投资决策之间的关系进行了深入的分析。较早时期已有学者如 Tinbergen（1939）研究了金融变量对投资的影响。Tinbergen 在投资方程中，将流动性作为决定投资的一个重要变量，而且统计检验的结果显示出这一变量对投资行为的解释作用。相似的研究学者还包括 Meyer 和 Kuh（1957），但这些研究在理论上没有充分的论证，结果被 M-M 定理的位置所取代。信息非对称理论和委托代理理论的交易成本学说的出现改变了这种情况，促进了融资与企业投资之间关系的分析。最新的投资理论的一个重要结论是投资的约束效应问题。

另一方面，在企业投资收益和投资成本计算中，不确定性因素如何考虑，这一点传统的投资理论似乎没有明确说明。这正是传统的投资理论和最新的投资理论的根本分歧之一。宏观经济学的奠基人——凯恩斯在其投资理论中引入了不确定性分析，从而开辟了不

---

① 在一定的假定前提下，企业的投资水平就是宏观意义上的总投资水平。实际上，企业投资水平与总投资水平存在较大的差异，这种差异不仅仅表现为一个是个量一个是总量，更重要的是个量的加总本身存在一定的困难，因为投资对经济条件和环境的反应不仅存在产业差异，而且存在具体企业之间的差异。

确定性分析的先河，之后大量的经济学理论引入了不确定性因素的分析。现代经济学认为，经济环境是不确定性的，经济主体的选择行为结果是不确定的，即消费行为或者投资行为存在一定的风险，尤其是投资的预期结果存在很大的不确定性，这种不确定性必然伴随投资的巨大风险。显然，投资结果的不确定性意味着投资行为受不确定性因素影响。投资与不确定性之间的关系表现之一是投资的未来收益是不确定的：不仅未来各时期回报是不确定的；总的回报也是不确定的（未来各时期的回报不确定必然的结果是未来总回报的不确定）。投资的未来回报不确定原因是多方面的：如果投资是指项目投资，则项目在未来时间内的运营成本本身是不确定的；因为受市场需求的影响，产品的价格可能上升或者下降；由于新型设备的出现现有的投资价值将下降。投资的未来收益水平还受整个经济运行的平稳性影响，这就是说，整个经济环境的不确定性影响投资的未来收益的稳定性。因而，宏观环境的不确定性、行业的不确定性以及特定企业的不确定性将影响企业的投资选择。

现有的投资理论使用不同的方法来处理不确定性。传统投资理论将不确定性放在微观经济学的“新古典”框架中，推出几乎是自相矛盾的结论：不确定性抑制了企业投资水平；不确定性增大了企业的投资。最新的不确定性投资理论强调了投资的时机。一些学者使用金融期权理论，将企业投资定义为实物期权的执行行为，因而，期权价值受不确定性因素的影响，不确定性影响期权执行的价值，影响当前投资的“成本”，进而影响企业现时的投资水平。进一步的理论研究显示，期权方法的投资时机不仅是重要的，而且影响现时的投资绝对量。①

① Avner Bar-ilan William C. Strange，‘The Timing and Intensity of Investment.’ *Joural of Macroecnomics*，Winter. Vol. 21，No. 1，pp. 57 ~ 77（1999）. 该文引用了 Hubbard（1994）的观点：平迪克和迪克西特（1994）的新模型，没有解决投资的水平问题，所以，进一步研究的目标是关于意愿资本存量和资本边际收益之间的关系。Strange 等人（1999）扩展了平迪克和迪克西特的新模型，将资本存量引进模型中，他们讨论了两种不同形式的投资的资本存量变化与不确定性的关系。

现有的文献分别从两个方面推进了企业投资研究。一个是不确定性对投资的影响，另一个是资本市场非完全即融资对企业投资的影响。该书研究的结论认为，虽然现有的文献在上述两个方面已有突破，并继续沿着这两个方面推进，但从理论上和实证上将两种研究结合起来仍显不足，尤其是理论上的综合存在严重缺陷。这种理论的缺失致使现有投资理论上的互相隔离，影响着企业投资理论的发展和对投资行为的正确解释。

该书按照“成本—收益原则”，从新古典投资模型的框架出发，将投资过程区分为相互联系的两个阶段（理论分析上的过程而不是实际投资行为上的具体过程），深刻分析了影响投资的成本和收益的各种成本，并将这些成本和收益融合在一个投资理论中。该书使用实物期权理论，将投资的等待价值定义为投资的成本，而将资本市场的非完全引起的融资约束定义为投资的资本成本，由此将现有的融资约束研究和不确定性期权分析进行了综合。该书还重新定义了投资的收益，对影响投资收益的因素进行了更深入的分析。在投资成本中，我们还充分考虑了传统的调整成本，完善了传统投资理论的非动态化缺陷。书中使用了大量的篇幅来讨论现有的文献，提出了现有文献的不足和进一步发展的趋势。总之，该书主要从不确定性环境、融资环境角度，在综合现有理论的基础上，给出相对全新的投资行为的理论解释。

相对于理论研究，国内外关于不确定性、融资约束与企业投资关系的实证研究则相对活跃。多数研究是分别验证了不确定性对投资的解释作用，以及融资约束对投资的解释。就不确定性对投资的影响而言，结果显示：不确定性抑制了投资；不确定性增加了投资，可见与理论研究结果相似，不确定性对投资的解释作用存在不确定的情况。融资约束的经验研究结果也存在类似的情况。

我们认为，金融与企业投资的关系表现为融资与投资的关系，融资作为企业投资的必要条件，是借助所谓的融资环境和条件来实现的。融资环境和条件包括以下几层含义：第一，融资制度的整体水平。如融资工具的发达程度，融资方式的多元化特点，以及融资市场化水平等。融资制度的水平（结构和特点）对融资实现效率具有重要的影响作用，因为现代化的金融体制是保证融资资源输送到企业中的基础，不仅总量上有利于企业投资，而且结构上满足不同企业的不同层次的融资要求。从这个意义上，融资制度是发生融资约束，融资约束程度过高的原因之一。第二，融资资源的市场手段和计划配置手段具有完全不同特点。计划体制下，融资资源的配置具有明显的政府行为特色，即使在转型时期，这一资源配置也很大程度上受政府决策的影响。第三，市场经济条件下的融资资源配置服从竞争原则，融资资源的配置是主体行为的理性决策行为的结果。由于企业投资决策本身具有风险，且在不同企业之间存在差异，如果在融资资源提供者规避风险的假定前提下，则企业投资风险上的差异就会影响融资资源的配置，即融资资源的配置在企业之间是非均等的。但仅有这个条件尚不足于促使融资约束的发生，只有当信息非对称性强化了上述的非均等程度，使一部分企业的正常投资行为受到限制时，融资约束的负面经济效应就会出现。

在我们看来，有关投资的融资约束研究需要在以下几个重要方面进行深入。首先，融资约束对什么样的企业存在，这些企业是否一定就是小型企业、经营状况差的企业和信誉差的企业，大型企业有没有存在的可能。其次，融资约束的特点可能在不同的经济环境和体制环境中有不同的表现，也就是说，融资约束具有普遍性但同时具有特殊性，应加强研究不同经济环境和不同体制条件下的融资约束，如中国转型时期的企业投资行为中有关融资约束的具体特点研究。再次，使用企业自身现金流与投资的敏感性作为研究融资约束程度的方式是否恰当。值得注意的是，如果在检验模型中加入不确定性变量，融资约束的特点是否会发生变化。直觉上不确定性变量的加入可能会影响企业投资的融资约束特点。

该书正是基于上述考虑，使用中国的现有数据，对不确定性对投资的解释作用，以及投资的融资约束情况进行了实证研究。研究的结果与该书的理论分析基本一致，但出现部分相左的反直觉特点，说明了现阶段中国企业投资行为的特殊性。

现阶段中国企业的投资行为具有特殊性，这种特殊性同样需要运用理论的方法和实证的方法加以解释。由于西方的投资理论，多以发达国家为对象，是以典型的市场经济为背景的或前提的，所以，简单地将西方的投资理论运用到处于转型时期的中国，显然是不恰当的。

就转型时期的企业投资行为而言，有几点情况需要引起重视：随着改革的深化，企业的投资角色越来越重要，甚至已经成为投资行为的主体，这说明了企业投资行为研究的必要性；国有企业的特殊地位；企业的投资行为可能受到来自体制和市场的双重影响。

在我国传统经济体制下，企业单一的所有权结构和中央计划经济特征使得企业投资与政府投资难以区分。改革开放以来，随着社会主义市场经济体制的建立和企业所有权结构多元化，企业投资逐渐脱离了政府投资的特征和效果。特别是在我国政府财政收入比重不断下降，政府投资规模也随之不断下降的情况下，企业投资成为影响中国经济增长的重要因素。

按照融资约束理论，受约束的企业其投资会在比较大的程度上取决于企业的净财富状况。这种理论对于认识我国目前的企业投资行为，或许有重要的参考价值。我国企业的资产负债率普遍偏高，平均在70%以上，企业的实际净财富水平较低，企业投资资金主要来源于外部融资。同时，金融体制改革使得企业外部融资渠道逐步市场化，尤其在银行体系积累的高额不良资产巨大压力下，使得商业银行中长期贷款业务，越来越明显地受到体现市场经济特征的资产负债比率管理的约束。在这一背景下，我国企业净财富水平过低可能会给企业投资带来很高的信息成本，成为影响我国企业投资决策的重要因素，并有可能降低企业的投资需求。这些现象都需要在已有理论的基础上，结合中国的实际，从理论上和实证的角度加以分析和说明。

另一方面，中国正处于经济转型和体制转型的时期，与转型有关的经济特点将深刻影响着企业的投资决定，如体制转型可能在一定程度上影响经济环境的稳定性，而经济环境的稳定性反过来对企业的投资决定产生影响。一些在典型市场经济条件下起作用的不确定性投资效应，可能对中国企业不起作用，原因就是体制转型使企业的经营行为特殊化，进而引发投资行为的“非理性”行为，如改革时期出现的普遍的投资冲动现象。我国现阶段出现的投资冲动，不同于市场经济中的经济高涨时期的投资膨胀——过分的乐观预期形成的投资过剩，而是体制和政策造成的道德风险问题。而另一些因素在典型市场经济条件下不起作用的因素，可能在中国发生作用，如改革引起的不确定性。不确定性会对企业投资行为产生影响，但中国改革时期的不确定性不同于一般意义上的不确定性。总之，在以现有的投资理论解释中国现阶段的企业投资行为时，必须结合中国转型的实际背景来说明。

二、该书的研究思路

为了能够从理论上正确分析企业的投资水平，我们首先构造出所谓的投资两步法。我们认为，要从理论上确定企业的投资水平，有两点需要注意：第一，企业的投资水平必须用投资量来代表。与投资水平对应的一个概念是投资发生的临界值。临界值可以用投资量相关的数量值表示，也可以用所谓的增量指标来表示，如边际收益等于边际成本。但投资量一定与存量概念联系。我们的分析延续传统经典经济学的资本存量法。由于每个企业的具体投资特点各异，有的投资量大，有的投资量小，但最终都表现为资本的支出大小，所以，使用资本存量能够较好体现这一目的。第二，必须能够体现企业投资的实际。资本存量和资本增量是对投资支出的一种抽象，虽然投资是具体的物质上的投入，但经济学分析需要对实际的投资进行概括，最方便的办法是将具体的投资支出转化为抽象意义上的资本支出。但这种资本支出，是以投资实际特点为基础的。

首先，我们确定企业的合意资本存量。有了合意资本存量就可以确定企业的投资支出的水平。当企业的现有的资本存量一定，现有资本存量与合意资本存量之间的差异就是企业来实现的投资量。显然，在其他条件一定的情况下，现有资本存量与合意资本存量之间的差异大小，将决定企业的投资水平。这里我们不分析实现合意资本存量的具体时间和成本问题。所以，本质上，我们的方法是传统方法的延续，但有我们自己的创新之处。

其次，通过边际支出和边际收益来确定企业的合意资本存量。传统的边际支出就是资本支出，边际收益就是资本的边际收益。我们认为这种方法存在一定的缺陷：第一，这种方法淡化了企业的投资实际特点。资本的边际收益实际上就是资本资产收益，投资的目的就是为了获取投资所形成的资本资产的未来收益，而未来收益的变化特点是什么？传统方法没有很好地说明。传统的资本存量法认为，资本的增加将使资本的边际要素生产力下降，所以假定资本存量增加与资本的边际收益下降对应，我们认为，决定资本资产的未来收益下降的因素很多，要区分不同的促使资本资产未来收益下降的因素和原因。就单个企业来说，资本存量的增加（投资增加）可能使资本的边际贡献下降，但如果企业是报酬递增，则边际贡献未必下降，即使报酬不是递增，资本的边际收益下降也需要结合市场的因素来说明。因为企业投资面对的市场主要有两个：一个是资本品市场；另一个是产品市场。资本品市场的价格变化会影响投资的成本（传统方法忽略了这种投资成本的讨论），而产品市场的价格变化影响资本资产的回报，所以，这两个方面都会改变资本的边际收益。这两个方面的变化实际上与供需矛盾有关的，所以，本质上这是一种均衡分析。这就是说，资本存量法是一种比较静态分析。

因此，我们服从于投资实际，可以将企业投资过程分为两个阶段，第一阶段是确定所谓投资净收益阶段，即在资本资产的未来收益与投资的各项成本（暂不考虑资本成本）的基础上确定的收益。

第二阶段是确定最后的投资收益——资本净收益，是资本的成本与投资净收益之间比较的结果。一切影响资本资产收益的、投资成本支出和资本成本变化的因素，都可以分别进行说明，都是影响企业合意资本存量的因素，在投资模型中必须体现。我们正是在使用这种方法的基础上建立统一意义上的投资模型。

该书在资本存量方法的基础上，对现有的投资理论——传统的确定性的投资理论、不确定性的投资理论和融资约束理论，进行了分析和评价，指出了现有理论的不足，按照新的方法构建了能够体现投资实际的——资本市场是非完全的条件、投资环境是不确定性的条件，这样的统一意义上的投资模型。这种综合——将现有的不确定性理论和融资约束理论进行综合是十分必要的，一方面这是投资理论发展的需要，另一方面可以形成正确的投资理论，并在此基础上出台正确的投资政策，为刺激投资提高提供政策建议。

该书还结合中国转型的实际，探讨了转型与融资约束的可能性特点（理论分析），转型与不确定性的关系，以及这种不确定性与投资的关系等问题。并以中国上市公司的数据，初步检验了我们的统一意义上的投资模型，检验的结果基本上验证了我们的理论假定。

三、主要内容介绍

全书共分六章。第一章、第二章、第三章和第四章是一般理论分析部分，主要内容是分析企业投资行为的一般理论，是运用一种新的方法，对现有的投资理论进行分析和综合的过程，并建立相对统一的投资理论。第五章是讨论中国转型时期的体制与融资约束和不确定性的具体特点，并分析了不确定性的投资效应，概括了体制转型与企业投资行为的关系。第六章以中国上市公司的数据检验统一投资模型，以及对全书的基本结论进行了总结，提出了政策建议。

第一章主要内容包括：在传统资本存量法的基础上构建出新的投资两阶段法；对传统的确定性投资理论进行了分析和评价；形成全书进一步论证的方法论基础和基本出发点。首先我们明确了确定性的含义、企业投资的目标，以及确定性投资分析的基本假定等基本问题；然后逐步引入资本存量分析，确定企业投资的决定准则，并对决定投资收益的有关因素进行展开分析；对传统的确定性模型一些条件的放宽，如规模效应问题；资本存量的调整问题，以及调整成本问题；最后是对典型投资理论的评述。

第二章是分析不确定性与投资的关系。一方面对现有的理论进行了介绍，指出其中的不足，并使用新的方法重新论证了不确定性与投资的关系。首先介绍了不确定性的概念，介绍了传统的不确定性理论及结论，然后重点说明了期权分析方法。指出现有期权方法忽略资本存量的——即能够体现投资水平的不足。将期权价值内化为投资的成本，分析了等待下的投资行为，得出期权价值下的不确定性与投资关系的基本结论。

第三章是分析融资约束的问题。首先介绍了融资无约束的理论观点，然后介绍和评述了融资约束理论，在此基础上我们重点分析了融资约束下的投资水平问题，即企业的净财富值可能对企业投资的影响。本章还讨论了融资约束的程度问题，主要对融资约束的程度与投资—现金流敏感性关系的理论基础进行了再讨论。我们还分别对不同企业情况下的融资约束特点进行了分析，得出的结论认为企业的现有财富值将影响企业的进一步投资行为；不同企业的净财富值不同，则对企业的进一步投资产生不同的影响；恶化的企业净财富值将对经济环境的敏感度增加。

第四章是融资约束效应和不确定性效应的综合。本章是当前理论分析的空缺，本书采取新的资本存量方法，探讨了两种理论分析结合的可能性问题；分析了风险与不确定性的关系；不确定性下的融资约束问题，构建了统一意义上的投资模型。分析的结论认为，不确定性和融资约束下的投资水平将更加减少，这与人们的一般直觉认识一致，而且不同企业的条件不同，则上述的两种影响效应不同，由此会形成不同的投资政策含义。

第五章分析了转型时期的融资约束和不确定性的特殊性，以及企业投资行为的特殊性的问题。重点分析了体制转型与不确定性的关系，以及体制转型与融资约束的特点。分析的结果认为，渐进性改革一定程度上增加了企业对未来体制的非稳定性预期，不利于企业的当前投资水平，我们通过一个理论模型讨论了这一关系，并提出如何看待改革成本的新观点，对中国现阶段出现较高投资水平的现象也提出了自己的看法。

第六章是经验验证和本书得出的结论。我们使用中国企业的数据——上市公司的数据（制造类企业），验证我们提出的统一意义的投资模型。验证的结论基本上支持了我们的预期，但部分结论与理论结论相左，这可能与中国的实际特点有关。最后对全书进行了总结，进一步概括了全书的主要观点和结论，提出了关于投资的政策建议。

四、创新点和进一步研究的必要

书中的创新点主要体现在以下几个方面：

书中将不确定性的期权价值转化为投资成本，通过投资的两个阶段的资本存量分析，解决了期权分析与融资约束分析的矛盾，形成了综合性的投资模型，这是本书的主要贡献。即在投资模型中加入不确定性分析和融资约束分析，形成了反映投资实际的投资模型，模型的最大优点是综合了影响投资决定的投资成本问题、资本资产的未来收益问题和资本成本问题，因此能够体现影响投资决定的复杂因素和特点。模型显示，不确定性和融资约束共同作用抑制了企业的投资，所以，投资政策需要基于综合性模型的结论。

在综合性投资模型的基础上形成正确的投资政策。提出现有投资政策的不足，分析了不同理论假定下的不同政策方案的关系。在充分考虑不确定性，融资约束的统一投资模型的基础上，投资政策的方案将是全新的，即投资政策的出台需要考虑经济环境的确定性，融资环境的改善等，使投资政策更具有实际的意义。

以中国的企业数据，验证了综合投资模型，结论基本上是令人满意的，说明了我们的理论分析是正确的。这为我们提供正确的体制改革方案、投资政策方案奠定了基础。

从方法论的角度，我们在传统的资本存量的基础上，结合投资实际，形成投资的两个阶段的资本存量分析方法。这种方法的主要优点是，一方面资本存量分析与现有的方法一致，企业的投资水平可以与总的投资水平结合；另一方面，该方法充分考虑了投资的实际特点，使建立的投资模型能够真正解释投资现象，但又不是对具体的投资现象进行描述，因而具有重要的理论意义和实际意义。

需要进一步研究的方面包括：在结合中国实际特点的基础上，建立反映中国企业特点的投资模型（理论模型）；经验验证还需要加强；综合投资模型的进一步完善，包括理论模型的数理论证和进一步的经验验证；区分不同企业类型的不同投资特点的研究；加强中国企业实际特点的研究，而不是一般理论分析；等等。

第一章
传统投资理论的分析和评价

什么是企业投资？企业投资与一般意义上的投资有什么不同？企业是在什么情况下决定投资的？经济学是如何解释投资的？传统投资理论与新的投资理论的关系是什么？传统投资模型有无发展的空间？等等，这些问题是研究投资问题必须要回答的，也是本章要解决的。

在传统经济学理论中，往往回避所谓的投资收益的不确定性问题，如经济学常常将固定支付利息的债券，当作产生一定利润流的资本资产。在凯恩斯宏观经济学理论中，常常将人们的投机需求定义为对债券的需求，而债券收益可以假定为确定的收益。

现实中的企业投资可能不是经济学家认为的那样，它可能表现出十分复杂的特点，这些特点在相对静态的假定前提下是不可能形成的。以确定性收益为特点的投资需求理论（以企业的投资行为假定为基础），是现代经济理论的基础，显然，这种理论的行为假定需要做进一步的研究，需要在经济学家清楚企业投资行为的基础上确定所谓的投资需求。现代经济学发展方向之一就是明确宏观经济的微观基础，这其中也包括对企业投资行为的研究。

显然，从实际应用的角度分析企业投资，与从经济学理论角度分析企业投资的重点和方法不同。经济学关注的是一般理论意义，不是具体的操作办法。所以，具体意义上的企业投资特点必须转化为理论意义上的企业投资假定，然而，传统经济理论对企业行为假定存在过分抽象的缺陷，需要充分考虑企业投资的实际特点。

我们认为，传统投资理论不仅存在忽视投资的不确定性问题，而且忽视资本成本问题。因此投资理论的前沿体现在两个方面：一个是研究不确定性与企业投资决定的关系；另一个是研究融资对投资的影响。然而，现有的投资理论虽然在这两个方面具有十分丰富的文献，也达到了初步的理论结论，但没有将两种因素——即融资影响效应和不确定性的投资效应结合起来分析，如果仅仅从现有的方法出发，很难构造令人满意的统一模型，所以，该书将首先在传统的资本存量分析方法的基础上，提出投资决定“两步法”，通过这种方法将传统的投资理论与不确定性投资理论，以及融资约束理论统一起来。构建统一意义上的投资模型是投资理论发展的需要，因为，企业投资的环境是不确定性的，不确定性必然影响投资决定，同时，投资的融资条件也影响投资决定。①

该书的第一章讨论了传统的投资理论，并使用新的方法对传统投资理论进行了系统分析和评价；第二章分析不确定性与投资的关系，使用投资的两步法重新讨论了不确定性对投资的抑制效应，尤其讨论了期权价值与不确定性的关系，以及这种不确定性对投资的抑制作用；第三章分析投资的融资约束问题，首先对现有的融资约束理论进行评述，然后使用投资两阶段存量法分析融资约束的抑制效应；第四章是本书的主要创新之处，即将前面的几种投资效应结合起来，形成统一意义上的投资模型，为最终的投资政策奠定基础。②

---

① 我们认为，资本成本不同于投资成本，投资成本是具体投资项目可能发生的成本，如购买机器等支出，而资本成本是指投资所需资金的成本，显然，资本成本是指相当于企业投资所需资金的借贷成本，而投资成本是与投资收益相联系的“成本”，因为企业投资的收益是在考虑投资的各种支出和收益比较的结果，然后再与资金的成本进行比较确定是否进行投资。所以，企业投资决定可以认为是：一方面是投资的收益水平，而投资的收益水平又与资本存量之间存在一定的关系，如随着投资的资本存量的增加，边际资本收益减少；另一方面是资本的成本，然后比较资本成本与资本收益的过程。

② 注意：这里的几种投资效应体现在三个方面，首先，我们不考虑不确定性的影响和融资约束问题，则投资决定基本上是传统投资模型的解释；其次，是不确定性影响下的投资效应；再次，是融资约束效应。

第一节　基本概念

一、传统投资理论的几个基本假定

在我们正确认识投资决定的特点之前，有必要指出传统投资理论对投资行为有一些重要的假定，这些假定主要包括如下几个方面。①

第一个假定是资本市场完全性。资本市场完全假定的含义是说，企业投资支出或者决定，基本上不受融资形式的影响。按照完全资本市场的基本假定，企业投资的资金来源无所谓内部融资还是外部融资，企业在确定的利率成本的前提下，可以获得任何数量的资金。这就是说，融资成本基本上不构成对企业投资的影响，因此，在投资方程中，投资的决定变量不包含金融因素。这一特点在传统的投资模型中体现得十分明显，传统投资模型就是在无融资约束的条件下的投资理论。

第二个假定是企业所处的环境是确定的。投资环境的不确定性是现代投资行为的基本特点，如果企业的经济环境是确定的，则企业的投资就无所谓投资了，我们一谈到投资，就必然要与预期和不确定性联系起来，但传统的投资理论基本上是假定企业投资环境的确定性。② 投资环境的确定性意味着，企业对投资的未来收益是确知的，这样，企业的投资决定过程就是一个简单计算投资收益与投资成本的比较过程，任何企业在现有的经济条件下，都会根据计算（使用不变的贴现率）投资收益来决定是否投资，要么投资要么永远不投资。

---

① 这些假定基本上能够反映传统确定性投资模型的特点。

② “要么投资要么永远不投资”是传统投资理论的基本特点，显然传统投资理论不考虑投资的等待特点，因而从这个意义上，传统投资理论不是具有弹性的动态理论。参见迪克西特、平迪克：《不确定性条件下的投资》，中国人民大学出版社 2002 年版。

第三个假定是资本存量可以无成本地调整。这个假定是说，企业认为的合意资本量就是实际能够执行的投资量。只要企业认识到投资的价值和投资时机，企业可以在不同时间段任意改变自己的合意资本存量。因为，合意资本存量本身是可以改变的，当合意资本存量下降，企业可以轻易地实现这个目标，如果合意资本存量上升，则企业轻易地投资到合意的水平。这里不考虑资本存量调整的速度和成本，尤其是不考虑减少资本存量的成本。① 资本存量的任意调整意味着投资在一定程度上是可逆的，即资本存量是可以减少的。可逆性是传统投资理论的一个基本特点。传统投资理论就是在企业合意资本存量与投资成本——利率之间建立一种相互关系，以此方式产生一个投资函数，并且总投资函数正是在企业的投资行为的这种特点基础上形成的。

第四个基本假定是完全竞争性假定。这里不考虑垄断的问题，不考虑企业的规模效应等。完全竞争性假定可以简化投资分析，但同时可能使投资理论的实际解释效果下降。

后面的分析正是延续传统投资理论的假定，结合书中的存量两步法，重新讨论了确定性投资理论，但我们也放宽一些基本假定，如考虑企业的规模效应，以此来分析企业的投资行为。

二、基本概念

（一）投资、投资者和企业投资的含义

关于投资的不同观点在很大程度上是与对投资的不同定义有关。但投资本身又是复杂的，至于反映这种复杂经济活动过程的定义，可能会出现不同的形式。人们在实际经济生活中和经济研

---

① 因为调整成本本身具有非对称性的特点。有关调整成本的理论见诸于大量的投资文献中，但调整成本的基本特点的概括性论述可以参考 Robert Lensink, Hong Bo and Elmer Sterken, ‘Investment, Capital Market Imperfections, and Uncertainty-Theory and Empirical Results’. p. 64, Edward Elgar Cheltenham, UK. Northampton, MA, USA, 2001.

究中，常常把投资的不同含义混淆，在经济文献中，使用“投资者”和“投资”的概念在许多场合就有不同的含义。[①] 通常情况下，人们将“投资”定义为用货币购进一些东西的过程，不管它是物质的产品，还是金融的产品，这是从形式讲；如果从投资的内容上，人们将所谓的“投资”定义为获取将来回报的购买过程。这样，所谓的投资者就是购买一定的对象并获得收益的购买者。

这里，我们应首先注意区分金融投资和实际投资。金融投资和实际投资的含义和意义可能完全不同。在经济学中，通常所说的投资是指狭义上的投资，即指为了生产目的而获得资本品的行为（实际上也包括其他方面的投资，为了与传统概念的一致和分析上的方便，我们主要还是考虑资本资产投资），把投资者定义为那些在这一方面做出决策的个人或者单位。现代宏观经济学将投资定义为：投资是企业在某一给定期间内用于增加资本存量的支出量。[②] 显然，宏观经济学定义的投资主要是指企业投资。为什么现代宏观经济学要将投资定义称为企业投资，本书认为，这是因为：企业的投资行为是宏观经济活动或者宏观变量的行为基础；其次，企业的投资行为在很大程度上规定了宏观投资的行为和变化；同时，企业的生产行为决定了企业投资在经济增长中的基础作用。

按照这样的说法，所谓的购买金融资产的金融投资，不是真正意义上的企业投资。金融投资是价值投资，而企业投资是实际投资。所谓的实际投资就是涉及实际经济活动的投资，如改变生产能

---

① 这里，我们可以比较消费者购买商品行为，因为消费者的购买目的是为了效用的“收益”，但投资似乎不能说是为了这种效用的“收益”，尽管投资行为的实施者可能是个人，个人的投资目的显然具有个人的偏好，所以，投资者的投资目标也可以用效用函数来表示，但毕竟我们不能将投资的目的定义为消费者的目标，投资的目的有自己的特点，投资的定义也应有自己的定义，这也从另一方面说明了定义投资的必要。

② 多恩布什、费希尔：《宏观经济学》，中国人民大学出版社 1997 年版，第 282 ~ 283 页。

力和提高经济总量（实际经济总量如总的产量）等，而金融投资改变的是金融资产的价值，或者只是价值在不同主体之间的转移。一般来讲，金融资产投资的主体的主要是指个人，而实际投资的主要形式是企业。金融投资和实际投资的直接目的（从投资者的角度）都是为了投资获得的收益；两者获得的收益在很大程度上是建立在未来收益上，都可能受到不确定性的影响。从宏观和体制上，两者是相互依赖和互相支持的关系，金融投资的变化以实际投资为基础，金融投资为企业的实际投资提供服务——成为企业融资的重要条件，金融投资通过所谓的贷款市场和资本市场，将企业投资所需要的资金转移到企业的手中。从这个意义上，企业投资在一定程度上要受到金融条件和融资环境的影响。

我们现在很清楚了，投资者就是实施投资活动的行为主体，无论它是金融资产投资者还是实际的投资者都是这样，但针对企业，在定义“投资者”时还会遇到一种现象，这就是，有时候很难区分谁是一个特定“企业里”的投资者。如果企业从银行借钱购买机器，如果企业没有自有资金，我们说借款人是投资者还是说银行是投资者？一个项目建设可能需要大量的投入，企业没有这么多资金，往往要借助银行和其他方面的资金，这没有什么问题，如果企业是理性的，银行也是理性的，企业在向银行或者其他方式筹集款项时，它要考虑将来还款的能力，并不是任何一家企业在借款时会完全理性，但小心谨慎是应该没有什么问题，而银行也会在企业借款时要考虑自己面临的风险。

但如果企业没有自有资金的情况就不同了。因为借款人在借给资金给企业，往往要附加一些还款和盈利保证。这样，企业的投资不仅仅是企业自己的事，银行可能的干预比较多，所以，投资主体的概念就显得比较复杂。不过这并不影响我们前面得出的结论——一般来说投资是指企业投资，企业投资主要是实际投资，或者说是实际投资中的资本资产投资。

关于投资的定义，还有一种观点认为：“经济学中定义的投资是指为未来回报的预期收益承受瞬时成本的行为"。[1] 按照这种定义，很多活动都可以叫做投资，企业建造一个厂房、安装一套设备，储存一些商品用于销售的商人，在职培训等都是投资行为，从事这样活动的主体就是投资者。因为，这些"投资者"的活动目的是获得预期收入，而为了获得这些收入，现在需要必要的投入，通常情况下称作投资成本。可见，投资与一般的购买有一个最大的区别，即投资目的是获得预期的收入，而这种预期收入可能是不确定的，虽然人们可以凭借经验，对未来发生的情况进行科学的预测，但这种预测是不准确的，这说明投资的不确定性。企业投资活动的这种不确定性，使企业的投资活动充满了风险，企业在投资一个项目，或者按某一个计划进行"投资"时，应该对自己面临的可能风险和可能的回报做出权衡，所以，企业投资的过程是一个权衡利弊的选择过程。

由于企业做出投资决策是基于对未来的预期，则凡是涉及预期收益而从事的投入活动都可以定义为"投资"，如企业为了生产的连续性，关闭一个设备或项目也是一些投资，尽管这种投资从形式上看不像通常意义上投资，但仍然与企业的预期收入有关。这种定义与我们上面介绍的说法并不矛盾。企业的主要任务是从事生产经营活动，投资活动显然也是为了满足生产经营活动的需要，或者说投资活动本身就是生产经营活动的一部分，唯一区别的是一个投资的概念要大，一个要相对小，但投资的本质没有改变，我们倾向于使用上述定义的投资概念——宏观经济学上的定义（企业投资）。

（二）资本资产与投资

为了更好地理解投资和企业投资，有必要联系传统的资本概念和资本资产投资。这里我们首先对资本的含义做出规定。什么是资

---

① 迪克西特、平迪克：《不确定性条件下的投资》，中国人民大学出版社 2002 年版，第 3 页。

本理论界一直存在争议，庞巴维克在其著作——《资本实证论》中曾指出："一般说来，我们把那些用来作为获得财货的手段的产品叫做资本。"[①] 显然，这个概念是从资本的物质内容和经济功能出发得出的结论，这一点与马克思的资本定义是相似的，马克思是从资本的社会本质角度，得出资本是能够带来剩余价值的价值。熊彼特是这样定义资本的，即"资本，无非是一种杠杆，凭借它，企业家可以使他所需要的具体商品受他的控制，无非是把生产要素转用于新用途，或者引向新的生产方向的一种手段。"[②] 熊彼特强调了企业家的角色，是从企业的角度分析资本的作用。

从上述几个定义可以看出，资本与投资的含义相似，都强调了资本的手段性。资本存量的改变是一种支出，目的是为了获得财物，或者是为了新的用途，只有企业才具有这样的功能。由此可见，所谓的资本主要是指具有一定的生产能力，以一定的技术，是使用生产要素能够获得生产能力的手段，所以资本资产投资就是对生产能力的投资（不是一般意义上的投资），这样，资本存量的增加就是生产能力的改变。[③] 这种生产能力的改变，既可以是生产技术不改变，也可以是生产技术已经发生改变的情况。但资本的增加的目的是获得财物，资本可以用于其他用途，不一定是原有生产能力的提高，如企业为了品牌延伸的需要或者发展战略的需要，就可能需要从一个行业转移到其他行业。概括起来，资本存量的改变，是企业以获得财物为目的在固定资产等方面的资本投入的过程。

在传统投资理论中，经济学家通常用资本来定义投资，对传统投资理论做出重要贡献的经济学家凯恩斯，就是把投资与资本联系

---

① 参见庞巴维克：《资本实证论》，商务印书馆 1995 年版，第 73 页。

② 参见约瑟夫·熊彼特：《经济发展理论》，商务印书馆 1997 年版，第 129 页。

③ 马克思在介绍资本与货币区别时曾指出，货币是用来购买商品的手段，而资本是能够带来剩余价值的货币支出。所以，即使具有能够购买商品的货币，仍然不能说货币就是资本，只有能够购买"资本"，由于产生未来收益——剩余价值的"价值"——货币才是资本。因此，货币与资本的区别是，资本的内容是投资含义，一般购买是与消费行为一致的。

在一起的典型代表。[1] 凯恩斯曾这样定义资本和资本投资："我们最好说，资本在其寿命中，会产生一个收益，超过原来成本；而不是说资本是生产性的。盖资本资产其寿命中，所以会产生劳役，且此劳役之总价值大于其原来供给价格者，唯一理由，只是因为资本稀少；资本之所以稀少，因为有货币利率与之竞争。设资本之稀少性减少，则收益超过原成本之数渐减。但资本之生产力，至少就物质意义而论，未必减低。"[2] 从凯恩斯的定义有几个方面的含义需要注意：资本为什么稀少，这是因为资本的收益要与货币的利息收益进行竞争，利率的改变必然有资本的供给，从而改变资本投资的收益水平；资本的收益水平不同于资本的物质生产力，这说明投资很大程度上受市场的影响——货币市场和资本市场的影响，以投资收益为目的可以脱离投资的实际价值——创造社会财富能力的物质生产力而独立存在，这种脱离实际上就是价值投资与实际经济投资的关系。可以看出，投资就是资本投资，而资本投资既有物质内容——资本之生产力，又有价值变化，资本投资的最终目的是获得资本收益，资本收益的变化：一方面是与资本的稀缺性有关；另一方面是不确知的原因。

从形式看，好像资本的收益与资本的物质能力改变没有直接的关系。本书认为，企业在获得资本资产的同时，显然已经获得到了生产能力，从实际的情况看，生产力的改变对投资的收益影响很大，从这个意义上，投资的目的就是为了获得生产能力，进而为了获得投资的价值，这样，物质能力的获得是价值获得的基础，价值获得是最终目的。但生产能力的提高不一定与价值获得的增加相一致，这说明了存在其他方面的决定投资价值大小的原因。

在凯恩斯的投资理论中，他还提出了"总投资"这一概念，创造性地奠定了国家投资理论的基础。他认为，总投资包括新投资

---

① 凯恩斯投资理论的贡献还包括在投资理论中引入不确定性分析，我们认为，这是凯恩斯投资理论的最大贡献。

② 凯恩斯：《就业、利息和货币通论》，商务印书馆1997年版，第181～182页。

（净投资）和再投资两个部分。“所谓净投资，……乃一切资本设备之净增益不能动于旧有设备之价值损失，凡属净所得之计算范围者，皆以扣除净尽。”[①]“投资之意义，即包括一切资本设备之净增益，不论所增者是固定资本、运用资本或流动资本。”[②] 再投资是指对原生产能力的维持性增加。因此，投资就是资本形成，社会实际资本的增加，也就是机器、厂房、资本设备和存货的增加。[③] 一般来说，本年度与上一年度物质资本存量的支出流量的差即是净投资，用公式可以表示为：

$$I_i = K_t - K_{t-1}$$

式中，K_t 是 t 年度的资本存量，K_{t-1} 是 $t-1$ 年度的资本存量。[④] 另外，总投资还应包括折旧 $I + \mathrm{d}K_{t-1}$，所以总投资为：

$$I = (K_t - K_{t-1}) + \mathrm{d}K_{t-1}$$

其中，d 为折旧率。

从凯恩斯的资本和资本存量增加的含义可以看出：资本可以是物质意义上，是与生产能力的变化联系在一起；凯恩斯更强调了资本资产的投资意义——在有限的服役期内产生的收益；凯恩斯也强调了收益的未来性，而短期投资是不可能考虑未来收益的，而且未来收益是不确定的，所以，资本投资需要在预期这一资本资产的未来回报的基础上，才能考虑是否决定投资。决定能否投资一个资本资产，仅有未来收益是不够的，还需要考虑原有的成本。从凯恩斯的定义我们注意到，总投资与企业投资是一致的，一个是总体概念，另一个是个别概念，总的投资是企业投资的加总而形成的。

从我们的分析看，企业的“资本资产投资”与一般人们的

---

① 凯恩斯：《就业、利息和货币通论》，商务印书馆 1983 年版，第 68 页。

② 其实，在实际的投资活动中，资本的增加存在一个问题，即增加的资本与原有资本的匹配的问题，在价值增加的同时，实际上资本的物质内容也在变化，更重要的是物质内容的变化与价值意义上的“投资”成本联系。

③ 总投资就是企业投资的加总，就是所有企业生产能力投资的加总，但由于物质意义的资本加总是不可能的，所以，总投资概念实际上是指资本的投资的价值加总。

④ 总投资还应包括折旧，所以总投资为 $I + \mathrm{d}K_{t-1}$，其中 d 为折旧率。

"资本资产投资"不同。从两者的共性上看：无论是个人和企业，资本资产投资必须是基于未来回报，并且要与原有的成本联系起来；未来的回报是不确定的，投资需要预期。从两者区别上看，个人投资不可能直接与企业的生产经营行为联系起来，所以，只要投资有回报，不管它是金融意义上的资产，还是实际意义上的资产，也不管这一投资的真实创造价值的特性，只要能够回报就行。所以，投机以及不能给社会带来净财富的投资也是个人意义上的重要投资行为。企业投资尽管在一定意义上也是投机性的，也可能对社会财富创造没有意义，但从一般意义上，企业的使命和社会职能必须是与生产经营联系在一起。就是说企业投资，特别是实际投资一定是与生产能力的改变有关。本书认为，生产能力的改变可以分为两种形式：一种是规模的扩大或者效率的提高，投资的结果使企业在生产同一产品上的供给能力提高了（同时也表现了成本的降低和效率的提高）；另一个是新的领域或者新的产品的生产的增加过程。所以，企业投资就是不同特点的生产能力改变的过程。也许有人会提出短期生产算不算投资的问题，本书认为，短期生产投资虽然一定意义上能够增加企业的利润，但不是长期利润，而且它不是满足长期意义上的未来回报，因此，这不能称为资本投资，也不能称为我们规定的资本存量的增加。①

至于资本资产在未来一定时期内，为什么会产生一定量的收益，凯恩斯认为这是资本稀缺的原因。由于凯恩斯没有特别强调企业意义上的投资，只是强调了价值意义上的投资，所以投资的物质内容考虑得较少，而在其他古典学者的定义中，不仅强调了企业投资的含义，而且提出了资本的内容——生产要素或者中间产品。

新古典综合派的经济学家萨缪尔森也认为，对于经济学家而言，投资总是意指实际资本的形成——增加存货的生产，或新工

① 但存货投资也是企业投资的一部分，关于投资的定义可以参见多恩布什、费希尔：《宏观经济学》，中国人民大学出版社 1997 年版。

厂、房屋及工具的生产。通常一般人所说的投资，是指用钱购买通用汽车公司的股票，购买街角的地皮或开立储蓄存款的户头等，但从经济学上看，只有当实物资本品的生产通过建造房屋、生产汽车或类似的活动产生时，才有经济学家所说的投资。这个定义是将企业的生产经营活动联系起来，认为投资就是企业投资，就是与生产经营活动联系的几乎所有投入，包括存货投资。

综上所述，我们认为，企业投资是企业在资本资产上的投资，是企业为了实现预期收益最大化，通过购买资本品获得一定的生产技术和生产能力的决定过程。以现在的眼光看，传统投资理论关于投资范畴及其关于投资研究范围的界定，虽然存在一定的缺陷，但为研究提供了方便。

（三）关于投资的目标假定

既然资本资产投资是为了获得“财物”，那么“财物”为目的的目标又将如何来定义呢？从形式上，财物的含义十分清楚，但要在投资函数中体现资本资产投资的目标性，仅有这一点是不够的。在经济学中，我们常常假定企业生产和投资决策的目标是利润最大化。

但利润最大化不同于会计意义上的现时的、短期的利润最大化，而是企业假定企业追求长期利润总和的最大化，这些利润通过适当地贴现为现值。而且经济学家谈到利润时，他们所指的利润是考虑了企业所提供的资本和劳动后的利润——即净利润。①

利润最大化的目标还可以转化为另一种形式：投资的公司的价值最大化，就是说，投资的目标不是看企业这个投资直接给企业带来了多少实际利润，而是看市场上能够多大程度上使企业本身的价值改变，如能够改变企业的股票价值。这是因为，在企业的经营和

---

① ［美］曼斯费尔德：《微观经济学》（第9版），中国人民大学出版社1999年版，第161页。

企业的所有者分离的情况下，企业的生产和投资活动的意义必须转化为企业所有者的利益，而提高企业的价值——提高股票价值的办法是提高股东利益的最好方法。

因为不确定性意味着资本资产的收益不确定性，这种不确定性对于将资本资产让渡于企业的人来说，充满了风险，所以在其所谓的资本成本上必须体现出来。这就是说，不确定性使投资的收益表现出新的特点，进而对提供资本资产的主体来说，要求对这种不确定性做出一定处理和保证，这就是发生资本成本变化的直接原因。

上述已经说明，如果继续按照利润最大化来处理投资行为，可能并不能反映投资实际，也不能达到投资者的目的，代之而来是使用所谓的效用函数。因此，不确定性、风险，进而对资本成本产生影响，所以，投资的目标仅仅定为简单的利润最大化是不足够的。

另一种观点认为，虽然利润最大化作为企业投资的目标，在分析上和实际上都存在一定的基础，但也存在一定的缺陷。原因之一就是获得利润通常需要时间和精力。当企业的所有者又是企业的经营者时，他们可能为了获得更多的闲暇放弃利润。这样，在构造企业的目标函数时，有些学者使用企业的效用函数来替代利润最大化。因为企业的效用是企业的经营者（也是所有者）的利润和闲暇时间的函数。这说明投资的目标中还有利润目标不能体现的成分。

另外，在一个存在不确定性的世界里，利润最大化没有一个明确的定义。因为任何一种特定行为（包括投资行为）都不可能产生唯一的确定水平的利润，而是多种可能的利润水平，每一利润水平都有它发生的概率。由此可见，只说利润最大化是没有意义的。但是，如果一个企业能够明确地或者潜在地掌握每一特定行为产生的利润水平的可能性，那么假定企业追求预期利润最大化就是有意义的了。如果考虑从效用的角度和风险因素，则企业可能对包含风险的预期效用函数感兴趣。不过，在目前我们仍然可以假定，企业对未来和当前生产和投资决策有关信息十分清楚，假定经济环境是确定的，以此为基础来分析企业的最大化利润的投资行为。

上述谈到企业资本存量改变的直接结果是使生产能力的改变，或者将生产要素用做其他用途，但资本存量增加与利润最大化的关系是什么？就生产能力改变而言，如果市场上产品价格不变，提高产量肯定使企业的直接收入上升，在生产成本不变的情况，这种资本增加的行为使企业的利润增加了。一般来说，在短期内企业倾向于在不改变设备等固定资产的情况下，通过改变可变生产要素，使企业的短期产量增加，长期内，企业通过改变企业的资本存量使企业的生产能力得以提高，而改变资本存量的过程就是投资的过程，所以，只有长期意义上的改变资本存量的过程，才是企业意义上的投资（按照我们目前的定义）。投资产生的收益和企业长期利润本质上是一致的，投资的直接目的就是为了在长期内能够获得最大化的利润（或者效用最大化）。但投资产生的收益是未来各时期出现的总值，而且无法与今天的价值进行比较，所以，需要通过贴现，来比较投资时的总支出（投资成本）——资本品的价格和使用量，与投资的未来收益的现值比较，就可以产生一个关于投资的资本（资产）的收益水平。如果为了研究的需要，我们可以定义单位资本资产的报酬率为资本的边际收益。

这里有必要再提一下投资收益的具体确定问题。因为一般来说，投资的收益要通过所谓的现金流计算来确定，但现金流目标本身也存在问题。企业的投资目标，有些不能直接根据投资产生的利润来看，如开辟市场和科研投入，这些眼前利润可能并不理想，但长远讲，投资的收益可能是合适的。总之，投资计算应该与企业的所谓发展战略结合起来，投资决策可能需要将当前利润和长期发展结合起来。①

在现代企业的资本预算的决策中，企业往往是用所谓的现金流

---

① Stewart C. Myer，'Finance Theory and Financial Strategy'. *Real Options and Investment under Uncertainty Classical Readings and Recent Contributions.* Edited by Eduardo S. Schwartz and Lenos Trigeorgis，Massachusetts of Technology，2001.

法则，来对投资的实际支出和收益进行估计，但这种决策法则却忽略了对企业投资的真正价值的估计问题。

（四）与投资行为有关的其他行为假定

下面我们从市场经济的企业行为的基本特点出发，来进一步分析企业投资的有关问题。

第一，企业在市场经济中处于生产者的中心位置，这种位置决定了企业的投资责任。我们常常认为，企业是市场经济中的基本经济主体，这个经济主体的任务或者使命是什么？企业在做出行为决定的时候主要的条件和约束是什么？作为区别，企业与个人以及政府等主体在投资的时候考虑的因素和制约条件以及决定特点是什么？这些问题的回答将直接影响我们对企业投资行为的理解。企业在市场经济中的作用就是向市场提供商品或者服务，即企业是市场经济中的生产者主体。这一角色使企业在任何情况下都必须面对市场，服务市场。

既然企业的使命是生产商品，那么企业就必须为生产的正常进行做出努力。为了生产更多的商品，企业要在设备、人员和原料等方面进行投入，以扩大生产规模。面对市场需求的变化，企业需随时调整生产的进度和相应的长期计划。当生产计划是在确定了长期市场变化的基础上做出时，企业就要在投资上有必要的准备和安排。所以，企业的投资计划是"生产计划"，尤其是长期生产计划的结果，即投资服务于生产任务或计划。同时，从上述的投资目标分析看，企业的长期计划——投资是满足企业长期发展战略的决策行为。可见，企业在市场经济中的生产者地位决定了企业的投资活动是必然的。这是从政治经济学的角度分析企业的生产行为以及相应的投资行为。

关于企业对投资风险的态度，西方经济学提出三种假定。

第一种假定是企业是风险厌恶的。当假定企业的行为特点表现为风险厌恶时，企业在生产和投资的行为，尤其是投资行为就必然表现为某种“犹豫”，即在同样条件下，企业的投资行为表现为不投资或者少投资。这是我们根据企业风险的态度得出的直觉结果，如果从严格的分析和证明上，我们可以通过构建相应的模型来说明。

第二种假定是风险偏好。风险偏好似乎不符合一般的直觉判断，但事实上有相当一部分企业在投资的时候可能倾向于冒险。按照经济学的分析，企业投资的这种冒险行为，并不是非理性行为。企业之所以愿意冒险一方面是我们假定企业的效用函数在企业之间有差异，当企业将投资偏好的重点定在投资本身，而不是投资所获得的最终利润，企业的投资就可能表现为风险偏好。

从另一个方面讲，企业之所以要在投资时冒险是与企业所处的环境有关。这种环境在某种情况下，使企业的投资风险可以发生转移，即投资的直接风险是由企业自己来承担，但企业可以将这种风险转移出去，如果企业具有这样的条件，则企业的投资就有了冒险的动机。企业投资行为的这种特点，被称作为投资的“道德风险”行为和“逆向选择”过程。企业投资的道德风险行为有两种形式：一种是市场意义上，即只要存在贷款和借款过程就有可能发生的情况；另一种是制度缺陷造成的情况，这一点在中国有比较明显的体现。但风险偏好假定都是以制度完善为前提的。

第三种是风险中性假定。如果是风险中性假定条件，则在分析企业的投资决定时，就要采取不同的处理办法，如使用适当的贴现率（一般使用无风险利率），这里我们不做详细说明。

上述的几种风险假定，对投资分析十分重要，因为不同假定表明企业的投资态度不同，因此对投资决定的有关因素的作用就可能存在差异，一般认为，投资理论中往往将风险中性假定作为企业风险态度的基本假定。因此，投资理论就是企业在风险中性假定下的投资行为的理论化说明。

第二，企业生产和投资过程的约束条件是什么。企业的生产和投资活动要受到方方面面因素的约束，除了上述的市场约束之外，企业还要来自成本因素的约束，还要受金融条件的制约以及物质条件，包括原料和资本品市场的供给等因素的影响。从生产的角度，生产的成本包括原料、员工工资和福利等影响企业的生产过程，同时价格的变化也会影响企业的生产。如果企业在预计市场的变化趋势是有利的，那么企业就会扩大生产规模，扩大生产规模就要增加投资。但投资活动的进行，除了考虑市场因素之外还要考虑投资的成本，只有在投资的成本与投资收益比较是合适和有利时企业才会投资。决定企业投资成本的因素包括：资本的直接购买成本（包括信息费用、交易费用、运输费用等）；安装成本、重新组织成本等。企业投资所需的投资品价格严重地影响着企业投资。有证据表明，有些投资成本已经成为投资增长的制约因素。再如，投资环境可能对投资影响很大，不确定性环境和确定性环境可能对企业的影响是不同的。

（五）关于企业投资的类型

企业在实际的投资活动中，可能表现出投资类型上的差异性。在理论上我们常常将投资分成两类，这两种类型的投资就是：集中性投资和增量性投资。所谓集中性投资就是投资要一次完成，而且投资的量一般都比较大，即投资是集中出现的。

许多投资表现为集中投资类型，如土地的投资和计算机上的投资。对于计算机投资，先期投资购买一台电脑，但随着时间的推移机器已经过时，如果在机器上继续投资则会存在新旧机器兼容的问题，如果是软件投资，则不同软件之间必须兼容。所以，对于集中投资来说，新投资能够与旧的投资兼容是关键的因素，投资的兼容性对投资成本影响很大，因为，如果新的投资与旧的投资不兼容，则旧的投资就可能要废除，而废除本身还需要成本，所以，不兼容引起的成本包括：原有的投资的损失；去除原有投资的成本。

除了兼容性之外，还有一个可能影响集中投资决定的因素——调整成本，如企业投资机器，则机器的购买和安装是企业新投资必须考虑的，同时员工对新的机器和环境的适应也是企业投资的潜在支出。

所谓增量投资是指投资以一定单位持续增加的类型，如农民在土地上施肥。施肥也是一种投资，农民在土地上施肥，需要考虑单位施肥量与单位土地的收益对比情况，然后决定是否进行施肥。增量性投资与通常的投资模型十分相似，即单位资本增加与单位投资收益进行比较，以确定企业的合意资本存量，根据企业现有的存量水平与合意资本存量之间的差异，就可以确定企业的投资水平。①

另外，我们需要注意，企业的实际投资中，可能存在集中投资和持续增量投资的混合。如一个网吧投资人，首先要获得地点和场地，然后，根据自己的要求确定需要增加多少台电脑，以满足不同数量的顾客需要，在这个投资方案中，前面的房产等投资是集中性投资，而后面的电脑投资则是增量投资。再如，前面提到的土地投资，土地购买是集中投资，而其后的化肥等投资则是增量投资。由于两种投资的特点不同，所以，我们在分析投资决定与外在条件的关系时，需要在一定的时候区分不同的投资的不同反应。

第二节　投资决定的两阶段法

一、投资准则与投资水平

首先我们要清楚什么是投资准则，什么是投资水平？投资准则是关于投资发生的基本要求，投资发生的基本条件。如何看待投资准则和投资发生的基本要求，本书认为首先必须从投资的实际需要出发，从企业的现实要求出发，由此来确定关于企业投资发生的准则性假定。

对于企业投资决策者来说，总的投资支出不能大于投资的收

① Avner Bar-ilan William C. Strange, 'The Timing and Intensity of Investment'. *Journal of Macroeconomics*, Winter, 1999, Vol. 21, No. 1, pp. 57 ~ 77.

益，所以公司资本预算的基本准则是投资净收益必须不能为负，显然，这里不涉及投资水平问题。

经济学关注的是投资水平。投资水平就是投资的量，但单个企业的投资量不等于总的投资量，所以，通常我们讲的投资需求是指总的投资量，是所有企业投资量的加总。企业之间的投资量之所以是可以加总，是因为各企业投资量是指资本存量——价值意义上的投资量，否则，物质意义上的投资量是不能加总的。所以，企业意义上的投资量水平可以反映总的投资水平，对于我们来说，知道总的投资量固然是必要，但只要知道企业的投资量——一定程度上就足以知道总的投资水平——投资需求。

这里有必要提出所谓投资的临界值问题。在西方的投资文献中我们常常可以看到投资的“临界值”概念，所谓临界值就是指投资发生时的“数值条件”，即当某一数量指标达到一定条件的状态，如期权分析中假定当价格足够大，并且能够补偿等待的期权价值，以及投资的直接支出时，投资才会发生。显然，投资的临界值本身也是投资的准则问题。

投资准则或者条件与投资水平的关系是什么？投资水平是投资量的数值，而且必须是企业在一定条件下的最大投资量数值。① 这里的“一定条件”就是投资准则，因此，构造企业的投资水平就是在满足投资准则的条件下，求得最大化的企业投资量的过程。

单个具体的投资的临界值条件可能不同，但对于我们来说，关键的是一般意义上的企业投资的准则，以及满足投资准则下的最大化投资量问题。

---

① 注意：最大化投资量是十分关键的概念，因为只有最大化的投资量才与投资水平问题一致，具体一个投资项目本身也是一个投资量，但不一定是企业最大化的投资量，所以，在满足投资准则的前提下的投资量，不一定是企业的最大化投资量，这说明决定企业的最大化投资量还存在其他的影响因素，如投资增加与企业总的资本存量的关系是什么？

二、传统的资本存量法及其缺陷

传统经济学往往使用资本存量法，来确定投资需求水平。所谓资本存量法，本书的理解就是通过一定的假定，以此来确定企业的合意资本存量，有了企业的合意资本存量，[①] 当前的资本存量与合意资本存量的差距，就是企业的当前投资水平。

传统的资本存量法的主要优点体现在：资本存量是容易界定的，因为资本存量就是实物投资的价值体现，但实物投资不易分割，所以就无法使用所谓的边际分析，没有边际分析，总的投资水平就可能无法确定，宏观的投资水平就与企业投资行为假定无法衔接。边际分析是主流经济学的基本分析工具（尽管这种分析本身尚存在一定的不足），因为边际分析可以将投资的增加过程与资本存量水平联系起来，一方面能够反映投资实际——增量性投资，另一方面投资的增加与资本存量的合意水平可以衔接。

有了资本存量法，我们就不会将企业的具体投资——如项目投资考虑成为一个孤立的投资现象。虽然项目投资本身是不能分割的，但从价值上，投资的增加与企业的理想资本存量之间必然存在联系，所以项目总投资就是合意资本存量，而合意资本存量就是有不同增量投资形成的总体。因此，本书的看法：经济学对投资行为抽象的基本方法还是资本存量法。

但传统的资本存量法存在一定缺陷，需要在充分考虑企业投资实际的基础上，对资本存量的确定给出更为科学的解释。传统存量分析方法过分注重抽象意义上的“投资水平”，淡化投资的实际特点。传统的资本存量方法将边际资本增加，与企业的合意资本存量结合起来的重要假定是，资本的边际收益是递减的，资本的边际收益是什么，资本的边际收益就是边际产量，边际产量之所以是递减

① 所谓企业的合意资本存量，是指在现有条件下，如现有的资本成本，投资的收益水平假定下的企业认为的较理想的资本存量水平。

的，这是因为资本也是一种生产要素，所以随着资本使用量的增加，资本的边际产量也是递减的。

使用资本存量法，（几乎所有的投资理论，包括传统的投资理论和发展的投资理论都使用资本存量法，来确定投资水平）可以建立不同的投资理论。

三、投资的"两阶段法"与企业的合意资本存量

前面我们讨论的资本存量法是确定企业投资水平的基本方法，传统的资本存量方法直接将资本成本与资本的边际收益结合起来，来确定满足投资准则的企业合意资本存量，有了合意资本存量投资水平随之确定。但这种处理方法，可能会将投资的实际特点忽略，无法将影响投资的因素进行综合。

本书在传统方法的基础上，提出投资决定两步法，即将投资过程分为两个相互联系的阶段或步骤，这两个步骤就是：第一步先确定所谓投资净收益；第二步确定资本净收益，资本的净收益就是最终意义上的投资收益，传统方法就是以资本成本与资本的边际收益来确定合意资本存量。我们的投资两步法，与传统的方法的区别在于：我们首先将投资发生的所有影响因素包含在投资净收益水平中，然后再与资本成本进行比较，而不是直接确定资本的最后收益。①

假定企业投资过程是使用一定量的资本，用一定的资本来进行投资的过程。在不考虑资本的成本前提下，② 影响投资决定和投资水平的关键因素是：资本资产的未来回报水平；投资的实际支出。投资的资本资产未来收益是企业无法把握的，企业只能进行预期，

---

① 这种方法的作用过程参见该文的第四章。

② 资本成本有两种表示方法：一种用借贷资金的成本——如利率来表示；另一种方法用股票融资成本来表示。但我们在分析资本成本时往往假定资本成本就是借贷成本。在一些传统投资理论中，如乔根森的投资模型，就是用借贷资本的成本来表示资本成本；托宾的 q 模型则使用资本市场的评价方法，来确定资本成本。不同的资本成本表示法，会形成不同的投资理论，其结论可能也存在一定的差异。

由于预期本身是不确定的，所以投资存在风险，风险的大小与预期的正确性有关，因此，不确定性越高，则投资的风险就越高。与资本资产的未来收益相对应的是，投资的实际支出，投资支出是指投资发生时除资本成本的几乎所有支出，如购买成本、安装成本、其他调整成本等。因此，在资本资产的未来回报一定的情况下，投资的成本支出将决定投资是否能够进行，以及投资水平的关键。资本资产的未来回报与投资总成本差就形成了投资的净收益水平。

本书认为，不同的投资理论是对资本资产的未来回报、投资的各项成本——投资成本，以及资本成本的不同解释的结果。如果假定资本资产的未来收益是可以预见的，即投资的未来收益是确知的，则这种投资理论就是确定性投资模型，传统的投资理论实际上就是确定性投资模型。早期的确定性投资模型还忽视了调整成本问题，投资的成本中没有考虑调整成本因素，因此，在资本资产未来收益一定的情况下，投资的净收益水平是不同的，由此确定的企业合意资本存量也是不同的。传统的确定性投资理论的发展之一是，将资本的调整成本考虑在投资模型中，实际上在投资成本中加进资本的调整成本。

如果假定资本资产的收益是不确定的，则以投资收益为不确定性前提的投资理论，就是不确定性投资理论。不确定性投资理论与传统的确定性投资理论的主要区别在于，不确定性投资理论注重了投资的风险问题，考虑投资的时间意义上的投资成本，如期权分析方法认为，今天投资的成本中包含等待的价值，这个等待价值就是期权价值，期权价值存在的原因在于，不确定性将产生投资风险，而等待可以避免风险，所以今天投资有期权价值的机会成本。

在不确定性投资理论中，期权的价值是如何确定的？一些理论是通过建立动态微分方程，来直接计算期权价值，我们认为期权价值可以用调整成本的大小来确定，而调整成本包括正向调整成本和反向调整成本。在我们的分析中没有十分严格的数理证明，只是体现了一种理论逻辑，一种思想。

上述我们讨论的是投资净收益问题，除了投资的净收益外，投资的最终决定还要看资本成本。与资本成本相对应的“投资净收益”，这时我们可以称之为资本的边际收益，资本的边际收益与资本成本比较形成最终的企业决定条件，形成企业的最终合意资本存量水平。

传统的确定性投资理论，以及现有的期权分析方法，普遍的不足是忽视了资本成本问题。在这些理论中，一般假定资本成本是一定的，企业投资决定的关键因素是“投资净收益”，资本成本可以假定为不变，因此投资方程中也没有资本成本。显然，这种忽视资本成本的做法是欠妥的，在我们看来，这就是忽视投资决定的第二步骤。

为了对投资行为做出正确解释，需要引入资本成本概念。而当前投资理论发展的一个方向是关于资本市场非完全性假定问题。因此，投资的两步法可以将融资约束理论融合进来。

这样一来，不同投资理论实际上就是，对投资决定的两个步骤的不同部分的不同解释。无论是不确定性投资理论、确定性投资理论，还是融资约束理论，根据投资的两步法，都是不全面的，正确的投资理论应该是既要考虑投资的净收益，又要考虑资本的净收益。只有这样才能构建统一意义上的投资模型，才能对企业投资行为做出正确的解释。本书就是运用这种方法将几乎所有的投资理论进行综合，形成既有融资约束，又有不确定性分析的投资理论，并在投资理论的基础上提出正确合理的投资政策方案。

第三节　确定性条件下的投资决定和投资水平

一、总投资函数

在传统的投资理论中，往往假定投资水平就是利率（资本成本）的函数，如宏观经济学中的投资函数。古典经济学中，常常将投资作为整体，假定投资与利率呈相反的关系，储蓄与利率呈正的关系，利率是投资和储蓄的竞争的结果。

显然古典的投资理论主要是从宏观的角度分析投资，忽视了作为投资主体——企业的行为特点；而现有的传统理论虽然注意了投资行为的研究，但对投资行为的理论概括又过于简单。

宏观经济学中的总投资函数的基本内涵是：利率越高，投资越少，利率越低，投资越大。即投资支出与利率呈反向关系。总投资函数的基础，是关于企业投资行为假定，如在固定资产如厂房、机器等上投资，以及存货方面的投资，如果投资的收益水平一定，则资本成本的变化——即利率变化将影响投资水平。

假定企业投资的资金来源是通过借款来实现这个投资，所以，市场利率的大小直接决定着企业投资的资本成本。企业投资的时候还需要考虑投资所产生的利润，投资产生的利润相对应的是所借贷资金的利息支出，这就构成了企业投资的成本项和投资的收益项。在企业预期利润一定的情况下，市场利率的高低直接影响着企业投资的决定。所以，我们说，总投资函数的基本结论是：利率越高，投资越少，利率越低，投资越高。

根据上述的关于投资函数的定义，我们可以用图 1－1 来表示投资需求 I_D。

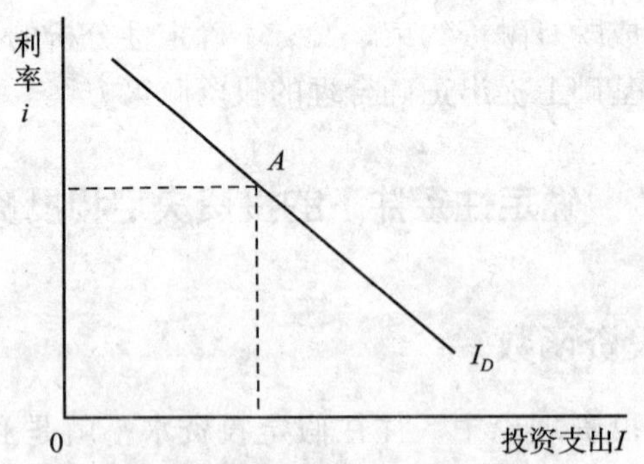

图 1－1　利率与投资水平

宏观经济学中，常常设定的投资函数为：$I=\bar{I}-bi$，$b>0$。其中，i 为利率，$\bar{K}$ 表示自发性投资，即不依赖于利率变化的投资支出。b 用来表示投资支出对利率的反应程度。图中的斜线表示投资需求曲线。该曲线表示不同的利率水平与不同投资支出的关联。从图中倾斜的曲线特点可以反映出投资与利率的相反关系，曲线的斜率则表示投资与利率的敏感程度。

二、从投资角度分析资本的边际收益

从传统的总投资函数可以看出，利率的大小是决定投资水平的主要因素，似乎投资的收益是不重要的，事实上投资的收益（这里是指资本净收益）在很大程度上影响投资。

经济学上是如何定义投资收益的？在现有的教科书中没有关于投资收益的明确定义，使用最多的当属凯恩斯定义的资本边际效率。[①] 传统的投资模型普遍使用了资本的边际产量或者边际产量价值的概念。新古典投资经济理论中往往将要素生产力递减规律引入投资理论中。按照资本的边际生产力递减规律的假定，在非资本的生产要素一定的情况下，资本生产要素的增加，必然使资本的边际产量下降，如果价格一定，则资本的边际报酬将下降，我们可以用图 1－2 来表示。

图 1－2 中弯曲的线表示等产量线，横轴表示资本使用量，竖轴表示劳动使用量，显然，企业使用劳动和资本两种生产要素生产一定量的产品，相同的产量可以有不同的资本和劳动要素的组合，但随着资本使用量的增加，资本的边际生产力下降，这就意味着资本存量 K 与单位资本的贡献是相反方向的关系，即不同资本存量

---

① 注意：这里有几个概念在本书中反复出现，一个是投资成本、资本成本，投资成本是指不考虑资金成本时的投资成本支出，资本成本是指资金的机会成本；资产回报、投资净收益、资本净收益，资本资产的回报是指资产的未来收益，投资净收益是指资本资产的未来收益与投资成本的差，资本净收益是指资本成本与投资净收益的差，资本净收益是企业最终的投资收益，这时的合意资本存量是我们要获得的，因为这一数值决定企业最终投资水平。

水平与不同水平的资本边际收益一致，[①] 当资本存量处于比较低的水平时，资本的边际生产力比较高，在其他条件不变的情况下，改变资本存量是合理的，相反，则要减少资本存量，使资本存量与一定的资本边际收益相适应。

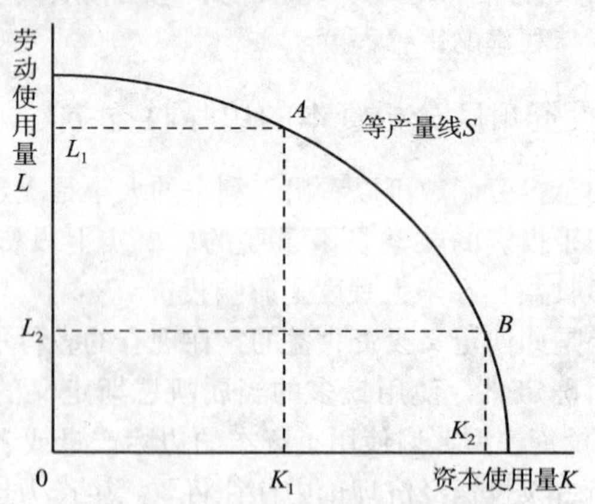

图1-2　资本使用量与等产量线

本书认为，使用资本的边际生产力——资本的边际收益规律来解释投资收益，存在一定的缺陷，正确的做法是在肯定这一假定的基础上，要结合投资的实际特点，从而给出关于投资收益的全面解释。

如果市场是完全竞争的，则商品价格对于企业来说就是外生的，企业只能接受这个价格，在价格一定的前提下，企业的收益与

① 所谓的资本边际效率，用凯恩斯的话来说："从一种资本资产之未来收益与其供给价格之关系，可得该类资本之边际效率（marginal efficiency of capital）。说得更准确些，我之所谓资本边际效率，乃等于一贴现率，用此贴现率将该资本资产之未来收益折为现值，则该现值恰等于该资本资产之供给价格。用同样方法，可得各类资本资产之边际效率，其中最大者，可视为一般资本（capital in general）之边际效率。"参见凯恩斯：《就业利息和货币通论》，商务印书馆1997年版，第115页。从凯恩斯的资本边际效率的定义可以看出，资本边际效率包含三个方面的要素。一个是资本资产投资产生的未来收益；一个是用于投资的资本资产的购买价格；一个是使上述两者相等的所谓贴现率。

产量提高一致，如果投资表现为生产能力的提高，则投资的收益增加与产量的提高一致。按照资本的边际产量递减规律假定，投资的增加必然使资本的边际收益下降。尽管投资的收益特点也许递减，但决定这一规律仅仅用资本的边际生产力递减解释是不妥的。因为，从投资的角度，决定投资收益的因素是多方面的，而这一点在传统投资模型中被忽视了。①

关于投资的收益特点有几点需要我们注意。

首先，投资的收益不同于生产决策意义上的收益。如果投资生产的产品价格在未来时间内是不确定的，所以投资产生的收益就是不确定的，而产量决策则是一定价格下的产量决策。由于未来价格的不确定性，以及项目运营成本的不确定性，所有投资的收益是不确定的。生产性的决策不需要考虑价格的变化，因为价格是当前的价格，产量是根据当前的价格决定的产量，如按照生产合同决定的产量。如果产量是与未来的价格为基础，则产量的收益就是不确定的，所以说投资的收益可能是不确定的。投资收益的这些不确定性的特点，在很大程度上会影响当前的投资决定，所以传统理论中假定投资收益是确定的，存在一定的缺陷。

其次，规模报酬特点会对投资收益产生什么样的影响？规模报酬的类型大体上分为三种：规模报酬不变；规模报酬递减；规模报酬递增，不同的规模报酬类型假定，将影响投资收益的特点，由此将影响企业的合意资本存量特点，影响的当前投资。在实际中，企业的规模报酬在不同阶段可能表现出不同的特点，显然，规模报酬的这些变化特点，会对资本存量的合理要求产生影响，由此影响企业的当前投资决策。所以，在考虑投资的收益特点或者规律时应该注意投资的规模报酬的影响，而这一点在一般投资理论上没有这样的说明。企业投资与规模报酬变化的不同组合可能存在不同的情

① 我们可以注意到，从形式上，完全竞争条件下的生产决策与投资决策的特点一致，这里，投资的不确定性没有体现出来，所以，确定性与传统经济学的基本假定——完全的，信息的对称性假定是一致的。

况：如有些投资是在规模报酬不变的情况下进行的；有些是规模递减的情况下进行的，有些则是在规模递增情况下进行的。下面我们将详细说明这些特点。

再次，投资是集中性投资还是增量性投资。集中性投资的在最终投资完成之前，是不产生产量和利润的，因此，集中性投资的收益决定了几乎所有的“资本”边际收益（随着单位投资增加产生的收益）。而增量投资可能在单位资本增加上，其收益表现出不同的特点，一般来说，投资增加则边际收益下降。但如果从长期的角度，集中投资与增量性投资也存在相同的特点：投资增加引起的投资收益可能是下降的。

最后，如何考虑非完全竞争的情况。如果投资的企业是垄断性的企业，则未来价格的变化对企业的当前投资影响较小。因为，企业可以在一定程度上规定价格，使企业的投资收益处于十分有利的位置上，但即使是如此，微观经济学认为，垄断性企业的价格政策和产量政策也不是随意的，因为企业也要面对市场需求，这就是说，即使是垄断性企业，投资也面临风险。

另外，投资环境的稳定性，政策的连续性和稳定性，以及经济体制等因素，都可能影响投资收益的特点，进而影响投资的决定。

上述的几点可能影响对投资收益特点的解释。下面我们结合投资实际的特点，对传统的关于资本边际收益递减规律重新进行说明。

传统的投资理论认为，资本的边际收益随着资本存量的增加而递减，主要的理由是资本的边际生产力递减。本书认为，资本的边际生产力之所以会递减，原因可能是多方面的：原因之一是投资增加使企业的管理水平和员工的素质等无法与效益提高一致；同时，投资增加也使投资的成本开始上升，首先是调整成本的上升，其次是市场条件的改变，即使是假定市场条件没有改变：如资本品市场没有因为投资增加使资本品价格上升，产品价格也没有因为产量的提高，使价格下降，但调整成本和资本的边际要素生产力的规律也可能使投资与单位投资的收益下降。因此，资本的边际收益递减的原因可能是多方面的，应综合这些因素来正确解释资本的边际收益特点。

首先，资本品价格因为投资需求的增加而增加，从而使投资的成本上升。单个企业的具体投资与投资的市场变化分不开，从资本品的市场上看，从事投资活动的企业数量和投资行为，会影响投资品的价格，从而影响投资的成本进而影响投资的净回报。因为，投资品的供给在一定时期内是相对不变的，而投资需求可能增长很快，所以，投资品的供给和就可能与需求发生矛盾，由此使投资品的价格上升。投资品的供需矛盾可以用图1－3来表示。

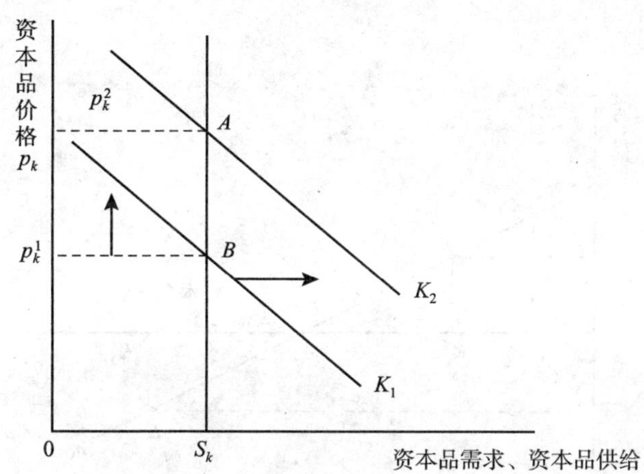

图1－3　资本品供需缺口与资本品价格

图1－3中，倾斜的线表示投资品需求曲线，即曲线 K_1 和 K_2；竖线表示资本品供给线 S_k。由于短期内资本品的供给有限，所以是一条竖线，投资需求的增加使投资品需求增加，从而使投资品价格上升。在不改变投资收益水平的情况下，资本的边际收益可能要下降。

其次，投资增加是提高了市场供给，使整个投资市场的回报水平相应下降。因为所有企业的供给增加使产品价格下降，虽然单个企业的供给的增加可能不能改变市场，但所有的企业的行为的结果，将使这个市场的情况恶化，投资的收益减少是必然的。可见，企业之外的条件的改变——因为企业投资行为的结果，也使投资的边际收益下降。

总之，尽管在资本的边际收益下降的这个问题上，还可能存在许多问题需要研究，但基本结论是明确的：即投资回报在长期内是递减的，即资本存量增加与资本的边际收益的是相反的关系。

这样，资本的边际收益（或者投资的收益）线基本上可以用图 1 -4 表示。

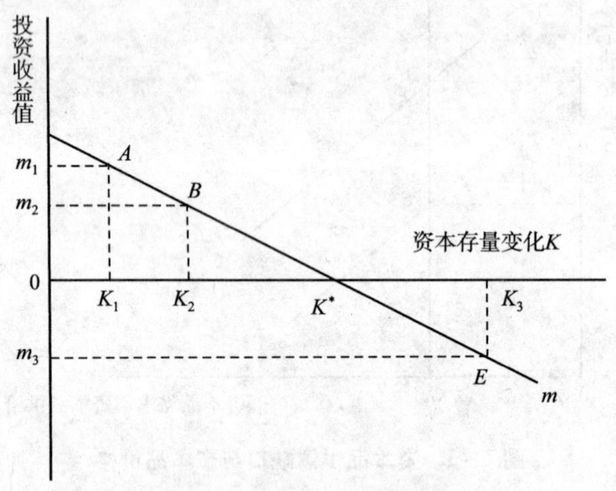

图 1 -4　资本的边际收益线

图 1 -4 中显示了投资支出量与单位资本的边际收益水平之间的关系。用 m 表示资本的边际收益线，它是一条由左上向右下倾斜的直线（我们简化为直线），较高的资本存量与较低的资本的边际收益（投资的边际收益）联系。当资本存量为 K_1 时，单位的资

本回报为 m_1，当资本存量为 K_2 时，则资本的边际回报水平为 m_2，当资本存量为 K_3 时，资本的边际回报为 m_3（为负值），当资本存量为 K^* 时，资本的边际回报为 0。这就是说，随着投资增加，投资的边际回报是递减的，所以，只要我们能够确定投资的收益水平，就基本上能够确定投资的量（在投资的成本或者资本成本一定的情况下）。

上述我们从企业的角度，分析了资本的边际效率递减的原因，得出的结论是：资本边际收益递减仅仅由资本的要素生产力递减规律解释是不够的，需要结合投资的特点来解释。

概括起来，决定资本边际收益递减的原因包括如下三个方面。第一个方面是因为资本要素的边际生产力递减。无论在短期或者长期，投资因为资本的持续增加，收益可能呈现递减的特点，就个别企业投资而言，随着资本存量的增加，管理水平和人员素质上可能无法及时跟上，即使是有先进的技术和设备，也可能存在这些技术和条件能否有效使用和发挥的问题；另一方面，可能因为资本存量的增加并没有实际意义上的技术提高，生产的规模效应并没有体现出来，所以，资本的增加可能出现递减的边际产量或者收益的情况。

第二个原因是因为投资成本的增加。随着投资需求的增加，投资品的价格因为需求的上升而上升，在资本资产的未来收益一定的情况下，资本的边际收益就会下降。

第三个原因，凯恩斯认为，投资增加意味着该资本资产的供给增加，相应的，生产就会增加，产品的供给就会增加，其价格必然下降。从投资的角度，资本资产的价值是以资本资产所产生的收益为基础的，因而，投资的持续增加将使企业的价值（资本资产的所有者价值）降低。①

① 凯恩斯的这种解释，是指投资的收益要转化为企业的价值，这就是投资的价值最大化目标，如增加所有者的资产价值。

长期内，投资增加使投资需求减少，因为过多的资本占领有限的市场，从而降低了投资的价值；而短期内，有限的资本品无法满足相对较大的投资品需求，使资本的供给矛盾突出，从而使资本的边际效率下降，从而使投资减少。

就长期而言，马克思的投资理论也认为，投资增加与平均利润率下降相联系。但在马克思的投资理论中没有严格的投资模型，所以没有关于短期内投资需求的决定因素分析。因为马克思分析的重点是关于资本家（投资者）投资的动机以及这种投资的社会后果。由于资本家生产和投资的基本动机是追求利润，所以，在自由竞争条件下，投资增加也会使资本的边际效率下降。马克思认为，在短期内，有些资本家可能会获得超额利润，但这是基于对技术因素而言的。无论是短期还是长期，马克思的投资理论与古典和新古典的投资理论的结论基本上一致的，即使是与凯恩斯的投资理论在某些方面也是一致的。在马克思的投资理论中很少使用边际的概念，但凯恩斯和新古典投资理论中，边际的概念是十分重要的一个概念，而边际概念即使是在现代投资理论中，仍然是十分重要的。

三、资本的边际收益、边际成本与投资决定

本书认为，资本成本是企业投资所需要的资金的成本，从企业和社会的角度，资金都表现出资金的机会成本——利率。所以，资金成本是企业之外由市场决定的“成本”，企业只能接受这个成本而不能改变这个成本。

而所谓的资本收益实际上就是指投资收益，如果使用边际概念来说明资本收益或者投资收益，则资本的边际收益就是指投资的边际收益。但本书认为，投资收益不能与投资的未来收益混淆，因为投资的收益实际上是指投资的净收益，而投资的未来收益必须与投资的成本进行比较，然后才能确定投资的净收益。所以，投资的净收益最好使用资本的边际贡献率来表示，资本的边际贡献率反映了单位资本的贡献，可以与利率成本——资本的边际成本进行比较，

由此可以确定投资的准则，以及企业的合意资本存量水平。

凯恩斯理论中的资本边际效率实际上就是资本的边际收益（或者投资的边际收益）。凯恩斯的资本边际效率理解起来比较麻烦。首先，我们必须注意凯恩斯理论中的贴现率，不能完全等同于实际使用的贴现率。通常意义上使用的贴现率是指，投资一项资本资产产生的未来收益，以及投资的成本大小无法直接进行比较，需要将这些成本和收益进行贴现，即还原成现在的价值，然后进行比较的过程，而贴现的理论基础是未来的收益价值要低于现在的价值。[①] 而凯恩斯的资本边际效率概念中的“贴现率”是指资本边际效率本身，从逻辑上讲，资本的边际效率越高，则表示投资的边际贡献越大，从形式上讲，“贴现率”越高则表示的资本边际效率就越高。但实际上贴现率可以假定不变，而资本的边际效率是相对可以改变的，资本的边际效率是与投资的实际价值有关，而贴现率如果假定是市场利率，则是企业无法改变的外在条件，如果假定投资的资金成本与投资的风险特点联系，则资金的成本可能不同，这时使用的贴现率就不同，所以，贴现率仅仅是一个贴现工具。

其次，资本的边际效率的大小是由什么决定的？本书认为有两个因素：一是投资产生的未来收益；二是资本的重置成本。凯恩斯认为，当资本的重置成本与投资收益相等时的贴现率就是资本的边际效率，所以，投资的未来收益和重置成本都会影响这个“贴现率”——影响资本的边际效率。如果我们假定贴现率一定——凯恩斯的“资本边际效率”一定，则投资的关于未来收益的预期，和现在的重置成本共同影响投资的净收益，如果再与资本的借贷成本进行比较，就能形成关于投资水平的基本准则。

---

① 为什么未来的货币价值没有今天高？一些学者认为，庞巴维克提出，人们低估未来的原因至少有三个：第一个原因是估计中的一个特有缺陷；第二个原因是意志上的缺陷造成的；第三个原因是因为人生短促无常。参见庞巴维克：《资本实证论》，商务印书馆 1995 年版。

实际上，凯恩斯投资理论以及后来其发展的形式——托宾的 q 理论，基本方法都是将投资的未来收益与当前的资本重置成本联系起来。在本书看来，他们都是将投资的成本与投资的未来收益联系起来。投资理论的另一种方法是将资金的成本与投资的直接收益联系在一起，如乔根森的投资模型——新古典的投资模型则强调资金的成本，投资的收益是指实际投资产生的收益，不是凯恩斯指的投资价值和重置成本。

凯恩斯曾指出，资本边际效率就是以资本资产的预期收益及其当前供给价格来下定义的，所以，资本的边际效率就是人们投资一种新资产，所可能取得的报酬率，所以，凯恩斯的资本边际效率就是指投资的收益状况。

凯恩斯认为，投资一部分决定于投资需求表，一部分决定于利率。“当前之实际投资量，一定会达到一点，使得各类资本之边际效率，皆不超过现行利率。”“换言之，投资量一定会达到投资需求表上之一点，一般资本之边际效率适等于市场利率。”①

投资的资金来源可以是股票市场，也可以是借贷市场，由此产生不同的关于资本成本的概念。无论决定资本成本的方式和内容存在什么样的差距，资本成本最终都可以体现在资本的机会成本上——利率成本上，因为股票市场的“资本成本”最终要与银行的借贷资金的成本——利率进行比较，尽管股票市场的资金进入有自己的特殊性。最关键的问题是用“资本的边际收益”来表示“投资的边际收益”的依据是什么？因为，投资收益的基础是未来收益，而资本的边际效率或者收益的基础也是未来收益，因而两者本质上是一致的。

资本的成本与投资实际的资本品支出不完全相同。正如我们前面讨论的一样，资本成本表现为资金市场的利率，而投资发生的成本表现为资本品的购买支出。显然，资本品的支出决定基础与市场

① 凯恩斯：《就业利息和货币通论》，商务印书馆1997年版，第116页。

利率的决定基础不同，资本品价格决定于投资的预期收益，以及资本品的供给和需求关系。而利率的决定基础是资金的供给与需求。如果假定资金市场的利率的决定基础是投资资金的需求和供给，则投资需求的增加将影响资金市场的利率变化，从而影响资本成本。资本品的价格与投资的预期有关，与投资需求有关，同样，资本的成本也与投资需求和投资预期有关。关于资本成本变化与投资预期的复杂关系，我们将在后面的章节中详细论述。既然资本成本表现为借贷资金的成本——利率，则投资发生的成本与未来收益决定的收益决定了投资的净收益，所以，"投资成本"是与"投资收益"相联系的概念，投资成本的变化——实际投资成本（不是资本成本）将影响投资的收益水平，即使在资本成本一定的情况下，投资的决定将受到影响。投资的成本[①]与未来收益的关系可以表示如下，参见图 1-5。

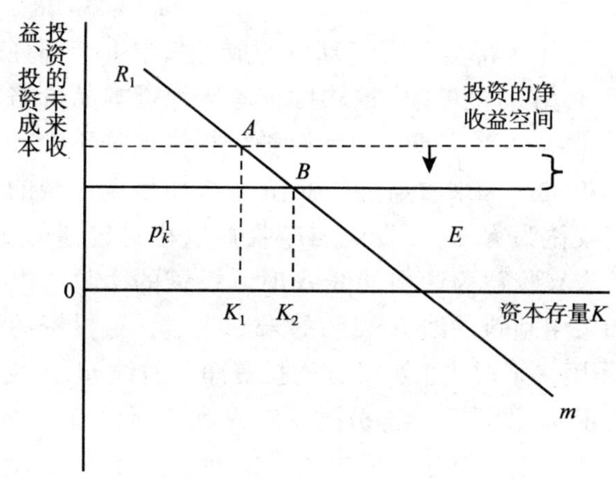

图 1-5　投资成本与未来收益

① 这里的投资成本仅仅指投资品价格，实际上投资的成本还应包括诸如调整成本、期权价值等。

图 1 – 5 中的竖轴分别表示投资的未来收益 R,[①] 以及投资的成本 p_k（用投资边际成本——资本品价格来表示）（假定资本品价格不变），倾斜的线表示投资的净收益线或者边际资本的收益线。投资的边际净收益为边际未来收益与边际投资成本的差，即投资的净收益空间为：$m = R - p_k$。假定投资的未来收益随着投资的增加呈现递减的趋势，所以，在投资的边际成本一定的情况下，投资的边际净收益也是递减的。图中，K_1 与未来收益水平 R_1 对应，而当资本存量为 K_2 时，投资的未来收益值可能与投资的成本相等，所以，投资的净收益可能等于 0。

上述在分析投资的直接成本与投资的边际净回报的关系时，我们假定投资的成本是不变的，现在我们可以放宽这个假定，如假定投资的边际成本——资本品价格是变动的，来观察投资的净收益呈现出什么样的特点。投资的净收益的形成过程可以用图 1 – 6 表示。

图 1 – 6 由上半部分和下半部分构成，其中上半部分表示投资的未来收益（边际）和投资的边际成本——资本品价格，水平线 R_1 表示未来收益（单位或者边际）随着投资增加不变，而倾斜的线 R 则表示投资的未来收益随着投资的增加呈现递减的特点，所以，在投资收益为 R_1 时，投资的净收益以相对较慢的速度递减，而当投资的未来收益为倾斜的线 R 时，投资的净收益以更快的速度递减。如果用倾斜的线 R 表示的未来收益，与投资的边际成本线 p_k^1 共同作用，则形成下半部分的投资净收益线 m'（我们用较粗的倾斜线表示）。图的下半部分的倾斜线 m 表示没有投资的边际成本上升时的净收益，与存在成本上升的 m' 进行比较，投资的边际成本上升使投资的净收益减少，投资的净收益线的斜率减少了，这表明随着投资的增加，投资的净回报以更快的速度减少。图中，在

① 注意：投资的未来收益可能是一个整体，但为了分析的方便，可以假定未来收益也可以表示为边际的未来收益。

资本存量为 K_1 时，不同的投资净收益线，表示的投资的净收益量不同，一个是 m_1，一个是 m_2，其中，$m_1 > m_2$，资本成本的上升使投资的净收益减少。关键是不同的投资净收益线，使投资净收益为0的资本存量不同，其中，投资成本上升使投资净收益为0的资本存量减少了，这意味着投资水平的降低。

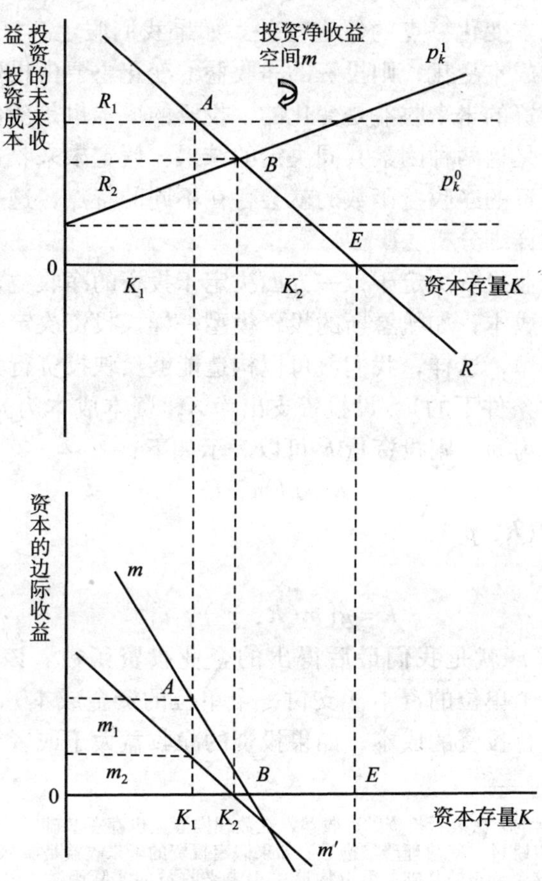

图 1-6　投资净收益的决定过程

现在我们用简单的函数式来表示投资的净收益。设投资的净收益为 m，则投资的净收益可以表示如下：

$$m = f(R, p_k) \tag{1-1}$$

从公式（1-1）可以看出，投资的边际净收益由投资的边际成本（这里简化为资本品价格）和投资的未来收益来确定。[①] 投资收益 m 的大小和变化特点与我们对投资的未来收益的假定有关，与投资的成本变化特点的假定有关。如果我们假定未来收益不变，只是投资的成本变化，则投资的净收益的变化主要由投资的成本决定，如果投资的未来收益是变化的，投资的成本也是变化的，则投资的净收益是这两种因素共同决定的结果。假定未来收益是不确定性的，则投资的净收益函数的就会存在不同的特点，这一点我们将在下一章中详细分析。

假定企业投资决定于：一方面决定于投资的净收益；另一方面决定于资本成本，如凯恩斯的投资模型一样，投资决定于资本的边际效率和利率，这样，我们就可以构造能够反映投资行为的投资函数（确定性条件下的）。设投资支出为 K，资本成本为 i,[②] 单位资本的净收益为 m，则投资量 K 可以表示如下：

$$K = g(m, i)$$

其中，$m = f(R, p_k)$。

因此有：

$$K = g[m(R, p_k), i] \tag{1-2}$$

公式（1-2）就是我们最后得出的企业投资函数。该公式表示，企业借贷一个单位的资本（支付一个单位的资金成本），投资以未来收益并结合投资的成本，如果投资的净收益大于或者等于资金成

① 用边际的方法表示投资的净收益，在数理推导上也存在基础，这里我们主要是理论分析，所以跳过这些数理严格推导。如果假定投资的未来收益是服从一定的概率分布，则在确定这个分布的基础上可以构造关于未来收益的实际函数。另外，集中性投资，如项目投资，投资的未来收益和投资成本的关系与我们上述的分析本质上也是一致的。

② 这里先假定资本成本为一个确定的值，即假定资本成本不随投资的增加而改变。

本，则投资将实施。该公式基本上能够反映投资决定时的影响因素，以及它们之间的关系。企业在进行投资决策时，要求达到如下条件投资才能进行：

$$m \geqslant i \tag{1-3}$$

不等式（1－3）就是投资实现的基本条件，或者说投资发生的临界条件。该条件在反映了投资时的投资的净收益和资金成本的关系，同时也能够体现资本成本存量的变化特点。

下面我们用几何图形来表示投资与资本成本和投资的净收益的关系。

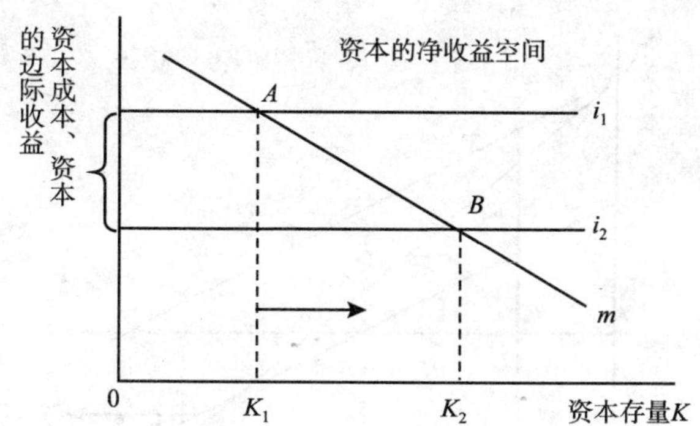

图1－7　资本成本、投资净收益与资本存量

图1－7中，水平线表示资本成本，（假定资本成本利率在一定时期内，不是随着资本存量的变化而变化），倾斜线 m 表示资本的边际净收益（或者投资的净收益）。因此，在资本成本不随投资增加而提高的前提下，投资的净收益主要由线 m 的特点来决定。由于 m 线是倾斜的，所以，随着资本存量的增加，资本的净收益将逐步减少，① 而最终的投资净收益为实际投资的净回报与借贷资

① 注意：这时的投资净收益不同于上述的投资净收益，上述的投资净收益是指投资的未来收益与投资成本共同决定的收益，而这里的投资净收益是指相对于资金成本而言，应该是真正意义上的投资回报，即投资回报应等于项目的净收益与资金成本的差。

金成本的差，也是逐步减少的。K_2 为企业的合意资本存量，现有资本存量与企业合意资本存量的距离，将决定企业的投资水平。

因此，在资本成本一定的情况下，[①] 投资的收益线或者说资本的收益线的变化，将改变企业合意资本存量的数量。[②] 投资的收益特点变化引起投资的变化可以分两种情况，一种是投资机会的改变，如在同样情况下，投资的净收益水平提高了，这种情况下改变的是投资净收益线的位置；另一种情况是在投资机会一定的情况下，由于投资成本等原因使投资的净收益线的斜率发生改变。这种变化以及这种变化引起的资本存量的变化可以用图 1－8 表示。

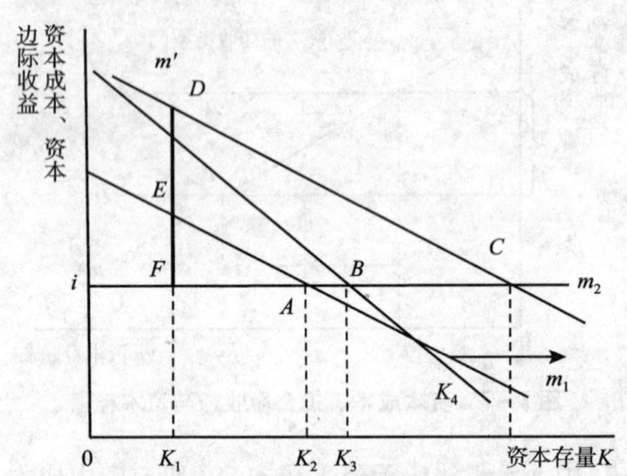

图 1－8 投资收益改变与资本存量

图中，水平线 i 表示资本成本线，倾斜线 m 表示投资的收益水平，因此，资本投资的最后净收益为 m 和 i 之间的差。投资收益线

---

① 资本成本的相对不变有双层含义：一是上述的资本成本不随着资本存量的变化而变化；二是银行等外在的资金的提供者，不因为投资机会或者投资的收益线的改变而改变。

② 所谓的企业合意资本存量是指企业在现有的资本成本和投资的净收益特点下，企业所愿意拥有的资本存量，这里显然没有考虑实现这个资本存量的时间等问题。

共有三条，其中，m'表示不受投资成本约束的收益线，m_1 和 m_2 分别表示受投资成本影响的投资收益线，显然，受投资成本影响的投资收益线与没有受投资成本线的斜率较小，所以在同样情况下，最后的资本净收益空间要小。注意，当资本存量为 K_1 时，图中垂直的线与倾斜线的交点分别为点 D、E 和 F，这就是说，不同的投资收益线会产生不同的最后资本净收益。投资收益线的变化一方面是斜率变化；另一方面是位置的移动，m_2 为 m_1 的水平移动，说明了投资机会的改变的结果。

图1－8 中还显示，当投资收益线为 m_1 时，资本存量的最大量应为 K_2（因为这时资本存量增加，将使资本的最后净收益为负值）；而投资收益线为 m'时，企业的最大资本存量——合意资本存量为 K_3。这说明了受投资成本影响，企业的合意资本存量减少了（即 $K_3>K_2$），因此，企业的当前投资减少。另一方面，在投资收益线发生水平移动的情况下，企业的合意资本存量将发生改变，如 m_2 收益线下的合意资本存量应为 K_4，显然，这时的企业合意资本存量增加了，这是因为投资的收益线的变化——投资收益发生水平移动。因此，投资机会的改变将使当前投资增加。

促使企业的投资的收益线水平移动——投资机会改善的影响因素很多（移动包括向左移动和向右移动，向左移动表示投资机会恶化，向右移动表示投资机会改善）。在实践中，我们常常发现在经济周期处于高涨的时候，投资机会的价值平均要高，在经济处于衰退的时候，企业的投资机会价值可能在平均水平上要低一些。另外，我们注意，投资机会在不同企业之间分配是不均匀的，投资机会往往是青睐于规模大的、企业有很好的组织资本、技术水平和经营经验好等有利条件的企业。而且在不同地区，不同行业以及经济的不同态势下，投资机会都是不相同的。如在我国，由于我国经济正处于高速发展的时期，人们的收入不断提高，住房、汽车等则是人们消费的热点，所以投资于这些行业的企业往往在一定阶段是有利的，也就是说，投资的机会价值就高。

最后我们得出的结论是：当资本成本一定，投资收益线的特点将影响企业的合意资本存量，而当前的资本存量状态又决定了当前的实际投资水平。在这种影响因素中，从有利于企业的投资角度，改善投资机会是增加当前投资支出的关键因素，如果改善这种投资机会的是社会经济环境，如经济运行状况，则从政策的角度，应提高企业对经济环境的预期，使投资的机会有所改善。另一方面，即使是投资机会没有改善，改变投资的成本等因素可以使投资的收益线的斜率发生改变，从而改变企业的合意资本存量，由此使当前的投资水平改善。

就投资的收益线的斜率而言，可能的影响因素包括：影响投资的成本的因素；投资的未来收益；企业的预期等。投资的成本一方面受投资需求本身的影响，因为投资需求增加，会使资本品的价格上升。资本品价格上升的原因，可能还与整个社会经济的结构有关，如投资品产业发展不足或者生产成本本身过高等，这些都会影响资本品的价格。另一方面，投资的成本可能不仅仅表示为资本品价格，安装成本、交易成本和兼容性成本等，① 同样是投资时发生的真实成本，所以，在考虑投资的成本时，这些因素必须计入投资的成本中。②

上述是假定资本成本一定，如果资本成本改变，如资本成本上升或者下降，投资会有什么样的特点。（这里，我们仍然假定资本成本与资本存量的变化没有关系，即不存在融资约束现象。）资本成本为资金市场的利率，而利率的改变是企业之外的利率政策，假定利率是商业银行的商业行为，则利率的改变就是要么提高，要么降低。

---

① 所谓兼容性成本，本书认为就是调整成本的一部分。

② 这里，就我们目前的分析需要，我们仍然可以假定投资的成本仅仅为资本品的价格，（如果从投资总支出的角度，就是资本品价格与资本品使用量的乘积）在后面，我们将从调整成本的角度，以及不确定性的角度，进一步分析投资成本的其他决定因素。

如果资本成本上升，则在同样情况下（假定投资的收益线不发生变化），资本的净收益，或者说资本的边际贡献率将下降，因此，企业会降低合意资本存量，在当前资本存量一定的前提下，企业会减少当前的投资支出。资本成本上升对企业投资支出的影响可以通过图1－9来说明。

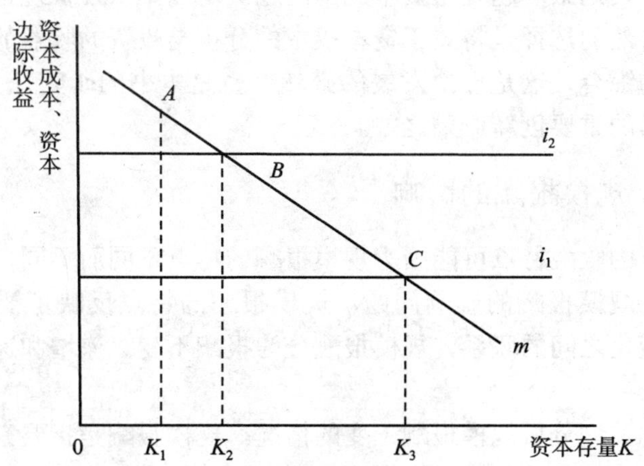

图1－9　资本成本变化与资本存量

图1－9显示资本成本上升，即资本成本由 i_1 上升到 i_2 将影响投资水平。由于资本成本上升，而投资的收益的状况没有改变，则企业的合意资本存量下降，原来的企业合意资本存量为 K_3，而现在的合意资本存量为 K_2，所以，企业的合意资本存量减少。如果企业当前的资本存量为 K_1，则资本成本上升的结果使企业的当前投资支出减少，原有条件的投资支出为 K_3-K_1，而现在条件下的投资支出为 K_2-K_1，而 $(K_3-K_1)>(K_2-K_1)$，由此可见，资本成本上升的结果降低了当前投资支出。

概括起来讲，决定企业当前的投资的来源有两个方面：一个是投资的收益状况，另一个是资本的成本。不同的关于投资收益的理论解释和资本成本的理论解释，将形成不同的投资理论。其实，从我们上述的分析看，决定企业投资支出水平的原因是两个方面的，所以，任何忽视资本成本或者投资的收益状况的理论将是不全面的，正确的关于投资的理论必须是两个方面分析的综合。后面我们分析的关于投资的不确定性问题，实际上是投资的收益方面的问题；而融资约束问题则是资本成本问题。所以，从投资理论的发展角度，必然的选择是将关于资本成本的分析与投资的收益的不确定性分析的综合，这是理论发展的必然，也是本书的研究任务之一，也是本书的重要创新成果之一。

四、规模报酬的影响

投资的收益特点可能因为规模报酬的特点不同而不同，下面我们就讨论规模报酬的影响问题。规模报酬的特点反映了要素投入与产量变化之间的联系，规模报酬分为报酬不变、递增和递减三种情况。

首先我们分析规模报酬不变的情况。规模报酬是指要素投入引起的产量增加的特点，规模报酬说明了生产技术的改变，或者说生产函数的改变。假定企业的单位投资产生的边际产量是不变的（假定产品价格不变），则企业投资回报可能将在一个固定的水平上维持不变，可以用下面的图 1－10 表示。

图 1－10 中显示，单位投资成本产生的投资回报空间相对维持不变。其中，下面的水平线为投资成本线——资本品价格，上面的水平线为单位资本投资产生的边际产量，用 YY 来表示。无论资本存量如何改变，如由资本存量由 K_1 增加到 K_2，但投资产生的边际产量不变，由此决定了投资的净回报可能维持不变。①

① 这里我们之所以说“可能的投资回报不变”，是因为决定投资的最后回报不仅仅是由投资产生的边际产量，产品价格等因素也可能影响投资的回报，如果我们假定价格相对不变，则边际产量实际上就是投资的边际收益。

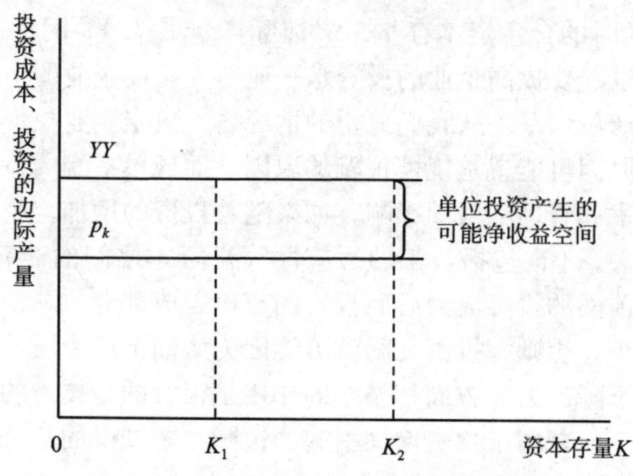

图 1-10 规模报酬不变与投资收益

在现实中，投资收益相对不变的情况很多，如在土地上的投资，如果增加一定量的化肥，则投资的收益增加若干，每增加若干的化肥就有相应的投资收益的成比例增加。有些资本投资也存在投资收益相对稳定的特点，如汽车运输队的汽车投资。

投资收益的相对不变，原因可能是多方面的，其中技术结构的相对稳定是一个重要决定因素。一般来讲，在投资的一定阶段，确实会出现投资收益相对稳定的情况，如在市场成熟阶段。这一时期往往产品的价格相对稳定，投资的资本品价格也相对稳定，因为，这时的资本品市场也相对成熟，不会因为投资需求的增加与资本品供给之间产生矛盾，但从长期来看，可能不会出现这样的情况。

其次，我们分析规模报酬递减的情况。

图 1-11 中，*YY* 线也是以边际产量特点绘制的线，*YY′* 为较高水平的边际产量线，即在相同投资支出的情况下，投资产生的产量以更高的水平出现。同一条边际产量线，表示投资支出与边际产量的依存关系，即随着边际投资的增加，投资产生的产量将逐步下降。水平线为投资的边际成本——资本品价格。从图 1-11 我们可以看出，企业的合意资本存量分别为 K 和 K'，K 为投资的边际产

量线为 YY 时的合意资本存量，K'边际产量线为 YY'时的合意资本存量，所以，要提高企业的投资水平应首先提高企业的边际投资决定的边际产量水平。从我们分析的情况看，决定企业投资的边际产量的主要原因可能就是规模报酬的原因，而规模报酬的特点很大程度上受技术和管理因素的影响，如果随着投资的增加，企业的管理能够跟上去，（也包括员工的适应性等）资本之间的兼容性较强，即企业的前面的投资成为后面投资的有机组成部分，总投资的净效应没有减少，否则，投资之间就可能因为协同上的矛盾，使投资产生的产量下降。另一方面，技术的作用是很大的，技术的提高在一定的程度上，减弱了投资增加引起的边际产量减少的趋势。

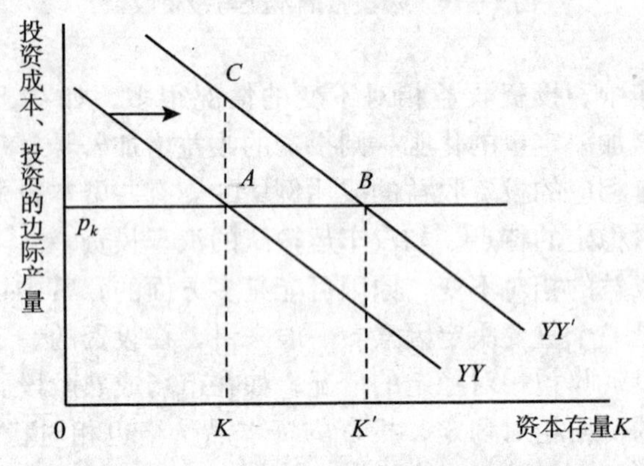

图 1－11　投资的边际产量与资本存量

最后，企业投资产生的边际产量可能出现更为复杂的表现形式。投资的规模报酬特点，可能不是不变，而是在不同的阶段有不同的特点：一定时期投资的规模报酬是递减的；一定时期又可能是递增的。图 1－12 显示了这种复杂情况。

图 1－12 中曲线不同于上述的一般特点。首先曲线 YY 表现为先下降，然后上升，再下降。这意味着投资增加与投资的边际产量表现出更复杂的关系，即投资的成本不变，而投资的边际产量因为

不同投资量有不同的水平。在投资的一定阶段，投资的增加使边际产量下降。这样，在投资成本不变的情况下，投资增加的上壁是投资产生的边际产量与投资的边际成本——资本品价格相等，在投资报酬曲线递增的阶段，只要投资产生的边际产量等于或者大于投资成本，投资增加都是可行的。①

如果我们暂时不考虑影响投资决定的其他因素，则投资水平显然与投资产生的规模报酬的特点有关。由于在不同阶段，资本存量与边际资本产量的关系表现出不同的特点，所以，投资支出也就有可能存在不同的水平。在图 1－12 中，曲线的 *AB* 段是投资增加提升资本边际产量水平的阶段，相对而言，这段不因为投资增加使投资产生的边际产量递减而抑制投资。

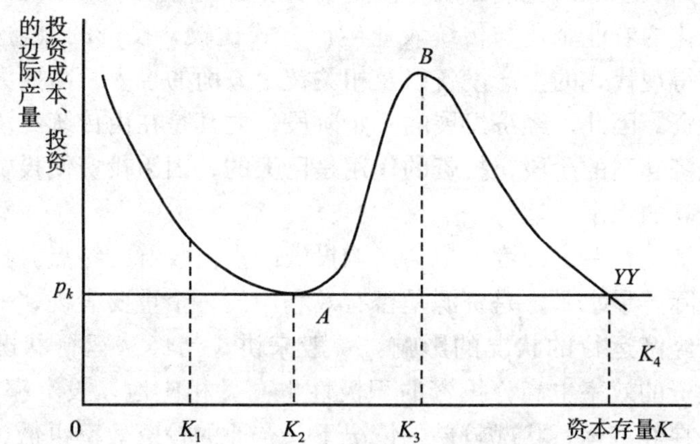

图 1－12　规模报酬的阶段变化与资本边际产量

在存在规模效应的情况下，要素边际产量价值的约束就会减少或者消失。但同时我们必须注意，这是在假定投资增加不改变产品

---

① 这里，如果不考虑资本成本因素，投资决定由投资成本和边际产量水平决定，显然这是过于简单的假定。

价格，不考虑资本成本以及投资成本因素，仅仅从规模报酬的特点出发做出的结论。实际中，投资的成本和利率成本可能影响投资的决定，而至于价格，可能对投资的影响更大，因为价格决定投资的未来收益，进而影响投资的净收益。

投资产生的规模报酬递增，不仅仅是一种理论上的假定，在实践中，投资增加使资本的边际产量（注意不是投资的边际产量）上升的情况，并不少见。如在大型设备购置以前，投资增加可能使资本的边际产量降低，但大型设备的购置使企业的生产效率急剧上升，所以，资本存量的增加反而使资本的边际产量上升。资本边际产量不变或者上升的意义体现在，这时增加投资是合理的。不仅仅个别企业会出现规模报酬递增的情况，即使是有些产业也有类似的现象。如农业现代化的出现，使整个农业的生产效率大幅提升，因为现代化的农业企业与传统农业生产方式比较，投资的收益要大，但要获得现代化的生产设备以及相关技术方面的投入，需要大量的资本投资。因此，经济发展的一定阶段，尤其是在由传统经济向现代化经济起飞的阶段，投资的作用是巨大的，因为投资使投资效率在比较高的水平上运行。

经济运行一定程度上也会影响投资的规模收益的特点。投资产生的边际产量水平，是资源是否有效利用的一个重要表现，一定程度上受经济运行的状况的影响。一般来讲，当经济运行状况较好时，投资的效率也高，投资的积极性也高，相应地，投资率也高；相反，在经济运行状况较差的情况下，企业的投资效率也低，投资的积极性也低，投资率也低。

由于投资环境等因素的影响，地区间的投资效率是不同的。在我国，东部地区比沿海地区的投资环境要好，经济运行也相对有利于投资效率的提高，但西部和内地的投资回报率也可能存在成长的空间，因为，这些地区的未来发展潜力巨大，投资增加在短期内可能使投资产生的边际产量不高，但可能存在一定时段的资本边际产量提升的情况。

从行业的角度，也应注意当前的投资回报与长远的投资回报的区别与关系。过分注重眼前的投资回报，可能造成投资过度或者不足，投资过度的后果：一方面使资源浪费；另一方面使企业的下一步的投资风险增加。我们应注意过度竞争产生的投资边际回报的突然递减，我们可以将这种递减称为非正常性的递减，它的主要后果是引发国民经济的剧烈变动。一个方面，这可能使社会资源尤其是资金资源的大量浪费，另一个方面，使国民出现表面繁荣，起到不正确的经济引导作用。

五、生产决策与长期投资

企业投资决定，是比较各种投资支出与投资收益的过程，如果从价值和货币的角度，企业投资就是考虑一个单位资本支出，与单位资本边际收益进行比较，然后选择是否决定投资的过程。企业的生产决策也是一种“投资”，只是生产决策是企业已经确定资本资产情况下的“投资”过程。从形式上，生产注意的是短期利润，是当前的“投资”。生产决策也要考虑成本与效益的问题，但生产决策与真正意义上的投资决策的主要区别是：生产决策着眼于当前，而投资着眼于未来，是建立在对未来预期的基础上的决定过程；生产决策因为是在一定的确定性条件（资本资产确定、产量确定和价格确定等）下的决定过程，所以，风险是相对较低的，而投资的收益是建立在未来变化的基础上，所以，投资充满了风险。另外，从风险产生的直接原因上看，投资以未来情况为基础，而未来是不确定的，不确定性加大了投资的风险程度，生产决策也有一定的风险，如短期价格的变动等。

企业在计算投资的成本的时候，需要考虑总的投资支出，这些总的支出包括流动性的支出，固定性的支出和其他隐性支出。如果企业投资的是一个项目，或者一个机器设备、厂房等，则投资就是资本意义上的投资，所谓资本投资，一般认为是能够给企业带来生产能力的投资。企业的支出根据服务目的的不同，可以分为生产性的投入，和长期性的资本投入。生产性投入是在假定现有的生产能力一定，在非资本生产要素上的增加，以提高生产量的过程，这种投资称为存货投资。存货投资的目的是获取短期利润，短期利润是短期投入与短期内产品价格和产量乘积的差，用公式可以表示如下。

$$\pi = QP - (p_k K + \omega L) \tag{1-4}$$

式中，Q 表示产品量，P 为产品价格，p_k 和 K 分别表示单位资本的价格和资本量，[①] ω 为单位劳动的价格，L 为劳动的使用量。

由于短期投资的支出主要是非固定资产上的投资，而长期主要是要素的成长，如劳动力素质和教育上的投资，以及固定资产上的投资或者项目上的投资。所以，企业在短期内的“投资”可以假定资本投资为零，即令 $K=0$，这里的 K 就是资本存量或者企业投资量。所以，短期内的利润由下面的等式决定。

$$\pi = PQ - \omega L \tag{1-5}$$

从公式（1-5）可以看出，短期内企业生产决定的主要决定因素是劳动的成本和产品价格。

六、投资收益的实际回报

上述我们是从理论上分析了，投资支出与投资收益的关系（确定性条件下），但在实际中，对于企业来说，投资必须基于一个相对理想的投资回报。可能在不同经济环境中，不同的国家中以及不同国家中的不同发展阶段，投资的回报的差异性是现实存在

① 注意，如果假定企业投资是资本资产投资，则投资量就是资本支出量，从企业的角度就是企业购买资本品（如机器）的支出，所以，一定意义上，资本品的价格就是单位资本的边际价格，资本品价格是资本资产的货币表示，资本品是资本资产的物质形态。但实际上，投资的支出成本与单位货币的投资不同，因为，单位货币是从借贷的角度，表示单位货币的机会价值，而资本品的价格是投资活动决定的价格。资本品的价格受到投资需求和资本品供给的直接影响，尽管资本市场的利率也是影响资本品价格的一个因素，但资本市场价格主要由货币的需求和供给的影响，而货币需求与供给不仅仅受资本投资的影响（货币需求），而且受到消费等方面的货币需求的影响。所以，就此认为资本的价格等于资本品价格是不完全正确的。

的，但对于企业来说，没有回报的投资是不可能的。

一些学者使用企业的总利润对资本存量的比率来代替资本的投资回报率。根据 L. 萨默斯的估计，美国在 1960 ~ 1979 年间的资本回报率为 9. 1%，而在 1980 ~ 1987 年间的这一数据为 6. 9%，这说明了投资回报率的递减特点。不过，在经济的不同时期，资本的回报率也有差异。一般来说，在经济的衰退时期投资的回报率比较低，而在经济的高涨时期的投资回报率较高。

全球最大的风险投资商之一，美国国际数据集团董事长麦戈文称："中国已经成为世界风险投资回报率最高的地区。"麦戈文指出，国际数据集团在中国已经完成的 30 多个投资项目平均回报率高达 55%，而美国和欧洲市场的回报率分别为 45% 和 35%。"我们在中国的投资回报率达到 40%，而中国以外的国家却只有 15%。"

中国国家统计局发表的《国民经济持续快速健康发展》长篇报告，从综合国力、产业发展、基础设施、对外经贸和居民生活五个方面进行数据化分析，昭示中国国民经济保持了持续、快速、健康发展，已成为世界上发展最快的国家之一。

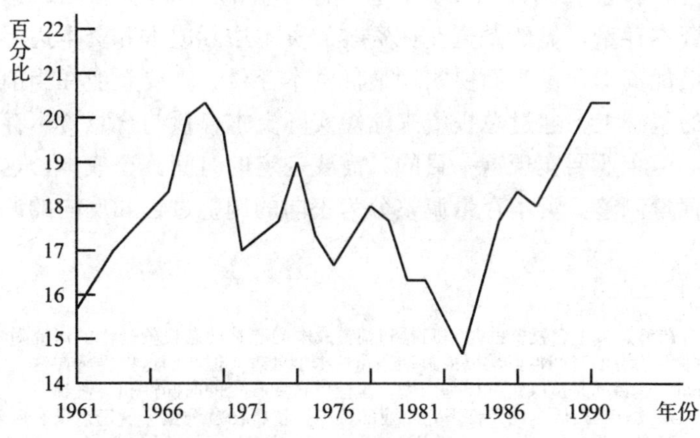

图 1 - 13 1960 ~ 1990 年美国资本平均盈利水平

资料来源：根据《欧洲经济》1991 年 12 月。

国家统计局称，改革开放以来，中国以前所未有的高速度发展，综合国力持续增强，经济结构逐步合理。国内生产总值从1978年的3624亿元人民币增加到2003年的95933亿元，按可比价格计算，年均增长率为9.4%，超出世界同期年均增长率6.1%百分点；1989年至2003年间，面对复杂多变的国内外经济环境，中国经济仍保持快速发展，年平均增长速度仍达到9.3%，比世界经济增长速度快6.1%百分点，是世界上发展最快的国家之一。

高速经济增长的背后是企业的大量资本投入，这从另一侧面说明了中国企业投资的积极性。

第四节　投资的时间因素和调整成本①

一、资本存量调整的含义和形式

前面我们分析了投资的资本成本——利率及单位资本的收益共同决定了企业的合意资本存量。合意资本存量决定于资本成本与资本的边际收益（或者说投资的边际净收益的交点），所以，这里的合意资本存量，显然是企业在资本的资本边际成本和资本边际收益下的最优资本存量，而要实现最优资本存量，需要企业在当前资本存量的基础上，通过总投资来缩短实际资本存量与合意资本存量的差距。但企业要实现这一目的，需要一定的时间甚至成本，这就是资本存量调整。资本存量调整分为正向的调整过程和反向的调整过程。②

---

① 严格意义上，投资的时间问题和调整成本问题是动态投资理论的研究对象，因为只要涉及投资的时间性必然要通过动态化的模型处理，但我们这里仍然在这一章讨论这个问题，其目的是从确定性模型出发，也能够说明投资的时间性和调整成本。

② 在没有调整成本的条件下，企业的资本存量将任意调整，所以，没有调整成本不是真正意义上的投资理论。参考 Robert Lensink, Hong Bo and Elmer Sterken, 'Investment, Capital Market Imperfections, and Uncertainty-Theory and Empirical Results'. p64, Edward Elgar Cheltenham, UK. Northampton, MA, USA, 2001.

所谓的正向调整和反向调整，是相对于当前资本存量与合意资本存量的状态而言的，如果合意资本存量相对于当前资本存量要大，则通过增加投资来向合意资本存量逼近，这可以称为正向调整；相反，如果合意资本存量小于当前资本存量，企业可能要求减少资本存量，这可以称为反向调整。用图可以表示如图 1－14。

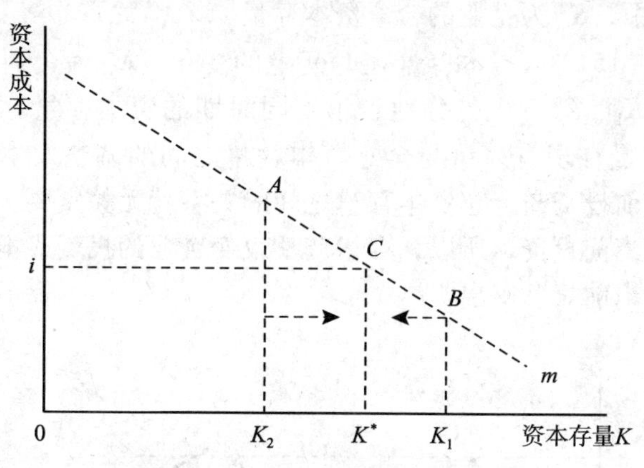

图 1－14　资本存量的调整方向

图 1－14 中，K^* 为合意资本存量，K_1 为当前资本存量大于合意资本存量的情况，即 $K_1 > K^*$，则应减少当前的资本存量，是资本存量的反向调整。若当前资本小于合意资本存量，即当 $K_2 < K^*$ 时，应增加投资使当前的资本存量增加到合意水平，这为资本存量的正向调整。

二、合意资本存量与投资率的基本关系

投资率就是资本存量调整的速率，是当前的投资支出与已有的资本存量的比率，用公式表示为：

$$\frac{I_i}{K_{i-1}} = f(K_{i-1},\ i,\ m) \tag{1-6}$$

其中，K_{i-1}表示 $i-1$ 时期的资本存量，i 表示的成本——借贷市场利率，m 表示资本的边际收益或者投资净收益。I_i 是企业在时间 i 时的投资支出，而总投资为 $\sum I = I_1 + I_2 + \dots + I_n$，是企业为了实现合意资本存量，在若干时间内逐步实现的投资支出。这样一来，如果企业一次实现其合意资本存量，则当前的投资应为：$K^* - K_{i-1}$，其中，K^* 为企业的合意资本存量。

图 1－15 表示资本存量在时间上的变化。K^* 为企业的合意资本存量，K_1、K_2，K_i 等分别表示不同时期的资本存量。如果不考虑资本存量在现有存量与合意资本存量之间的调整发生的可能成本，则当前投资与合意资本存量之间的关系就无关紧要。但企业的投资是指当前投资，所以，存量调整改变企业的投资成本，可能改变企业的当前投资支出。

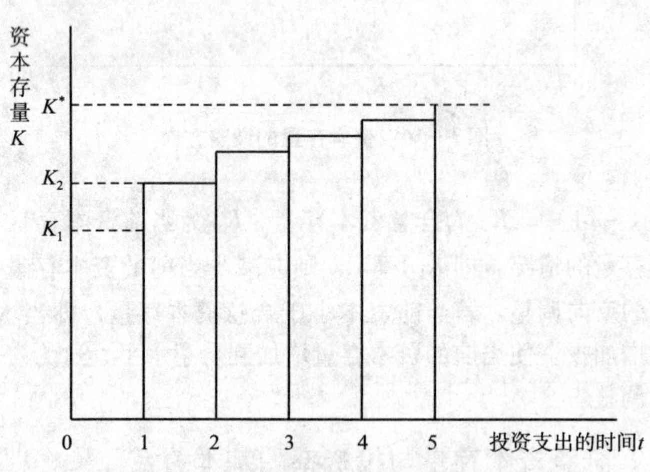

图 1－15　资本存量在不同时间上的变化

一种理论认为，现有资本存量与合意资本存量之间的差距越大，投资支出就越大，资本存量的调整速度就越快。如上图 1－15 中，K_1 与合意资本存量 K^* 之间的差距，要大于 K_2 与合意资本存

量 K^* 之间的差距，所以，在时间 t_1 时的投资支出大于在时间 t_2 时的投资支出。投资支出可以用公式表示就是：

$$I = f[(K^* - K_{i-1}),\ i,\ m] \tag{1-7}$$

式中的 i，m 分别为投资的资本成本和资本的边际收益。（$K^* - K_{i-1}$）表示 i 时的资本存量与合意资本存量之间的差距。

可变加速数模型认为，由当前的资本存量发展到合意的资本存量，在不同时间点上投资支出是不同的，倾向于认为资本存量调整是渐进的。一方面，一切影响合意资本存量的因素，如实际利率和预期产量等都可以影响企业的投资支出，但另一方面，资本由当前的水平向合意的水平调整的过程，存在滞后效应。所谓的滞后效应是指由当前的资本存量向合意资本存量的调整需要时间。

三、调整成本

前面我们假定企业的资本存量可以在瞬时或者无成本地调整，在这种情况下，投资产生于资本的边际收益等于资本的使用成本，在资本使用成本一定的情况下，资本的边际收益增加，投资增加；当资本边际收益一定的情况下，资本成本降低，投资增加，相反投资减少。这种分析一般为静态分析，所谓的静态投资模型，就在模型中没有考虑时间因素。静态模型最大的不足就是抽象掉了投资发生的时间和空间，而实际的投资不能不受时间和空间的约束。既然实际的投资要在有限的时间空间内进行，所以，实际的投资行为与理论模型之间可能有一定的差距，就资本存量调整而言，这意味着资本存量的调整可能因为调整成本，使企业的资本存量变化与模型的预期不同，这可以称为调整成本的投资效应。

调整成本存在的最明显标志是，机器的购买要发生的信息成本和交易成本；机器安装需要安装成本；对新机器的使用，需要员工有一个熟悉的过程，所以要对员工进行必要的培训；要对新旧机器进行必要的组合，以及管理和生产方式改变等发生的有关费用，这些都可能是因为改变企业的资本存量的结果。在投资理论中，资本调整成本的研究，不仅仅是提出调整成本的可能，而且，学者还对调整成本的种类，特性以及对投资行为的影响都进行了讨论。

从调整成本的内容上看，调整成本包含了丰富的内容。（Hamermesh 和 Pfann，1996）（Dixit 和 Pindyck，1994）等人认为，调整成本应包括调整成本的凸性特点；对称性和非对称性；分段线性；集中出现的成本等。

调整成本的基本特点是具有凸性的特点。所谓调整成本的凸性特点，即调整成本是投资的凸函数，调整成本的变化随着资本存量的变化率的变化而变化。这样，调整成本的减少因为投资的减少而减少，当投资减少为零时调整成本也减少为零。而当投资不断增加时，调整成本也相应增加。

这就是说，投资增加和缩减投资都是有成本的。这种情况可以称作为对称性调整成本。如果说调整成本是非对称性的，则投资增加产生的成本与缩减投资[①]产生的成本是不相同的。

为什么投资变化会发生一定量投资成本上升？Eisner 和 Strotz（1963）提出产生调整成本随着资本存量的增加，呈上升的原因有两点：一是投资增加使短期内的资本品供给无法满足需要，促使投资品价格上升，使投资的成本上升；二是因为新旧投资的机器设备之间的兼容性问题。这两个的原因在实践中，都有充分的体现。就第二点而言，还有更深刻意义。一方面，确实在实际中存在大量的关于投资的兼容性的问题，但这一投资增加产生的投资成本，在投资者那里可能没有产生必要的关注，致使投资资源产生浪费。如在我国，大量的城市建设因为缺乏科学的、规划性的城市建设，经常通过建设新的设施来代替旧的设施。这一过程可能发生的成本包括：（1）原有的设施和设备被拆除，或者废弃或者低价销售；（2）拆除和安装新的设备或者建设新的设施，要发生一定的成本和费用，有

① 所谓缩减投资就是减少资本存量的过程。比如，过去一个时期的投资形成的资本存量，根据现有的条件或情况，企业可能倾向于减少资本存量，则企业就要销售或者废弃已有的机器设备等，这个过程就可称为投资缩减。

些是隐形的成本支出，如重建给城市交通带来的不便。另一方面，在我国总的工业投资中，因为投资主体的地方化，部门化，以及投资行为的约束机制缺乏等，使投资建设出现大量的重复建设的现象。这样的直接后果是，各部门之间，各产业之间以及各地区之间，因为没有必要的协同，重复建设使资源大量浪费，投资的成本是很高的。

另外，在调整成本中，交易成本在实践中可能对投资的影响十分大。如在中国，即使是在计划经济时期，企业要获得投资项目以及投资的有关资金，也需要外交上的努力，投资从立项到审批，到资金到位可能存在很多环节，要花费相当的支出。改革时期，由于政府对投资的一定干预，以及银行的国有化体制，所以，企业投资（主要是国有企业）的决定也会因为交易费用而受到一定的影响。

凸性调整成本假定的情况下，企业的最佳投资量决定一个特定的标准下，即将合意资本存量调整到一定时点的成本，应等于资本的边际利润率。这里的成本一定包含了调整成本。所以，投资的成本应包括两项：不包含调整成本的支出；考虑交易费用、安装成本等。如果不考虑调整成本的其他特点，假定调整成本与投资之间呈线性的关系，并随着投资的增加而增加，即调整成本是投资的增函数，则我们通过简单的模型来表示投资决定的特点。设调整成本为C_T,① 投资为I，则$I=K^*-K_{i-1}$，其中，K^*为合意资本存量，K_{i-1}为投资发生时的资本存量，则有$C_T=f(I)=f(K^*-K_{i-1})$，且调整成本随着投资的增加而增加。设资本品的价格为p_k，则投资总成本为资本品价格加上调整成本，设总投资成本为p_k^T，即$p_k^T=p_k+C_T$。如果不考虑资本成本，则企业的合意资本存量因为调整成本的出现而减少了。图1－16体现了调整成本存在下的企业合意资本存量的特点。

---

① 这里我们假定调整成本包括除了资本品购买之外的所有支出，如交易费用、安装费用，以及因为投资需求增加引起的资本品价格的上升等成本因素。这样，调整成本下的总的投资成本为资本品价格加调整成本。

其中，水平线 p_k 表示没有调整成本的投资成本，倾斜线 p_k^T 为包含调整成本的投资成本线，倾斜线 R 表示投资的未来收益。投资的净收益等于投资的未来收益减去投资的总成本，设投资的净收益为 m，则 $m=R-p_k^T$。由于调整成本的存在，在投资的未来收益不变的情况下，投资的净收益将下降。图 1-16 显示，在没有调整成本的情况下，企业的合意资本存量为 K_1，而在包含调整成本情况下的企业合意资本存量只能为 K^*，显然，调整成本的出现使企业的合意资本存量减少。

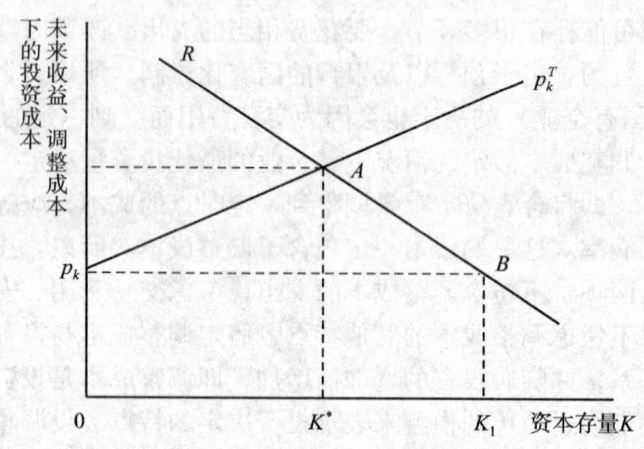

图 1-16　调整成本与合意资本存量

上述分析是在假定资本成本不存在的情况下的合意资本存量，下面我们考虑资本成本存在下的情况。由于调整成本使企业的投资净收益减少，也就是使投资的收益发生倾斜（斜率减少）。这时的企业投资决定于：投资总成本等于投资的净收益时。在考虑资本成本情况下的总投资支出包括：一是资本成本；二是体现调整成本的投资支出。如果我们用 C_i^T 表示企业全部的投资所发生的支出，则 $C_i^T=p_k^T+i$，其中，i 为资本成本。图 1-17 显示了存在调整成本下的企业资本投资的特点。

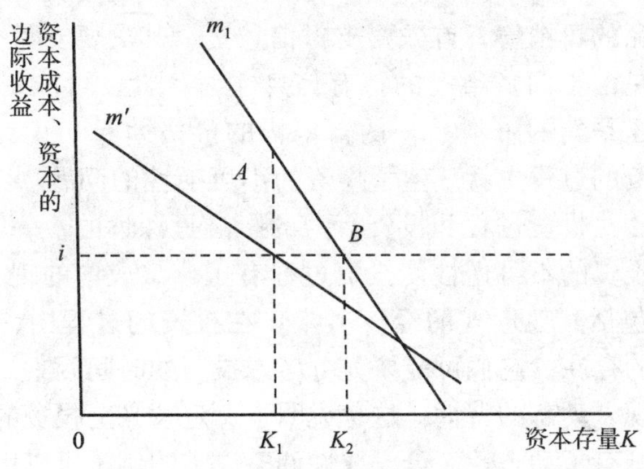

图1-17　调整成本下的资本投资

图中，水平线表示资本成本线，倾斜的线为投资的净收益线，其中，m_1 为没有调整影响的投资净收益线，而 m'为包含调整成本的投资净收益线，显然，由于调整成本的存在，投资的净收益线变得平坦了，两条投资净收益线分别与资本成本线的交点为 A 点和 B 点。从图中我们可以看出，两种情况下的企业合意资本存量分别为 K_1 和 K_2，由于调整成本的原因企业的合意资本存量减少了，从而我们得出的结论认为，调整成本的存在将抑制当前的投资。这就说明了传统的投资模型中没有考虑调整成本是不全面的，实际的投资支出可能要小于传统模型下的投资支出水平。

调整成本还可能表现出分段线性的特点。在资本存量的调整的过程中，企业将面临因为资本存量变化而增加的成本，而这种成本变化可能服从于线性变化，但可能是分段线性的特点。首先，对于从事投资行为的企业，支付资本设备的购买成本是必须的。但同样是资本存量的变化，投资增加而产生的成本与投资缩减产生的成本可能不是对称的，这就是调整成本的非对称性问题，尽管我们说调整成本的变化是线形变化的。所谓投资增加的成本即资本的购买价格等产生的成本，而资本缩减的成本即资本品的再销售或者废弃。

对于资本品的再销售，首先要支付信息费，其次要支付交易费用，更重要的是由于旧货市场的特有信息非对称性，可能资本品（无论是旧的还是新的资本品）的再销售的价格远低于其购买价。这样，在投资的过程中就产生了投资的不可逆性的问题。[①] 资本投资的不可逆性对投资过程和投资行为的影响是深远的，一定意义上，正是因为投资的不可逆性使投资过程有了调整成本的现象。所以，企业（也包括其他形式的经济主体）在投资的过程中，由于这种调整成本的存在，它们可能要充分考虑投资的时间因素。从而使投资过程体现了动态的特性。这也说明了一定意义上投资的不可逆性使投资模型有了动态性。分段线性调整成本的例子可以用下列方程表示：[②]

$$C(I,\ K) = I[I>0]a_1 I + [I\leqslant 0]a_2 I \qquad (1-8)$$

这里，$[I>0]$ 是一个指示函数，a_1，a_2 不一定有相同的绝对值。

企业在投资的过程中还面临一种可能是集中出现的固定成本。在实际投资中，企业面临的集中成本包括所谓存量固定成本和流量固定成本。这些集中出现的固定成本独立于投资量，但可以依赖于也可以不依赖于投资实际发生的时间长短。假定这些固定成本依赖

① 本书认为，调整成本的线性非对称性一定意义上与投资不可逆性有关，因为投资的不可逆性使投资缩减所产生的调整成本与投资增加产生的调整成本不同。

我们认为，既然投资的不可逆性和调整成本的非对称的线性特点，所以，投资的时机显得十分重要，而投资的不可逆性之所以重要，就是因为一旦投资失败，可能面临严重的投资沉淀性支出，这样，企业在进行投资决策的时候，需要充分对待投资的这种结果，因此，投资的时机是重要的。显然，在这里没有提到投资的推迟问题。“调整成本分析”虽然没有提到投资的等待问题，但实际上已经说明今天投资的可能的巨大成本，通过计算投资的今天“调整成本”，使企业的投资决策显示出一定的抑制性行为（减少合意资本存量）。下一章我们在分析不确定性对投资的影响时，将注意投资的等待特点。如果投资存在不可逆性和调整成本的存在，（尤其是逆向调整成本的巨大支出）而不确定性又使投资产生这种不良后果的可能性增加，所以，今天的投资的机会成本就很大，即今天投资的期权价值很大。所以，从期权与不确定性的角度，调整成本实际上是期权价值的机会成本的主要内容，说明了“期权分析”与“调整成本分析”在一定情况下是一致的，但期权投资分析，注意了投资的不确定性和投资的等待特点。

② Robert Lensink，Hong Bo and Elmer Sterken，‘Investment，Capital Market Imperfections，and Uncertainty-Theory and Empirical Results’. P64，Edward Elgar Cheltenham，UK. Northampton，MA，USA，2001.

于投资期间，我们就称它为流量固定成本，如果它们不依赖于投资发生的期间，则称它们为存量固定成本。如果用 Caballero 和 Leahy（1996）的话说，所谓流量固定成本就是当你打开水龙头，每一单位时间内流量发生的成本，而存量固定成本就是在你打开水龙头后，不因为流了多长时间和流了多少水而发生的成本。[①]

在文献中，可以通过构建成本函数说明各种各样的投资成本。最著名的成本函数的例子当属 Caballero（1991）提供的成本函数，下面的公式就是他的成本函数：

$$C(I) = I + [I > 0] r_1 I^{\beta} + [I < 0] r_2 |I|^{\beta} \tag{1-9}$$

这里，γ_1 和 γ_2 是两个非负的参数，在这个成本函数中，资本假定为1。成本函数允许存在直接成本（I）和非对称凸性调整成本（$\gamma_1 = \gamma_2 > 0$）。当 $\gamma_1 = 0$，$\gamma_2 = \infty$ 和 $\beta = 1$ 时，成本函数意味着投资是不可逆的。

在各种成本函数中，Abel 和 Eberly（1994）的成本函数是最完整的。在他们的成本函数中。他们的成本函数不仅包括传统意义上的凸性调整成本，也包括各种能够解释不可逆性的成本。他们提出当投资发生的时候存在三种类型的成本。

第一，购买或者销售成本；分段的线性的购买成本和已卸资本的销售成本。

第二，调整成本；它们依赖于资本存量的变化；传统意义上的各种凸性调整成本。

第三，投资的固定成本，这些固定成本因为投资发生而形成，但也可能独立于投资水平。

若资本存量发生变化，或者是存量的减少，或者是资本存量的增加，发生一定的成本，则投资在不同时点上的分布不同。

调整成本的观点，是对传统投资模型的一种修正，是投资模型

---

① Robert Lensink, Hong Bo and Elmer Sterken, 'Investment, Capital Market Imperfections, and Uncertainty-Theory and Empirical Results'. P. 64, Edward Elgar Cheltenham, UK. Northampton, MA, USA, 2001.

更实际化的一种努力，但调整成本理论必须与投资实际的其他特点结合起来，才能对投资活动做出科学的说明。

总之，企业的投资支出是各项投资支出与投资的收益之间的综合性考虑。各种调整成本的出现使投资本身的净收益减少，所以，即使是在资本成本不变的情况下，调整成本的增加也将抑制投资水平，如果再考虑资本成本因素，结果使投资的情况更加恶化。由此可见，将投资问题仅仅集中于资本成本的观点是不全面的，应充分重视投资发生的调整成本，调整成本虽然只是企业投资本身的因素，但引入这种分析，将使投资分析由仅仅关注资本成本向关注投资本身转移。在传统的理论中，往往将企业的投资过程假定为是资本成本——利率的函数，而对企业投资的实际投资成本关注不够，这样的结果可能使所有的“利率政策”准则的效果不尽如人意。因此，投资理论的发展是决定政策投资政策基础，是奠定宏观经济理论的前提。

第五节　典型模型的述评

经常用于说明企业的投资行为的模型包括：现金流量模型、加速数模型、新古典模型和 q 理论模型，这些模型一定意义上与传统的投资分析一致，下面我们逐个对这几个模型进行分析和评价。

一、加速数模型

加速数模型①假定，企业投资的决定依赖于对产品的需求。投资支出的大小与对产品需求大小相对应。这就是说，需求上升，企业投资的支出也相应上升，相反，投资支出下降。这说明加速模型能将需求函数纳入到了企业投资函数中来，从而使预期产出作为投

① 该模型首先由 Clark（1917）提出，并由 Koyck（1954），Leeuw（1962），Evans（1967）等发展的一个理论。

资支出的重要参考标准。实际上，预期产出与已有的产出存在一定关系，即预期产出是当前产出的基础上建立起来的，而且，从动态的角度，预期产出不过是时间的函数。但从该理论本身看，要建立一个动态调节过程的投资模型，可能会存在多重共线的问题，从而，破坏结果的科学性。

加速数模型说明了投资支出与产量成比例变化的特性，但不受成本影响。加速数模型的出发点，是基于当企业考虑产出增加时必须增加资本存量。所以，企业预期产量的增加，就会增加投资。这种解释基本上符合企业投资决策的一般常识，能很好地用数据来说明。但这一理论模型没有将投资的成本的影响考虑进去，是这一模型的最大缺陷。①

二、现金流量模型

现金流量模型与加速数模型相似，② 而加速数模型的也是基于现金流量模型，一定意义上，加速数模型分析可以用于现金流量模型。不同的是，现金流量将企业投资所依据的标准不是建立在现在和滞后的产出之上，而是用投资形成的现金流来反映。现金流量法必须把利率作为一个已知变量，所以，不同时期的利率对企业投资活动的影响比较大。这说明现金流量模型，既涉及产出或收入，还要考虑一定的成本支出，比加速数模型前进了一步。另外，企业在计算投资的“回报”，用现金流更易操作，这也是现实中企业常常运用现金流计算来实行投资决策的原因。现金流量模型的缺陷也在于投资方程的多重共线性问题。

---

① 有学者在加速数模型的基础上，开发了可变加速数模型，它实际上是加速数模型的一般化。可变加速数模型认为，既存资本存量与合意资本存量之间的缺口越大，企业的投资速率就越快。

② 现金流量模型的主要贡献者有：Duesen berry（1958）and Meyer and Kuh（1957）. 参见 Haiyan Song，Zinan LIU，‘Analyzing the Determinants of China's Aggregate Investment in the Reform Period’. *China Economic Review* 12（2001）.

三、新古典投资模型——乔根森的方法

新古典投资模型假定[①]，企业的投资行为与合意资本存量[②]和投资成本相联系。而合意资本存量受市场需求的影响，并要考虑资本投资的成本。也就是说，市场对最终产品的需求增加将刺激企业投资，而利率、投资税收和资本折旧等增加将抑制企业的投资。在新古典投资模型中，预期产出的增加和资本成本是企业决定投资的两个主要决定因素。在新古典投资模型看来，凡是影响投资成本的因素都是影响投资的决定的因素；凡是影响预期产出的因素也影响投资的决定。所以，经济周期性和宏观经济形势的变化都会影响企业投资。一般说来，在经济处于比较好的状况下，企业的预期收入可能增加，企业就会增加投资。而投资成本在不同经济环境和不同政策下，会有不同的结果，因而会对投资活动产生不同的影响。

新古典投资模型与凯恩斯主义宏观经济学理论基本一致。不同的是，新古典投资模型是从企业的角度考虑投资，是微观经济基础方面的行为模型。这一模型，由于在考虑需求效应的同时，也考虑投资成本问题，从而使这一模型更具说服力，这也是这一模型受欢迎的原因。这一模型存在的主要问题在于：过分注重理论说明，实际操作方面仍需要进一步改进。

新古典模型的发展方向在于：根据投资的自然特性，综合投资成本和预期产量，分析投资由当前资本存量向合意资本存量的调整过程；[③]

① 新古典投资模型是由乔根森（Jorgenson，1967）等发展而来。

② 多恩布什、费希尔：《宏观经济学》，中国人民大学出版社 1997 年版，第 283 ~ 284 页。

③ 这一方面的分析，应该说基本已经成熟，比如分析考虑财政政策和货币政策对合意资本存量的作用；资本调整的不同模式对成本的影响，以及经济周期投资成本的影响等；税收环境对投资的作用；利率对投资的影响。参考多恩布什、费希尔：《宏观经济学》，中国人民大学出版社 1997 年版，第 284 ~ 293 页。

各种影响投资成本的因素分析[①]；对原有的假设条件的放宽；在模型中加入调整成本（如安装成本和维修成本）。[②]

值得一提的是，一些学者在新古典投资模型基础上，构建制度缺陷或发展中国家的（金融自由化过程中）投资决定模型。如运用"纠错模型"说明中国企业投资的行为特点。[③]

我们的分析也基本上是沿着新古典投资模型的思路进行，但我们希望将各种影响投资的因素进行综合，并为下面的不确定性分析和融资约束分析奠定基础。因为，新古典的投资模型的比较静态分析有很大的优点：首先是确定企业的合意资本存量，而企业的合意资本存量，实际上就是企业综合考虑各种影响投资决定因素的结果，这些影响因素包括投资的净收益和投资成本以及资本成本；考虑了投资的时间性；能将不确定性分析统一到这一分析框架中，因为不确定性主要影响了企业的合意资本存量，从而影响了企业的投资支出；融资约束分析也是影响企业的合意资本存量问题，所以，融资约束分析也可以在新古典的分析框架中进行。

四、托宾的 q 理论

以上几个模型一般不涉及资本价值的问题。所谓的资本价值就是资本资产的市场评价。企业资本存量的价值高低不应由企业自己

---

① 资本的租用成本影响投资研究综述，可以参见 Robert S. Chirinko，'Business Fixed Investment and Tax Policy：A Perspective on Existing Models and Empirical Evidence，' *National Tax Journal*，(1992)，and Ford and Poret，'Business Investment.'

② 如将资本折旧变量由外生转化为内生。长期以来，在分析投资决定时常常假定资本折旧是不变的，实际上，资本折旧是变化的，如在经济的形势变好的情况下，企业的预期产出增加，资本的使用率可能就要增大，因而折旧就会增加。所以，在考虑折旧变动的情况下，构建投资模型是发展的方向。一些学者已有一定的分析。参见 Bischoff，C. W.，and Kokkelenberg，E. C，'Capacity Utilization and Depreciation in Use.' *Applied Economics* 19：995 ~ 1007 (1987). Burnside，C.，and Eichenbaum，M.，'Factor-hoarding and the Propagation of Business-cycle Shocks.' *American Economic Review* 86 (5)：1154 ~ 1174 (1996). Collard，F.，and Kollintzas，T，'Maintenance，Utilization and Depreciation along the Business Cycle，' CEPR Discussion Paper 2477. (2000).

③ Haiyan Song，Zinan LIU，'Analyzing the Determinants of China's Aggregate Investment in the Reform Period，' *China Economic Review* 12 (2001).

说了算，应通过市场对企业现在和预期的收入估计来给企业价值打分。收入的估计是通过现金流计算来进行的。也就是说，市场价格是有关企业经营信息的反映。托宾的 q 理论正是用“市场”来说话的投资理论。①

q 理论是现金流量模型的一般化，该理论假定企业投资的决定与 q 值对应。q 值是资本资产价值与该资本资产的重置成本的比率。资本的市场价值就是资本的需求价格，而替代这些资本的价格就是资本的供给价格。当 q 等于 1 时，市场处于均衡状态，表明资本的需求价格供给价格相等。当 q 大于 1 时，企业意愿投资增加，相反，投资意愿减少。

运用 q 理论来解释投资现象，就是将投资活动与资本资产市场结合起来了，这与以往的理论有很大的不同。过去经济学家在分析投资活动时往往通过计算未来现金流，来评价投资支出的决定。无论是加速理论还是现金流模型，都是把投资决定的分析，建立在投资的未来价值的折现，来看投资决定能否进行。

与加速数模型和现金流量模型相比，该理论模型还使企业的投资活动与人们的资产选择过程联系起来了。同时，托宾的 q 理论使企业投资的成本支出与收入两方面也有结合，不是仅仅考虑产量和收入，使该理论的现实基础更强。但这种收入不是前面模型所刻画的那样，而是强调了资本品的市场价值评价上。（由于大量的企业是股份性企业，有些企业还是上市公司，所以，投资的目标确定为企业的价值最大化，具有现实的基础。）所以，托宾的 q 理论更体现现代经济社会中资产选择的特点和投资活动的价值分析。因而，该理论更“现代”，更具有理论的精巧性。

托宾的 q 理论将资本资产市场结合的特点，反映了现代金融对

---

① 关于托宾的 q 理论参见 James Tobin，‘A General Equilibrium Approach to Monetary Theory,’ *Journal of Money*, Credit and Banking, February（1969）. 这一理论的经验验证参见：Lawrence H. Summers，‘Taxation and Corporate Investment：A q – Theory Approach,’ Brookings Papers on Economic Activity, 1,（1981）.

投资活动的动态影响，也使政策尤其使货币政策作用投资的过程有了全新的特点。

q 投资理论（包括新发展的 q 投资理论）目前存在的主要问题有：企业经营信息通过价格来反映的理论基础，即有效市场理论仍然存在争论；以托宾的 q 理论为基础建立的投资方程，存在序列相关残差的问题；把 q 的滞后值作为重要变量进入方程，使其与调整成本方程相矛盾；产出和生产能力利用率等变量在投资方程中也有重要的解释作用，这与 q 投资理论的思想是不一致的；另外，q 值的确定也存在问题。[①]

① ［美］本杰明·M·弗里德曼、弗兰克·H·哈恩主编：《货币经济学手册》（文：安德鲁·B·阿贝尔），经济科学出版社2000年版，第761～764页。

第二章
不确定性与企业投资效应

传统经济学的基本特点就是假定经济生活是确定的，许多基本的投资理论都是在确定条件下提出来的。虽然经济学研究可以从确定的条件出发，但经济实际却是不确定的。传统的马歇尔式的投资理论，假定投资过程是确定性前提下的决定过程；新古典投资理论（最初发展的模型）也是基于确定性假定。凯恩斯是将不确定性引入经济学分析的重要贡献者。在凯恩斯的投资理论中，预期的作用很大（尤其是长期预期），因为短期的预期主要是满足短期的生产过程需要，而投资是在长期预期的基础上进行的，而预期实际上基于投资的不确定性事实。所谓不确定性虽然不同的学者有不同的定义，但基本的含义有两个：即基本的不确定性和古典的不确定性，本书倾向于认为，不确定性一定意义上与风险是一致的。

本章主要是讨论不确定性对投资的影响。首先我们介绍了已有的理论，这里主要讨论了凯恩斯的不确定性的投资理论；传统的不确定性的投资理论，以及期权的不确定性投资效应分析，其中重点介绍了期权的不确定性投资效应分析。在此基础上，我们将延续前面的比较静态分析方法，从企业合意资本存量的确定着手，分析不确定性如何影响企业的投资成本或者收益，从对企业的合意资本存量产生影响。而期权的分析我们采取不同的处理方法。

第一节　不确定性概述

一、关于不确定性的内涵

什么是不确定性？不同的学者有不同的理解，理论界总的来说有两种观点：一种观点是把不确定性与概率联系起来，用变量的方差来表示不确定性的大小。另一种观点认为不确定性没有稳定概率，无法用概率分布来表示，即不能用某一事件的过去发生的概率来预测未来。

奈特在其著作——《风险、不确定性和利润》一书指出："风险和不确定性这两个范畴的实际区别在于：前一情形中对一组可能的状态的收入分布是已知的（或者通过先验的计算，或者根据以前的经验的统计），而对不确定性的情形，则并非如此。"可见，按照奈特的说法，风险是经济行为者所面临的能够用具体的、客观的数值概率表示的随机特点；而如果经济行为者对不同的可能事件不能指定或没有具体的概率值，就是不确定的。

不确定性的第一种观点在经济理论中广泛使用。如在瓦尔拉斯的思想体系中，不确定性可以通过保险得以消除，从而使他的一般均衡理论在确定性条件下成立。在新古典经济学中，行为者对未来的预测是可以根据所谓某一事件的概率，即奈特的所谓风险来表示。理性预期学派认为，预期错误的客观概率分布与经济人自己的主观评价是一致的，该学派的代表性人物卢卡斯曾指出："在不确定性的情况下，经济推理是没有用的。"弗里德曼否认风险与不确定性的分类，他采用贝叶斯的主观概念，概率不是客观的，而是以人们的已有的知识为基础的主观评价，随着人们知识的积累，这种主观评价也发生变化。

在经济学中一般强调了不确定性弱的一面，或者说"弱不确定性"。这一点与奈特所定义的不确定性以及凯恩斯的不确定性概念不同，凯恩斯和奈特（Knight）强调了不确定性强的一面，或者说“强不确定性”。一些反对新古典经济学的社会学家则沿袭西蒙的观点——有限理性，将注意力集中到复杂性和有限理性上。这些学者通过引进这个概念来批评新古典经济学的假定，同时为构建经济社会学奠定基础。他们希望从认知的角度探索复杂、不确定性与行为的关系，尤其强调了复杂性、不确定性、制度与行为的关系。

二、关于不确定性产生的原因及其后果

值得注意的是，许多关于不确定性的定义是出自于一些经济社会学家的观点，这些学者是从反对新古典经济学或者理性选择理论的出发点提出的。一些学者认为，不确定性是属于认知方面的问题。经济社会学家正是从这个认知角度分析和批评新古典经济学和理性选择理论的。①

这里所谓的“认知理由”就是指：由于社会现实的复杂性阻止了行为者获得决策所需要的必要知识，而这一点在新古典经济学和理性选择理论那里假定是可以做到的。

针对社会现实的复杂性以及人们认知能力有限性，Herbert Simon（西蒙）提出所谓的有限理性。有限理性就是人们的能力与复杂环境之间的矛盾。在批评新古典经济学理论的过程中，包括西蒙在内的西蒙的同事们的工作也是引人注目的。比如就新古典经济学的企业理论，Zukin 和 Dimaggio（1990）的研究就是十分重要的。他们的讨论不仅是对企业理论的发展而且对组织理论的发展有重要意义。

正如上述的观点，复杂性是决定行为者有限理性的直接原因，也正是从这个角度出发，新的经济社会学家批判新古典经济学和理

① David Dequch, “Uncertainty and Economic Sociology.” A Preliminary Discussion. *American Journal of Economics and Sociology*, Vol. 62, No. 3, July, (2003).

性选择理论。但这种强调复杂性的“批判过程”可能存在不恰当的地方。Jens Beckert（1996）指出：在经济社会学家看来，新古典经济理论和理性选择理论是错误的，人们的行为过程是非理性的，即强调了经济行为的非理性，但这种结论并不是恰当的。因为，在Jens Beckert看来，行为者有意采取理性的态度行事，但在由于不确定性决定的社会经济结构面前，行为者无法正确地行动，或者说理性地行事，这才是经济社会中行为者行为的真实描述。不确定性或者复杂性决定的不确定性是认识经济社会的基本概念，是分析经济社会行为者的行为的一个基本出发点。Jens Beckert的观点可以概括成为几点：第一，人们是有意理性的；第二，理性选择不是充分的，因为不确定性或者由于复杂性决定的不确定性，阻碍了人们在理性选择的过程中，获得必要知识能力；第三，社会制度（一种“装置”）目的是降低复杂性，人们可以利用制度使自己的行动相对正确一些，从而更理性一些。

Jens Beckert指出，行为者不能预期自己的决定结果，而且不能预期自己决定结果的概率分布，造成这种情况可以用不确定性来说明。当讨论经济理论中的不确定性问题时，Jens Beckert援引凯恩斯和奈特的不确定性概念。凯恩斯在其著作——或然论中，将不确定性定义为不能用概率分布表示的情况，而产生这种对未来变量分布无知情况的原因在于人们用于预测的知识基础太薄弱。在分析不确定性作为经济社会的一个基本特点的论点时，Jens Beckert将凯恩斯的不确定性的概念更精细化。他指出，不确定性的原因可以说是社会中随意关系的复杂性，这种复杂性导致的不确定性又导致了行为结果的不可知性，阻止了对结果的预期。而这一关于不确定性的定义与传统的看法是不同的。

如果从理论的角度，按照Jens Beckert的观点，经济中的随意关系创造了不确定性，而且不允许从偏好出发对结果进行推断，因为行为的实际结果是不能完全预期的，从而，分析行为者的认知结构，行为者所在的文化机制就显得十分重要。①

三、对不确定性的再思索

既然经济社会中行为人是有限的理性，因而我们没有理由认为“理性人假定”就是完全正确的。但如果经济学中这一假定不存在，则现有的主流经济学就很难成立，这似乎就等于宣布了主流经济学的命运。在本书看来完全意义上的理性人假定虽然是错误的，但经济社会中的行为者仍然是按照理性原则行事，基于经济社会的复杂性或者经济社会的随意关系这种理性只是出发点的理性，而结果往往出乎行为者的预期，因而行为者为“有限非理性”。

实际上所谓的经济社会的复杂性或者社会的随意关系就是所谓的不确定性。这就是说，不确定性可以说是环境的不确定性也可以说是行为结果的不确定性。经济社会环境的不确定性是经济社会的本质，处于其中的行为者没有理由不承认这个不确定性，行为者只能正确认识和正确对待这个不确定性。经济社会的复杂性和社会的随意关系与不确定性环境的关系又是如何联系的？复杂性是否是指经济社会中参与者的众多、每个参与者的行为结果是无法正确地预期、各种社会经济关系的随意变化等？

由于我们假定经济社会环境是不确定性的，所以其中的行为者如投资者的行为（我们这里主要讨论企业的投资决策行为）就应该是对不确定性环境的一种反映。由于投资行为者的有限知识或者说认知能力的有限性，所以投资行为在很大程度上受不确定性影响，即投资本身就是不确定性的。一方面，经济环境的不确定性使投资的结果与先前的预期并非一致，当投资的结果与实际的预期出入较大时，投资结果的不确定性就成为投资的巨大风险，这种风险将大大影响投资者的决策行为。另一方面，投资者面对不确定性的

① David Dequch, “Uncertainty and Economic Sociology.” A Preliminary Discussion. *American Journal of Economics and Sociology*, Vol. 62, No. 3, July, (2003).

经济环境却依然进行，说明了不确定性影响投资者的决策行为，可以是正面的“鼓励”也可能是相反的“抑制”。概括地讲，不确定性与经济社会中行为者的关系，说明了投资决策行为本质上是不确定性的；而投资者对待环境的态度的不同决定了投资“水平”；不确定性影响了投资者的投资风险，如果不确定性是决定投资风险的主要因素，则不确定性程度就是投资风险程度的大小的原因。

投资的基本特征是对未来情况的预测，是一种主观行为，但其基础应该是客观的，投资决定应该是人们自觉的理性行为，但由于没有足够信息条件这种理性是相对理性，并受非理性的因素的影响。非理性的或者情绪的因素是影响人们投资决定的重要因素，但不是决定因素。[①] 由于人们未来的知识十分有限，而投资活动又与人们的根本利益直接相关，投资活动充满了风险，所以投资行为在一定程度上要受人们的过去经验因素的影响，同时受到一些所谓的商业信任状态的影响。由于未来的不确定性，即投资行为是在不确定性环境中进行的，所以人们不能肯定自己的行为是可以理解的，这样，人们的投资行为的参考因素主要包括：理性推断、过去经验和商业信任状态。投资决定就是在这几种因素的基础上进行的。

四、不确定性投资研究的分类

将不确定性对投资问题联系起来，对投资行为的解释可能与传统的结论不同。概括地讲，“不确定性投资经济学”，大体上分为以下几个方面：

第一，从不确定性的不可预测性含义出发，强调了投资的非理

① 凯恩斯的理论中强调了商业“景气”对投资的影响作用。既然经济运行和变化是“高涨”或者“衰退”，则“景气”对投资者的影响就是“抑制”和“鼓励”。这是投资者行为对外在环境的“趋势”跟踪。从经济学的角度，个体的这种“理性”不是集体的理性，即主观的理性愿望与实际结果的非理性的矛盾，而且，我们也不能说投资者的行为是基于非理性的。

性特点，如凯恩斯的投资理论。凯恩斯投资理强调了预期结果的不确定性，所以投资的决定基础是十分不牢固的，投资决定更容易受到市场变化、经济的周期形变化以及企业家的主观冲动的影响。凯恩斯的不确定性投资效应，与今天我们的研究方法不同，结论也不同，主要原因是凯恩斯的不确定性含义不同，以及对投资过程中主观因素和客观因素的认识。另一方面，凯恩斯的不确定性经济学也注意投资与社会经济环境的关系，所以，凯恩斯的不确定性分析更注重宏观意义上的不确定性。

第二，现代微观经济学中，一些文献讨论了不确定性的生产和投入效应，分析了不确定性与企业的生产决策的关系，但这种分析本质上是一种静态的分析，是“不确定性”下的企业生产行为和价格行为。[①] Leland（1972）和Sandmo（1971）在静态性模型中分析了不确定性对企业最佳产出和最优价格政策的影响。

第三，不确定性投资的效应分析：传统的方法和期权的方法。这种方法被称为传统意义上的不确定性方法，传统意义上的不确定性理论忽略了投资的时间问题，传统的投资理论（包括确定性的投资理论）还认为，投资决定表现为要么现在投资，要么永远不投资。不确定性新的方法是期权分析的引入，提出了投资具有等待的特点，重视了投资的时间成本。

第二节　不确定性与预期：凯恩斯的观点与扩展

一、如何看待不确定性

一般认为，凯恩斯的理论与传统的理论比较，最明显的特点之一就是强调了不确定性，在其理论中引入不确定性。凯恩斯认为，

① ［美］詹姆斯·M·亨德森、理查德·E·匡特：《中级微观经济学理论——数学方法》（苏通译），北京大学出版社1998年版，第150~156页。

传统理论是假定经济环境是确定的，强调了均衡的重要性，但他的理论则是在不确定性的背景下讨论均衡和生产等问题。琼·罗宾逊曾指出："米尔达尔早就理解了均衡概念的思想作用。卡莱基的分析是依据马克思再生产图式的动态学。而凯恩斯则'长期挣扎着要摆脱'他在其中熏陶出来的传统。正是由于这个缘故，他清楚地看到，要承认将来不可知，这就将正统派的以超时间的均衡概念为依据的理论推翻了。"① 因此，凯恩斯的投资理论一定意义上必须与不确定性联系起来。

凯恩斯认为，企业家从事投资活动遵循一定的规则，其中之一就是要对未来事物的不确定性进行预测。什么是不确定性，凯恩斯曾指出："基于上述三原则的未来实用理论具有某些显著的特点，特别是，它基于如此脆弱的基础，易遭突然而猛烈的变化。平静和不变的惯例，确定和安全的惯例一下子破灭了。新的恐惧和希望，没有任何先兆便统治着人的行动。幻灭的力量可能突然充作价值标准之新的常规基础。所有这些巧妙、斯文的技巧都服务于镶板装潢的'董事会会议室'和精细管理的市场，但他们终将崩溃。那模糊而痛苦的经济恐慌，以及同样模糊而不合理的希望，并未真正平息，而只稍微隐伏下去而已。"②

显然，凯恩斯的不确定性含义强调了不可预测性，以及这种不确定性对投资行为的深刻影响。在凯恩斯看来，不确定性不是事物的概率大小问题，而是"无法确知"的特点。所以，将某个事物的出现概率作为对这一事物未来发展趋势的预测，是不正确的，如今天的投资理论中广泛使用的经验检验是不可能的。在凯恩斯看来，由于将来的不确定，所以严格合乎理性的行为是不可能的。

凯恩斯认为，基于未来不确定的事实，人们做出决定的常规

---

① ［英］琼·罗宾逊、约翰·伊特韦尔：《现代经济学导论》，商务印书馆2002年版，第63页。

② 凯恩斯：《一般就业理论》，出自于刘涤源著：《凯恩斯经济学评论》，武汉大学出版社1997年版，第335页。

是，“为装潢美丽的会议室和巧妙调节的市场准备的精美的雅致的技巧。……我指责古典学派经济理论本身就是这些精美的雅致技巧中的一种，它试图把我们对于将来知道得很少的事实抽象调来对付当前局势。”① 因此，投资决定不是严格的理性盘算，受人们的主观情绪等因素影响的决定过程。

二、重视未来收益的预期及其对投资的影响

企业的收益可以分为现在收益和未来收益，现在收益是直接与当前生产决策相关的收益，未来收益是与企业的投资决策相关的收益，只有未来收益才对投资有重要意义。投资决定的过程就是估计或者预测未来收益的决定。凯恩斯提出，在理解资本的边际效率的重要性或意义时，首先要对收益的现在性和未来性进行区分，未来收益只能发生在未来，所以未来收益也只能是预期。

对于未来收益的预期可能受多种因素影响。凯恩斯强调了对市场总的趋势变化的估计。如果估计随着产量的增加，产品的价格将下降，在其他条件不变的情况下，则投资的收益将下降。凯恩斯举例说明，如果在今天的机器的基础上加上技术的提高，将改变未来投资的收益，从而改变今天的投资。如果未来技术的提高，使今天的机器的未来价值降低，因为即使是未来的机器的生产的产品因为产量的增加，以及产品价格的下降，投资的收益也在下降，所以，今天的机器在未来一定时期要与新机器进行竞争，其价值将会更低，所以，今天的机器投资因为预期到未来机器的这种变化而减少。

但凯恩斯没有提到技术的改变使企业投资的成本减低，从而使投资的收益增加，这是因为他强调的是整个投资变化与投资收益变化的关系，不是具体企业的投资与未来收益的关系。所以，凯恩斯

① ［英］琼·罗宾逊、约翰·伊特韦尔：《现代经济学导论》，商务印书馆2002年版，第64页。（原出处为凯恩斯：《一般就业理论》）

的预期是对这个市场变化的预期，包括投资品市场变化，产品价格市场的变化。而实际上投资品价格的变化是与产品价格的走势联系在一起的。凯恩斯的投资理论更多的是思想性的。从技术的角度，凯恩斯的资本边际效率概念仍然是重要的。

由于涉及未来的产量和价格、利润的变化，所以人们预测到货币的购买力的变化，将影响了当前的产量。如果预测币值下降，则可以刺激投资，因为这种预测提高了资本的边际效率表，即提高了投资需求表。相反，如果预测比值上涨，则对当前投资不利。因为币值的未来变化会影响到资产的价格，从而使人们改变对资产的选择，而资产价格的改变又影响资本边际效率，所以预期币值的变化将影响当前资本的生产，影响对资本品的购买——投资的进行。

可见，购买力的改变，产品价格的改变，投资品价格的改变等都可以使资本的边际效率改变，结合利率的变化特点，当前的投资将改变。但在里，我们必须注意，凯恩斯的货币利率和利率理论中的资产投资是假定为不变收益特点的债券。但人们的金融资产投资行为，与企业的实际投资的关系以及与货币利率的变化的联系分析仍然十分重要，而凯恩斯的理论为我们进行这样的分析提供了基础。今天的货币需求理论，以及资产定价和资产选择的理论的基础仍然是在凯恩斯的理论基础上发展而来的。

这里，我们用利率预期变化的例子来说明，预期的变化将如何影响企业投资。我们假定企业在今天和明天之间进行选择投资行为，而利率在今天和明天不同，其中，明天的利率是预期（完全预期到结果）的结果，假定资本的边际收益不变（企业之间和行业之间不存在差异），只是利率成本变化导致投资的变化。

下面的图2－1由两部分构成，左半部表示企业今天的资本存量，右半部表示企业明天的资本存量。假定所有的投资都发生在今天或者明天，所以，投资的资本支出只能在今天和明天之间选择，当然投资必须是可行的（资本的边际收益在今天和明天之间没有变化，只是资本成本变化）。

在今天，根据资本成本和资本的边际收益之间的关系，合意资本存量为 K_1^1，但实际上资本存量可能为 K_1'，而 $K_1' > K_1^1$。在 K_1' 点需要资本成本降低或者资本的边际收益上升，但这两个变量都不变，产生这种情况的原因就是因为企业（完全）预期到了利率在今天和明天之间的不同。预期到明天上升利率的事实使投资可能减少（如果将投资定在明天，则必须在较高的利率基础上进行，而相比较而言，今天的利率较低，所以投资将投资定在今天），不仅如此，即使是那些认为在较高利率下投资的项目也因此会放在今天，所以使投资增加要远大于实际利率支持的资本存量，是预期影响了投资在今天和明天之间的选择。上述是企业完全预期到了利率变化的结果，如果企业只是部分地预期到了利率变化，但预期的基本方向正确，则投资支出还是会因为预期而增加或者减少，可能对投资的影响效应程度不同。

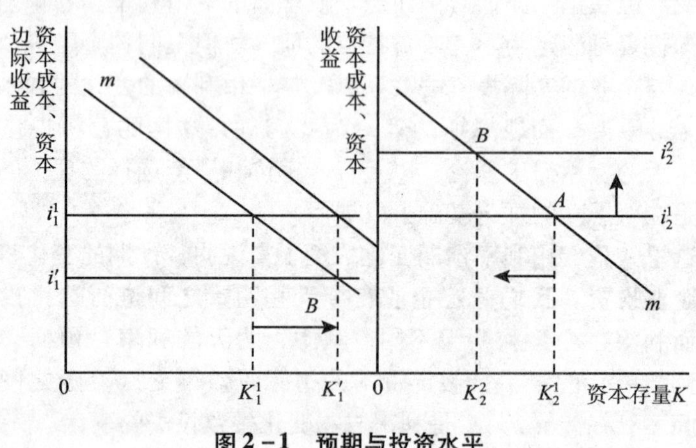

图 2-1　预期与投资水平

这种过于简单的假定和说明，给我们一个启示：预期可能使投资在不同时间之间进行选择，如果企业投资是在时间之间进行，则不确定性的变化不一定使风险增加，而风险或者不确定性的增加，不一定使今天投资减少，可能使总的合意资本存量增加。

这里必须注意，凯恩斯的预期是一种主观预期，如果企业没有预期到未来的变化，则情况可能不是这样。对于凯恩斯来说，一方面预期的基础是薄弱的，所以预期是不可靠的，另一方面，无论预期是否正确，人们的预期可以改变经济的运行，改变人们的投资行为，影响资本的边际效率影响企业的实际资本投资。既然凯恩斯认为预期是主观的行为过程，而且这个预期的基础十分不牢固，那么，这种主观预期对投资决定是如何发挥作用的？凯恩斯认为，商业周期的变化直接与资本的边际效率的变化相关。而资本的边际效率的变化又与人们的预期直接相关，是人们的预期的变化引起资本的边际效率的剧烈变动，从而促使商业周期的出现。商业周期的变化与资本边际效率的关系的基础是，因为人们预期的变化使资本边际效率变化的结果，可见预期对投资的影响作用很大。但这个预期不是指单个个人的预期，而是指整个商业的动向或者企业家的"看好"或者"看坏"。凯恩斯认为，由于受预期基础薄弱的影响，人们投资时的参照标准：一方面是看现有的或已有的习惯做法；另一方面是整个商业动向。

如果预期确实主要是由主观的因素决定，则投资的变化可能因为预期的错误使投资产生错误的结果。事实上，投资在一定时期确实受到这种错误信号的影响，并产生错误的投资决定，如果这种错误是单个企业的决定，则投资产生的资源浪费只是在一个企业内部发生，如果是大多数企业的结果，则资源浪费就是整个行业或者整个社会的。按照凯恩斯的观点，预期决定投资支出，那么投资政策的主要基础就是如何能够提高人们的投资预期。在凯恩斯的政策框架中，利率并不是十分重要的（货币政策是不重要的），他认为改变人们的预期才是最重要的。在这里，有些学者提出所谓的"凯恩斯的投资之谜"。

从实际的商业周期的变化情况看，确实存在不同商业周期的不同时期的投资特点，如经济高涨时期的投资增加。这样的时期投资过于膨胀，有些投资是相对“理性的”，[①] 有些则不是相对理性的，即使是理性的投资也可能产生“浪费性投资”——错误的投资。这说明了个体理性投资不一定产生理性的结果，也充分说明了不确定性环境对投资的影响。不确定性对投资的影响机制首先表现在：个体投资的理性行为与总体上的非理性趋势的不一致性，个体投资行为可能受整个商业周期的变化影响。

我们需要注意，上述的商业周期的变化影响人们的投资行为，是指整体不确定性对企业投资的影响。[②] 它反映了整体经济环境的改变与企业投资决定的一般关系。但对于我们研究企业投资行为来说，简单地说不确定性影响投资是不够的，我们要注意不确定性是通过什么样的方式影响了投资。从宏观和总体上，商业周期的总体变化影响着人的预期，而预期影响着资本边际效率，从而影响人们的投资决定。但我们必须注意一个问题：如何正确认识不确定性——用变量的波动率表示——方差表示增加与资本边际效率的关系，不确定性如何影响资本边际效率，进而影响人们的投资。我们暂且将这个严格意义上的不确定性投资效应问题放在一边，继续讨论经济环境不确定性与预期的关系。

预期的改变与投资的关系可以用下面的图 2－2 表示。

商业周期的变化影响了预期的变化，而预期的变化影响了投资

---

① 所谓的理性投资，本书的观点认为，是从企业角度看投资是否是合适的，是否按照投资的收益与投资的资本成本之间比较是合适的，相反可以认为这种投资是非理性的。

② 所谓的整体性不确定性是指整个经济环境的不确定性，它影响整个行业的企业，或者企业的投资决定的不确定性，如整个利率市场的波动，汇率市场的波动，以及商品价格的剧烈波动，这些波动本身的背后是商业周期的变化或者说外来的经济冲击，所以，不确定性的投资效应也可以称为不确定性的冲击，因为这个不确定性是整个企业面临的外来冲击影响。除了这种总体不确定性之外，还有一种不确定性——是针对不同企业或者不同类型企业而言的，如国家对国有企业的特殊政策（利率政策或者税收政策等），这种不确定性我们可以称之为特质性不确定性，特质性不确定性（在有些学者看来，特质性不确定性对投资的影响要大于总体性不确定性，尽管人们关注了更多的总体性的不确定性，所以加强特质性的不确定性的投资效应分析十分迫切）与总体性不确定性并不是相互孤立的，总体性不确定性在很大程度上会影响特质性不确定性，总体性的不确定性从总体上可能强化特质性的不确定性。

支出。图中，水平线为不变的资本成本—利率，两条倾斜的线为资本边际收益线，由于预期的改变使资本边际效率线向右移动了，从而使企业的合意资本存量上升，促进了企业当前的投资。

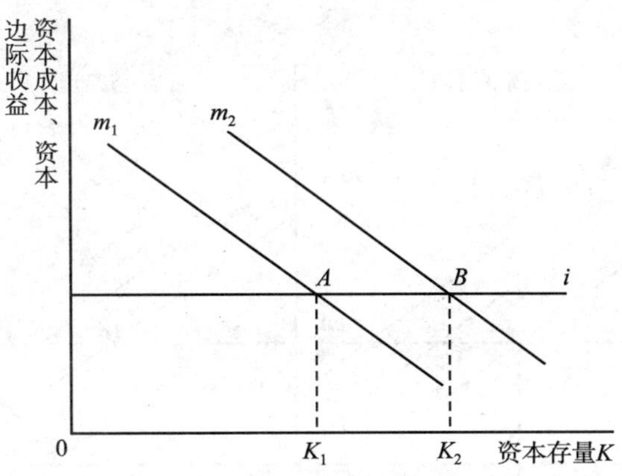

图2－2　预期收益变化与投资水平

如果企业预期今天——经济高涨时期投资产生的收益水平与未来时期——经济衰退时期的收益水平相当，则今天的投资水平增加，而实际的未来的合意资本存量为今天不变的水平，所以，企业错误预期使投资产生无效资本存量。错误预期产生的无效资本存量以及对企业的影响，我们可以通过图2－3说明。

图2－3中左半部分为今天的“经济高涨时期”，右半部分为明天的“经济衰退时期”，但由于企业没有正确预期到明天的实际情况，产生今天的错误投资决策，由此形成不良资本存量。企业在现在时期——经济高涨时期，预期的资本边际收益线向右移动，所以，投资产生于由资本存量K_2向K_3移动，投资支出为$I=K_3-K_2$。由于今天的投资形成未来的资本存量，但在未来是经济衰退时期，根据衰退时期的资本边际收益水平，资本存量需要减少，假定投资是可逆的，则资本存量将由K_3'向K_2'转移，即投资将缩减。所以，

错误预期产生的结果：一是资本存量超过未来时期的合意资本存量；二是在未来时期，因为实际资本存量超过合意资本存量，需要减少投资，因此，未来时期的投资将是减少的情况。这就是预期效应以及这个效应的结果效应。

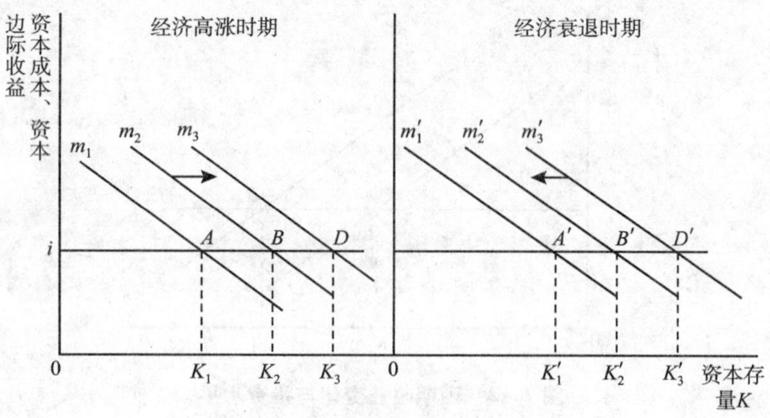

图 2－3 错误预期与企业投资

但是，如果投资是不可逆的，企业也充分认识到了这一点，则投资效应又将如何呢？如果投资是不可逆的，即假定投资的调整成本存在以及调整成本的非对称效应，则企业在面对未来收益不确定时，企业的预期效应又可能不同，这就是我们要进一步讨论的不可逆性投资的不确定性效应。实际上投资的不可逆性不仅是一种理论上的假定，更重要是它是投资实际的反映，而投资的不可逆性可能深刻地影响着投资行为，[①] 而且，投资的不可逆性与投资的不确定性问题高度关联，所以，调整成本效应与所谓的不确定性效应是一致的。

① 平迪克等学者十分重视投资的不可逆性对投资行为的影响，有关的详细说明可以参考阿维纳什·迪克西特和罗伯特·平迪克：《不确定性条件下的投资》，朱勇一等译，中国人民大学出版社 2002 年版。

凯恩斯也谈到了投资的不可逆性。凯恩斯曾提出："旧式的私人投资，一经决定，大体便不可复追，这不仅对于社会全体如此，即对于私人亦复如此。但今日流行情形，乃业主不自兼经理，投资有专门买卖市场，有此二者，故多添一个重要新因素，有时固然使得投资方便，有时却使得经济体系变成很不稳定。"①

凯恩斯还分析了制度变化，如证券市场出现以及从资本所有者与代理者的关系角度，分析这些制度对投资的影响。

在考虑预期对投资行为的影响的时候，我们还必须注意一点：预期与实际投资过程不一致性。尽管投资者很注意预期，而且预期在投资中确实也很重要，但投资的实际结果，极少与原来预期相符合。凯恩斯认为，今天的市场价格是对未来收益的预期的正确体现，所以，今天的信息对投资的决定是重要的。

虽然我们无法对未来进行正确的预期，表面上看来，我们无法进行投资，实际上大多数投资是按照一定的成规行事的，而且这种因循成规的办事方式使经济体系有了相对稳定性和连续性。

三、关于预期本身的特点

凯恩斯认为，人们在进行预期的时候过分强调不确定性成分是不明智的。凯恩斯指出："故设有两类事实：其一我们知道得很少，很不清楚，但对于我们要考虑的问题，却关系非常重大；其二对于我们要考虑的问题，关系没有如此重大，但我们觉得有把握；设在作预期时，用第二类事实作为重要指南，也不能说不合理。"②关于今天的事实我们比较有把握，但今天的事实与投资决定似乎没有多大关系；关于未来的事实对投资决定如此重要，但我们却知之甚少。凯恩斯认为，以今天的知识为投资的基本参考没有什么不合理的。"通常习惯，往往以现在推测未来，除非有相当具体的理由

① 凯恩斯：《就业利率和货币通论》，商务印书馆 1997 年版，第 129 页。
② 凯恩斯：《就业利率和货币通论》，商务印书馆 1997 年版，第 127 页。

预测未来会有改变，否则总假定将来与现在一样。”①

未来事件的可能性大小是否可以作为预测未来的基础？在现代经济理论中，我们通常计算所谓的预期值来对投资的价值进行估计，显然，关于未来的或然性是重要的。但凯恩斯认为，不仅要看未来发生的或然性，还必须看我们作预测的信心如何。② 凯恩斯更重视关于预期中的主观因素，尽管客观因素也是重要的。他认为，过去经济学家往往忽视对所谓的商业信任状态的研究。商业信任状态反映的是我们关于未来预期的准确程度，所以对投资决定有重要影响。凯恩斯认为，经济学应重视这种商业信任状态与经济问题的关系，就投资而言，就是要重视商业信任状态与资本边际效率的关系。

凯恩斯认为，我们不能将资本的边际效率与商业信任状态并列来考虑。两者的关系表现为，资本边际效率要受到人们的商业信任状态的影响，从而对投资产生影响。

为什么投资很大程度上要按照现有的习惯行事，一定意义上是与预期的知识基础有关。凯恩斯认为，我们据以推测未来收益的一

---

① 凯恩斯：《就业利率和货币通论》，商务印书馆 1997 年版，第 127 页。

② 关于或然性，有必要提一下凯恩斯的有关论述：凯恩斯的概率论思想首先从批评传统的频率论思想开始的。在凯恩斯时代，理论上基本上奉行的是所谓频率论思想。1888 年 John Venn 的著作——《机会的逻辑》在众多频率论著作中最为有名。按照频率论观点，概率是一类相关事件中某一事件发生的次数在总的事件发生次数中所占的比率，显然，频率论的概率论是基于具体实验。对于频率论来说，概率只能通过有限实验来确定某一事件的概率，我们在定义某一事件发生的概率时，不需要也不可能用逻辑推理作为概率的基础，作为概率计算的基础的只能是实验数据，概率的价值也体现在实验基础之上。而凯恩斯认为，人们作为表示概率判断基础的经验是不充分的，而且，概率论作为一种方法论，可以基于不完全的知识做出直觉意义上的判断，而不是仅仅依赖于一个参照集（参照集本身也是不完全的）。凯恩斯曾经指出：“我们的经验是非完全的，我们不能期望以此经验，而不借助知觉或者一些推理性的原则来进行概率判断”。凯恩斯重新解释概率论，是将它作为其逻辑方法的组成部分而出现的。凯恩斯的概率论本质上可以称为关联性计算，是为了将它用在说明观点或命题之间关系的，而不是什么统计规律。因而，凯恩斯的概率论是服务于他的认识论基础的，不是严格意义上的统计计算和统计规律的阐述。根据凯恩斯的观点，逻辑观点可以分为两类：一类是有结论的观点或命题；一类是没有结论的观点或命题。有结论的观点与命题的确定性一致，即关于命题的知识是确定的，这与主体的信任或信念不同。没有结论性的观点与一定的不确定性关联，与人们的信任有关。由于对某一事件发生的确定性无法获得，所以，就在行为主体的世界观里形成不同的信任度。凯恩斯正是注重了观点或命题的这个层面。

点知识，其基础异常脆弱。很少投资是在完全了解未来情况下进行的。

凯恩斯还认为，投资活动的实施者从事的是一种既靠本领又靠运气的游戏。在过去，投资者往往是在事业心、热情等主观努力的基础上完成的，过分考虑所谓利润的因素可能无助于投资进行。

注意长期预期的作用。凯恩斯认为，只有长期预期才与真正的投资行为联系在一起，而过分注意投资的短期预期则是投机行为。实际上，投资——企业实际以长期预期为基础有很大的好处：按照凯恩斯的话来讲："我有时简直想，假使把购买投资变成像结婚一样，除非有死亡或其他重大理由，否则是永久的，不可复分的，也许是补救当代种种罪恶之切实办法。因为这样一来，可以使投资者把他的心思，专门用在长期预期收益。"① 这里，凯恩斯是将证券投资与企业的实际投资放在一起说明的，他强调了证券投资的投机性特点，但同时也从一个侧面说明了实际投资的不可逆性——因为实际投资一般是永远存在的——就像结婚一样白头偕老、永不变心。

四、制度因素对投资决定也有重要影响作用

在凯恩斯的理论中，有两个制度因素可能影响到投资行为，这两个因素就是：证券市场的出现改变了投资行为的特点；现代经济社会中的经营权和所有权的分离对投资行为的影响。②

在凯恩斯看来，过去投资与现代投资的一个重要区别是：过去投资一经决定便不能改变；今天的投资则可以改变。③ 今天的投资

---

① 凯恩斯：《就业利息和货币通论》，商务印书馆 1997 年版，第 137 页。

② 这两个制度因素都是假定在相对完善市场经济条件下的，但对于正处于转型时期的中国来说，这两个制度因素对投资行为的影响（企业投资行为）可能存在，但却有自己的特点。

③ 这里凯恩斯所讲的投资一经决定便不能改变，其实就是今天我们讲的投资的不可逆性。我们必须注意的是，凯恩斯所说的投资可改变性，实际上是指证券投资，或者说个人投资，不是我们要讨论的企业实际投资。在企业内部，投资过程可以是实际投资，也可以是金融意义上的投资，但我们主要讨论企业的实际投资。

之所以能改变是因为从制度上，有了便于投资的专门投资市场，企业的所有权和债券可以在金融市场中买卖，拥有这些财产的人，不一定从事企业的生产和投资活动。证券投资的最大优点是方便了投资，使社会中更多的资金能转化为企业的实际投资，而且，这种制度安排也符合专业分工，从而有利于提高效率。但证券投资可能在方便投资的同时，使投资过程的投机性也提高了，投机性投资的出现可能改变了实际投资的基本准则——注意对未来收益的预期——长期预期，没有预期的投资过程的投资，就是只重视眼前利益的短期行为。

本书认为，从考虑企业实际投资的角度，证券市场的出现使企业的投资行为发生了一定程度的改变，但我们似乎没有重视这种改变。无论是理论界还是实际经济生活中，我们往往将个人投资与企业的实际投资混淆，这种混淆是十分有害的。因为，证券市场的出现可以改变企业投资行为的一些特点，但企业的实际投资永远都是相对独立的一个决定过程。我们在分析企业投资特点时，必须注意证券市场的出现，使投资分为企业层面的实际投资与证券市场的产权投资的区别。两者的关系表现为：股票作为企业价值的体现，时刻对企业的现在和未来的投资价值进行评价。

五、凯恩斯投资理论的意义

凯恩斯的投资理论与传统的投资理论相比，主要的贡献在于：首先，投资的重要性不仅在于对资本存量增长所具有的长期效应，而且在于投资是总需求和经济短期波动的基本驱动力；其次，他摒弃了完全以资本生产率的技术条件为微观基础的分析框架，转而强调不确定性、金融和货币因素是投资的基本决定因素。凯恩斯认为在某些情况下，含义广泛的“货币”能影响实际宏观经济活动，表现在投资理论中就是金融和货币情况能影响企业的资本支出。

从上述的理论意义可以看出，凯恩斯的投资理论在货币金融层面和预期层面，提出了决定企业投资的影响因素。在凯恩斯看来，企业投资的决定基础是企业的投资机会——即投资价值，而资本的边际效率是决定投资价值的基础，预期又决定和影响着资本边际效率。凯恩斯认为，由于人们知识的十分缺乏，尤其是对未来事件的预期的知识缺乏，以至于人们对未来的预期的准确性是不可靠的，只有今天或者说现有的商业习俗和规则是重要的，投资决定的基础是建立在对未来的预期，所以，一方面投资要尽可能地以今天的行为经验为基础，另一方面，整个商业趋势或者动向的作用十分强大。凯恩斯认为，投资决定在很大程度上受人们的一时情绪的驱动，表现出动物的冲动和非理性，所以，别人的行动或者说众人行动对自己的决定影响比较大。在对不确定性的认识上，凯恩斯更倾向于认为不确定性是不能预期的，尽管我们可以对事物或事件的未来变化进行一定意义上的预期，这个预期的基础就是关于事件的概率分布，但事物的真正出现不是以概率的大小为基础的，所以，预期是没有意义的。因此，新古典经济学定义的风险是可以预期并可以通过补偿加以消除的观点，在凯恩斯看来是不正确的。

凯恩斯还从现代经济的高度复杂以及金融体系的发展角度，分析了投资渠道的多样化以及实际投资与金融投资的分离，认为金融投资虽然使投资活动更容易、更方便了，但这种投资方式使投资的投机性也增加了，所以，投资引发的经济波动也同样增加。从对企业投资行为的影响角度，资本市场的出现对企业投资的影响发生了变化，如果只存在直接投资的话，投资的风险将主要局限于企业本身。但存在资本市场一方面使投资的融资方式增加了，方便了投资，但投资者的投资不一定是企业的所有者，所以，投资者的目标函数与企业的目标函数并不一定一致，因而投资决定的影响因素要考虑资本市场的变化对企业投资的影响。

由于所有权与企业的经营权的分离，所以，企业的实际投资活动首先是企业经营者的行为过程，企业的经营者的实际利益虽然可以与企业的所有者的利益一致，但在实际经营中，企业的经营者的利益与股东的利益不完全一致，所以，企业的项目投资执行并不是企业利益的完全体现。从这个意义上讲，企业的治理结构必将影响企业的投资决定。

同时，由于资本市场的存在使企业的融资可以来自于外在条件，因此，企业投资要受到资本市场变化的影响。资本市场是企业价值评价的场所，企业价值的变化直接影响着企业的实际投资。从理论上看，投资的价值可以转化为企业的价值，投资的机会价值可以通过企业的价值——股票来体现。在凯恩斯那里，企业的投资价值实际上是资本的边际效率——反映了企业投资的资本价值以及企业对投资的预期，所以，资本市场的变化将影响企业投资的决定。

第三节 不确定性的投资效应：传统方法和结论

一、任何时间不确定性下的企业投资

所谓不确定性是指变量的非平稳性或者不肯定性。经济学在研究不确定性的投资效应时，一般是用变量的方差来表示不确定性的大小，如果方差大表示不确定性大，方差小则表示不确定性小。有了这样的假定，那么，变量的方差的增加与企业投资的关系就是我们要知道的。假定企业是风险中性的，如果我们能够知道投资资产的生命期限，而且知道未来有限服务期内的收益，则按照合适的贴现率贴现的价值就是投资机会的价值。

一般认为，所谓的不确定性是指未来的不确定性，而现在是确定的，哈特曼的模型则假定不确定性存在于现在和未来之中，即未来和现在都是不确定的。哈特曼的模型（1972）被认为是第一个

相对动态的投资模型。①

在哈特曼模型中，除了假定企业风险的态度是中性外，同时假定企业是完全竞争性的，规模报酬是不变的，并有凸性的调整成本。哈特曼集中讨论了未来工资（w）和未来价格（p）的不确定性对投资的效应。调整成本函数有以下几个特点：当 $I>0$ 时，$C'(I)>0$；当 $I<0$ 时，$C'(I)<0$；当 $I=0$ 时，$C'(I)=0$。而且，$C''(I)>0$。② 上述的这些特点表明，调整成本的变化与投资的增加和投资的缩减的变化关联。当投资为零时调整成本为零，当投资率增加时调整成本也增加。

假定企业的投资产生的现金流存在于未来的无限时间内，则企业投资产生的现金流可以用积分表示：

$$V=E\int_{0}^{\infty}\left[p_tF(K_t,L_t)-\omega_tL_t-p_{k,t}I_t-C(I_t)\right]\mathrm{e}^{-\rho t}\mathrm{d}t \quad (2-1)$$

$$\frac{\mathrm{d}k}{\mathrm{d}t}=I_t-\delta K_t \quad (2-2)$$

注意，式中 L_t 和 ω_t 分别表示时间 t 时的劳动和工资水平，$p_{k,t}$ 和 I_t 分

---

① 所谓的静态和动态，本书的看法就是模型中是否加入了时间变量和不确定性变量。从这个意义上讲，静态模型只是看到了当时的或者今天的因素，而假定未来的情况是已知的和不变的；相反，在动态模型中，需要将未来的时间因素考虑进来，因为未来的情况（变量）可能因为各种原因发生随机性的变化，也就是说，未来情况是不确定性的，行为者只能对未来进行预测，当我们无法对未来进行预测时，则行为者或者投资者对预期的基础是薄弱的，因而，一定意义上投资的行为可能是盲目的，更多是相信未来与今天一致，从而人们对未来的信心就是至关重要的。但当行为者或者投资者，可以通过已有的变化分布规律对未来进行预期，那么未来就是可以预期的，则投资者的行为可以通过所谓理性分析，来判断什么样的决定是合理，什么样的决定可能是不合理的。然而，行为者或投资者对未来的判断的准确程度还要依赖于对未来信息的进一步获得，而要得到这样的信息则要考虑时间因素。所以在大量关于动态投资模型中，一方面假定未来是可以通过所谓概率分布来预测；另一方面，要注意时间的重要性。这就是动态投资模型的一般特点。

这里我们可以引用凯恩斯的话："资本之边际效率表非常重要。主要通过这个因素，人们对未来之预期才能影响现在；其维系现在与将来之力，较之利率大许多。静态社会一成不变，无从有未来改变来影响现在。只有在静态状态下，方才能把资本之边际效率看作是资本设备之目前收益，然而这种看法，却断送了今日与明日之间之理论上的联系。就是利率，主要还是一时现象；如果我们把资本之边际效率也化成现时现象，则在分析目前均衡状态时将无法直接计及未来对于现在之影响。"参见凯恩斯：《就业利率和货币通论》，商务印书馆 1997 年版，第 124 页。

② 这里的 C 表示调整成本。

别表示资本品价格和资本使用量，$C(I_t)$ 表示调整成本，$F(K_t, L_t)$ 和 p_t 分别表示产量和价格。[·] 内表示时间 t 时的净收益（产品卖得的收益减去投资品支出，劳动支出和因为投资引起的调整成本如安装成本的净得），$e^{-\rho t}$ 为贴现因子，$E(\cdot)$ 代表预期值，V 表示投资价值（或者投资的利润值），另外，δ 表示资本的折旧率。

哈特曼证明，企业在不确定性条件下的投资准则是一阶条件将使边际调整成本等于边际单位资本预期收益的净现值，其中，(2-2) 式为资本增加公式。尼克尔则给出了一般意义上分析存在调整成本的投资准则（1978），下面即为尼克尔的公式。

$$C'(I) = \int_0^\infty p_s F_k(K(s), L(s)) e^{-(\delta+\rho)(s-t)} ds - p_{k,t} \qquad (2-3)$$

上述等式的右边的第一项是指，在时刻 t 因为投资一个单位的额外的资本在时刻 t 获得的收益的净现值。另外注意，在时刻 t 不仅因为资本投资所产生的边际资本产出构成了企业的收益，而且，收益至无限的时间空间。比如，在第一年的资本投资获得了第一年的收益，同时在第二年以后的所有年间的收益也是投资收益的范围。但在 s 期间投资的收益必须用折现因子 $e^{-\rho(s-t)}$ 进行折现，而且考虑在时间 s 期间资本存量以一定的折旧率进行折旧。在 $s>t$ 的资本存量的增加以 $e^{-\delta(s-t)}$ 倍增加，这种增加是因为在时间 t 的一个边际单位资本的增加。值得注意的是，$e^{-\rho(s-t)} e^{-\delta(s-t)} = e^{-(\delta+\rho)(s-t)}$。公式右边的第二项表示购买一单位资本的成本。投资的条件产生于购买一单位的资本产生的收益等于调整成本。这样条件产生于资本存量变化从时间 t 开始至无穷的完全时间路径。

由于不同时期的资本存量可以代表投资的水平，如 $K_t - K_{t-1} = I_t$ 表示时间 t 时的投资水平，时间 t 时的调整成本为 $C(I_t)$，资本的边际收益我们用 $m(I_t)$ 表示，则投资的决定点为：$C(I_t) = m(I_t)$，用图 2-4 表示如下。

从图 2-4 中我们可以看出，企业投资的合适量是一定的，尤其一定时期内是这样。如果企业要增加投资，则需要改变企业的单位资本的边际收益水平，而资本的边际收益水平的改变意味着资本的边际收益线向右移动。①

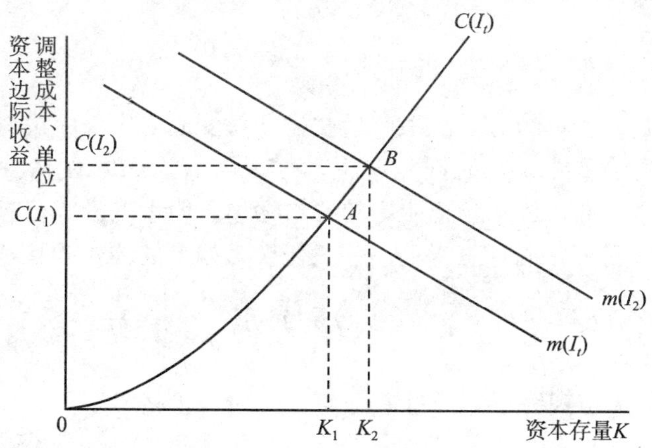

图 2－4　不同时点的调整成本与企业投资水平

一般我们假定规模收益是不变的，就像在哈特曼模型中的情况，这样分析变得相对简单。因为规模收益不变，所以 $f(K,L)$ 就可以写成 $Lf(k)$，其中，k 是资本劳动比率。劳动需求决定于当劳动的边际产量收入与实际工资率相等的情况。这样，如果是规模收益不变，我们可以用下面的公式表示：

$$f-\frac{k\partial f}{\partial k}=\frac{w}{p} \tag{2-4}$$

考虑到劳动的边际收益产量是随 k 不断增加的，则资本劳动比率可以用这个等式求出：

$$k=g\left(\frac{w}{p}\right) \qquad g'>0 \tag{2-5}$$

① 但如何才能改变资本边际收益曲线，一种可能的方法是技术上的变化使单位资本的增加的同时边际收益也增加，如规模递增的情况；如果从不确定性的角度看，未来的不确定性的增加，可能使资本的边际收益增加，这两种结果都可以导致投资的增加。所以我们的问题就是如何寻找不确定性与资本边际收益（产品）变化的关系。

因此，在每一时间资本劳动比率由实际工资率决定。由于资本的边际收益产量可以写成为 $\partial f(k)/\partial k = f_k$，则上述的积分公式可以重新写为：

$$C'(I) = \int_0^{\infty} p_s \frac{\partial F}{\partial K} f_k\left(\frac{w_s}{p_s}\right) \mathrm{e}^{-(\delta+\rho)(s-t)} \mathrm{d}s - p_{k,t} \qquad (2-6)$$

因此，资本的边际收入产量和投资就变成为仅仅由价格决定的函数。更为重要是在时间意义上，今天与明天之间存在着某种联系，即今天的投资依赖于明天的资本存量，明天的资本存量依赖于今天的投资率。尼克尔将上述公式变换为如下的公式（1978）：

$$C'(I) = \sum_{s=t}^{\infty} a(s, t) E\left[p_s f_k\left(\frac{w_s}{p_s}\right)\right] = p_{k,t} \qquad (2-7)$$

$a(s, t)$ 为折现因子。通过考虑 $p_s f_k\left(\frac{w_s}{p_s}\right)$，价格和工资的不确定性效应变得相对清楚了。根据詹森不等式的含义，价格或者工资的不确定性将导致资本边际生产率增加，在这一点上，资本的边际收入产量是工资率和价格的一个凸函数。对于最佳产出点意味着 $C'(I_t)$ 增加，投资也增加。因为对于规模报酬不变，资本的边际收入产量总是价格和工资率的凸函数（尼克尔，1978），而在哈特曼模型中，未来时间内的不确定性将导致投资的增加，[①] 原因就是资本边际收益随着不确定性（价格的不确定性的增加）增加而增加的现象。

资本边际产出 m 将随着不确定性 σ_p 的增加而增加，两者的关系可以用图 2－5 表示。

所以，根据哈特曼的模型以及詹森不等式的含义，价格和工资不确定性的增加使企业的投资增加，原因就是不确定性提高单位资本的边际收益，从而使资本的边际收益曲线向右移动。所以，我们得出的基本结论是：不确定性的增加将使企业的合意资本存量增加。

---

① 以上公式推导参见 Robert Lensink、Hong Bo and Elmer Sterken，"Investment, Capital Market Imperfections, and Unertainty." Edward Elgar Cheltenham, UK. Northampton, MA, USA（2001）。

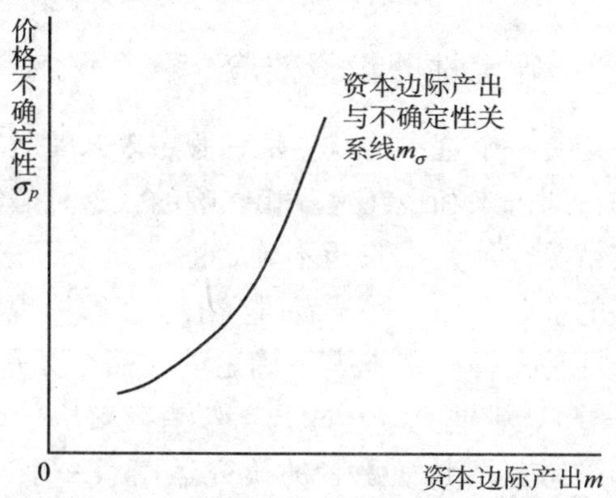

图 2－5　不确定性变量与资本的边际产出

用图表示，就是在资本成本可能不变的情况下，使资本的边际产出或者收益上升。图 2－6 显示，由于资本的边际效率随着不确定性的增加而增加，所以，资本的边际收益线向右推移，在资本成本不变的情况下，企业的合意资本存量增加，所以投资增加。然而，哈特曼模型本身还是不完善的，所以，需要进一步讨论不确定性对投资的影响。

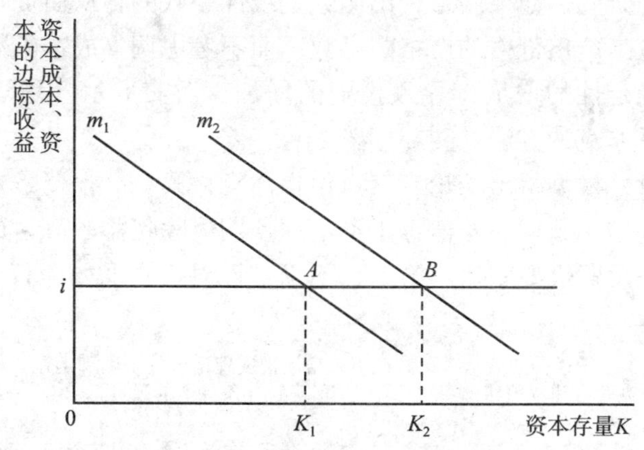

图 2－6　不确定性增加与资本存量

二、未来不确定性的投资效应

哈特曼模型有一个基本特点，就是假定未来时间和现在时间内都是不确定的，即未来和现在是互相影响的。这种假定显然与现实不相符，现实情况往往是未来是不确定的，而今天相对是确定的。在哈特曼模型的基础上，一些学者研究出了能够体现实际特点的不确定性模型，即首先解决未来是不确定的，而今天是确定的模型，如艾贝尔（1983）、平迪克（1982）等学者就解决了这个问题。

艾贝尔和平迪克及其继承者的研究运用了一个不同的随机描述，假定随机变量的变化服从一般维纳过程。[①] 这些学者认为，上述假定更能符合现实情况。因为对于企业而言，未来相对于现在来说存在着更多的不确定性。

艾贝尔和平迪克的模型与哈特曼的模型一样，它们都假定企业是风险中性的，企业面临着需求价格的不确定性。在平迪克的模型中，假定调整成本是凹性的，则未来价格的不确定性的增加将降低投资率，仅当调整成本是凸性的，未来价格的不确定性的增加才导致投资率的增加。[②] 这一研究结果完全不同于哈特曼的模型。根据哈特曼的研究，如果假定产出函数是线性一致的，从而资本的边际收入产量是产出价格的严格凸函数，而不考虑调整成本函数，则价格的不确定性的增加将导致投资的增加。而艾贝尔（1983）证明批评了平迪克的方法。

艾贝尔模型得出结论有三点值得注意：第一，投资是 q 值的一个线性和增函数，而 q 值等于资本的预期边际收益产量。这一点与所谓的 q 投资模型一致。第二，不确定性对投资的效应仅仅通过 q

---

① 关于维纳过程的数学含义和在不确定性投资理论上的证明和运用，可以参考阿维纳什·迪克西特和罗伯特·平迪克著：《不确定性条件下的投资》，朱勇一等译，中国人民大学出版社 2002 年版。

② 参考阿维纳什·迪克西特和罗伯特·平迪克著：《不确定性条件下的投资》，朱勇一等译，中国人民大学出版社 2002 年版。

值。第三，不确定性对投资的效应能够通过不确定性对 q 的效应来计算。显而易见，价格不确定性的增加（通过 σ^2 来度量）导致资本的边际收益产量的增加，以及作为结果的 q 值的增加，从而引起投资的增加。艾贝尔声称，只要资本的边际收益产量是产出价格的凸函数，上述结论就应该是成立的。这样，根据詹斯不等式的含义，价格不确定性的增加总会导致资本的预期边际收益产量的增加，从而使投资增加。但平迪克的模型认为，假定调整成本是凸函数，不确定性对投资才有正的影响效应。

三、风险厌恶性假定与不确定性的投资效应

前面我们介绍的哈特曼模型（1972）和艾贝尔模型（1983）的一个重要结论是，假定资本的边际产出是不确定性变量的凸函数，所以，不确定性增加将导致投资的增加。这种情况的一个重要假定是企业的完全竞争性，并假定产出规模不变，同时，要假定企业是风险中性的。

如果企业是风险厌恶的，那么，不确定性的影响又将如何呢？从直觉上看，不确定性的增加可能使企业减少投资。假如企业的目标是最大化利润，对于风险厌恶性企业而言，折现率的使用就不能假定是不变的，而要考虑不确定性的影响。这是因为，风险态度不同的企业面对不确定性情况，可能就有不同的投资选择行为。对于风险厌恶性的企业来说，它们可能更倾向于在不确定性情况下做出保守选择。

一些文章讨论了风险厌恶性的企业的投资选择情况。下面我们首先介绍一个很有特点的模型：Zeira（1990）的模型。在这个模型中，Zeira 假定消费者是一个风险厌恶者，消费者在风险性资产和非风险性资产之间进行选择。Zeira 的研究表明，不确定性将导致在风险资产上投资的增加或者减少，这要依赖于消费者的风险厌恶程度以及劳动产出函数的凹性程度。Zeira 模型的最重要结论是：假定消费者是风险厌恶者，则不确定性增加将导致投资的下降；另

一方面，劳动的产出函数的凹性越强，则工资的利润函数的凸性越强，从而不确定性增加对投资有正的影响作用；最为重要的是，当利润是不确定性变量的凸函数时，不确定性对投资有负的效应。

在考虑风险厌恶态度的选择特点的过程中，可能最方便的处理是假定企业是最大化期望利润的效用，而不是利润本身。然而这种问题的动态处理变得十分复杂。这一困难的处理可以使用由斯蒂文森（1974）发展，并由尼克尔（1978）运用的方法。尼克尔构建一个企业的价值函数，假定无风险利息率和风险的市场价格是已知的和确定的，则风险厌恶性企业 i 的价值可以用下述公式表示：

$$V_i(0) = \int_0^{\infty} \left[E[\pi_{it}] - m_t\left(\mathrm{var}(\pi_{it}) + \sum_j \mathrm{cov}(\pi_{it}, \pi_{lt}) \right) \right] \mathrm{e}^{-\rho t}\mathrm{d}t \tag{2-8}$$

因此，i 企业的价值与两项有关：一个是与自身现金流（红利）的变化有关；另一个是与该企业现金流和其他企业现金流的协方差有关。假定企业 i 预期未来的红利的变化与其他所有企业相关，则上述公式可以写为（尼克尔，1978）：

$$V_i(0) = \int_0^{\infty} (E[\pi_{it}] - n_t \mathrm{var}(\pi_{it}))\mathrm{e}^{-\rho t}\mathrm{d}t \tag{2-9}$$

式中，n_t 可正可负，正的 n_t 可以代表风险厌恶的目标函数，负的 n_t 可以代表风险偏好的企业。

尼克尔将这个目标函数运用到哈特曼模型中。在哈特曼模型中，价格和工资是不确定的。由于当价格确定时，则劳动投入就同时确定，因而，在哈特曼模型中的现金流可以写成如下公式：

$$\pi = g(p \cdot w)K - p_k I - C(I) \tag{2-10}$$

其中：

$$g(p \cdot w) = \max_L (pF(K, L) - wL) \tag{2-11}$$

企业的价值函数可以写为：

$$V_j(0) = \int_0^{\infty} \{K_t E[g(p, w)] - p_{k,t} I_t - C(I_t) - nK_t^2 \mathrm{var}\, g(p, w)\} \mathrm{e}^{-\rho s}\mathrm{d}t \tag{2-12}$$

根据尼克尔的分析，投资的最佳条件就变为：

$$C'(I_s)=\int_0^{\infty}\{E[g(p,w)]-2nK_t\mathrm{var}\,g(p,w)\}\mathrm{e}^{-(\delta+\rho)(t-s)}\mathrm{d}t-p_{k,s} \tag{2-13}$$

如果将哈特曼的模型和上述推导的公式联系起来，则投资的最佳条件可以重新写成：

$$C'(I_s)=\int_0^{\infty}E[g(p,w)\mathrm{e}^{-(\delta+\rho)(t-s)}\mathrm{d}t]-p_{k,s} \tag{2-14}$$

由于上述的 C'（调整成本）是随投资的增加而增加的，则用尼克尔使用的目标函数产生的投资率，要低于用哈特曼使用的风险中性的目标函数产生的投资率。因此，使用尼克尔方法产生的结果是：不确定性导致投资的减少，也就是说，不确定性对投资有负的影响，这种关系可以用图 2－7 表示。

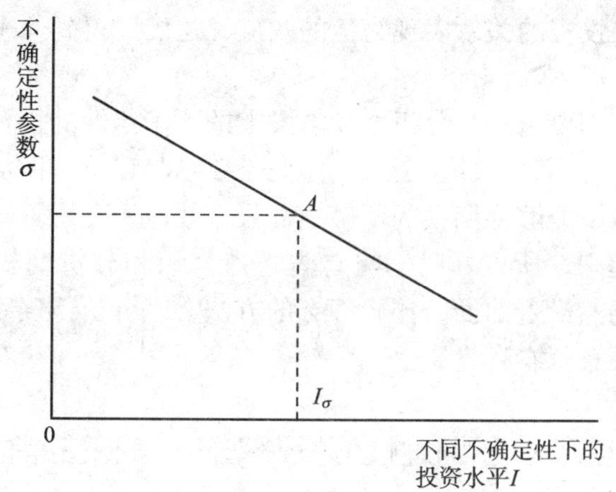

图 2－7　不确定性增加与投资减少

从图 2－7 中可以看出，投资的变化将因为不确定性的增加而减少。

上述我们主要分析和评价了传统模型在不确定性与投资关系这个问题的处理方法。按照传统的观点，投资活动是发生在特定的时点上的。我们在分析传统投资模型的时候，是将传统投资模型分为两类：一类是包含有调整成本的投资模型；另一类是没有包含调整成本的投资模型。但两者都应该是传统投资模型，这一点我们必须特别注意。① 这里我们必须清楚的是，如果在投资模型中没有调整成本，则我们就说这个模型是静态的，而只有包含调整成本因素的模型才是动态的投资模型。如果说投资模型中没有包含调整成本，则不确定性对投资的效应就无法得到考虑。

我们得出的基本结论是：不确定性的投资效应表现为两种情况的结论：一种是不确定性增加引起投资的增加，理由是不确定性变量与资本的边际产出是凸函数关系，所以，不确定性增加将使资本的边际产出增加，资本的边际产出增加使投资增加；另一种是不确定性增加使投资相应减少。显然，传统的不确定性方法的结论本身是不确定的，主要的原因是来源于不同的假定。但从实证的角度，不确定性与投资的关系表现为负的效应，这已经得到几乎所有学者的一致肯定。

下面我们要进一步分析期权意义上的不确定性的投资效应。前面我们谈到的不确定性投资效应倾向于介绍与评价，而从期权的角度，我们希望能够将期权的不确定性投资效应，与融资约束的投资效应结合起来，所以，我们将首先重点介绍和分析期权的投资效应。我们仍然沿着前面的比较静态的方法，来分析不确定性如何影响企业的合意资本存量。

第四节　不确定性的投资效应：期权的含义

一、实物期权方法的基本思想

前面我们主要讨论了传统的投资模型，在传统的投资模型中，

① 这里，所谓的传统模型是相对于不确定性的实物期权理论方法而言的。

假定企业是完全竞争的、风险中性的，只要资本的边际生产率是价格的凸函数，则不确定性对投资有正的影响。这种情况适用于企业的产出函数是规模不变的情况。假如企业是风险厌恶的，或者假如资本的边际生产率是随机变量的凹函数，则不确定性的增加对投资有负面影响。这就是传统框架下处理不确定性与投资关系的方法。

与传统的方法不同，一些学者在探讨不确定性与投资的关系上，开始尝试另一种新的方法。这就是下面我们将要重点讨论的不确定性的期权方法。期权的方法有一个明显的特点，那就是在考虑不确定性对投资的影响的过程中，投资的时间是十分重要的。期权的分析方法得出的基本结论是：不确定性的增加对投资可能有负面的影响。这是因为不确定性导致投资的延迟。这一点在传统的投资模型中被忽略了，而在新的投资模型中，这一点是十分关键的。①

在传统的投资理论看来，投资的决定是在两极的时间之间进行选择，即要么现在投资，要么就永远不投资。其实，投资决定是非常复杂的过程，因为决定投资进行的有关信息需要在时间的变化中逐步显现，所以时间对投资有重要的影响。因而，传统投资模型忽略时间对投资决定的影响是不完整的。在新的投资理论看来，等待以获取新的信息对投资决定是有利的。② 新的投资理论同样认为投资是不可逆的，③ 一定意义上不可逆性下的不确定性是投资推迟的

① 注意：不确定性对投资的影响可以从不同方面进行讨论，如果不确定性对当前投资的影响，则主要表现在对当前投资决定的影响，对企业长期合意资本存量是另外一个问题。同时，我们还需要注意不确定性对投资的影响在不同条件下，可能表现为相互对立的不同效应，但这里基本上倾向于接受平迪克的观点（1994），即不确定性对投资具有负的影响。

② 所谓新的投资模型一般就是指实物期权的方法，实物期权分析方法基本上代表了不确定性分析的最新观点，同时也是投资理论的最新发展，所以，被称为新的投资模型。即便如此，最初的实物期权方法也存在发展的空间，如何考虑投资推迟情况下的资本存量效应，我们正是从这个角度分析不确定性的投资效应的。

③ 关于投资的不可逆性，从理论上可以证明不可逆性的程度大小，而且前面我们也分析了投资的不可逆性产生的原因和条件。完全意义上的投资不可逆性在现实中可能不多见，但大多情况下，投资是部分不可逆的。由于投资的不可逆性，投资的决定就可能要慎重，从而，不确定性对投资决定有重要影响。

原因，所以不可逆性是投资延迟的一个必要条件。由于传统投资模型在假定上存在缺陷，而且在经验检验上的不足，这使得新的投资模型有了发展的可能。

新的投资模型强调了投资的三大特点（迪克西特、平迪克，1994）:[①] 第一，投资是（或者是部分）不可逆的，这意味着投资一旦做出决定就有沉淀成本，投资的资本不能再售出（或者完全重新售出）；第二，投资活动是在一个不确定性环境中进行的，显然不确定性对投资有影响；第三，投资决定是可以延迟的，以在等待的过程中以便获得与投资项目有关的未来的信息。上述三个特点并不是孤立的，而是相互关联的。其中，不可逆性决定了投资过程应慎重，因而，面临不确定性，企业可能选择等待，因为等待以获取有关的未来信息对企业是有利的。

实际上实物期权的方法是金融期权理论的延伸，从逻辑上，实际投资决定与金融看涨期权投资一致。根据金融看涨期权，投资者在进行投资的时候，有一个非常有利的选择权，即投资者可以在认为有利的情况下选择投资（事先已经确定了时间范围），而在不利的情况下选择不投资，这一选择过程对于投资者来说，只是一种权利而不是义务。无论投资者是现在选择投资还是未来某个时间内选择投资，都是按照事先确定的价格（执行价格）进行。这就是说，一旦购买资产，期权就是不可逆的，这意味着投资选择的时间是非常重要的。期权投资与实际投资决定有着非常相似的特点。因为，对于实际投资来说，当投资者拥有了一个投资机会，但未来的情况不是确定的，即影响投资项目的利润变化情况是不确定的，而这种不确定性对项目的价值是有重要影响的，所以，等待以获取更多的有用信息，然后再决定对投资者是有利的。这样，投资者进行投资的过程就是控制时间的过程，决定投资的时间选择关键要看等待所

① 参考阿维纳什·迪克西特和罗伯特·平迪克：《不确定性条件下的投资》，朱勇一等译，中国人民大学出版社 2002 年版。

获取的有用信息的价值与延迟投资所丧失的利润的机会成本。这种理论我们称之为实物期权理论。

实物期权理论得出的结论从根本上改变了投资决定的基本准则。传统上，我们分析投资决定的基本准则是标准的净现值法则。根据净现值法则，只要投资所产生的利润的贴现大于投资的成本投入投资就是可行的。但这种方法最大的一个缺陷是将期权的价值忽略了，因为投资一旦进行，期权就等于消失了，所以在决定投资的过程中，必须将期权的价值考虑进来。实物期权理论意味着传统意义上的投资决定准则——净现值法则必须修正。企业在实际投资的时候，一方面要考虑投资的实际投资成本；另一方面企业还要考虑期权的价值。所以按照投资所产生的收益只有大于投资的直接成本加上期权的成本时，投资进行才是合适的和合理的。

二、期权含义下的投资时机：数理证明与传统模型的联系①

现假定企业是风险中性的，且投资于不可逆的项目，其中，投资的直接成本——购买成本为 p_k，使用的折现率为 ρ，而在时间 $t=0$时，有一个单独的状态，且企业对在年末的收入 R_0 是已知的。从 $t=0$ 时开始，企业对预期的收益是不确定的，我们用期望价值 $E_0[R]$ 来表示。假定企业投资决定是在 $t=0$ 时做出的，则投资的预期收益的净现值（V_0）为：

$$V_0 = -p_k + \frac{1}{1+\rho}R_0 + \left(\frac{1}{1+\rho}\right)^2 \sum_{t=0}^{\infty}(1+\rho)^{-t}E_0[R]$$
$$= -p_k + (1+\rho)^{-1}\{R_0 + (1/\rho)E_0[R]\} \qquad (2-15)$$

如果按照传统的净现值法则，只要 $V_0>0$，投资就可以进行。将上面的公式（2－15）重新改写，则企业可以投资只要：

① 以下公式证明参考 Robert Lensink, Hong Bo and Elmer Sterken, "Investment, Capital Market Imperfections, and Unertainty." Edward Elgar Cheltenham, UK. Northampton, MA, USA (2001)。

$$\frac{(1+\rho)^{-1}\{R_0+(1/\rho)E_0[R]\}}{p_k}=q>1 \qquad (2-16)$$

其中，q 是边际，它由投资产生的收益的净现值与投资的直接成本的比较来产生。① 作为选择，公式（2－15）也意味着投资是可以进行的，只要下述条件成立即可：②

$$(R_0-\rho p_k)+\frac{(E_0[R]-\rho p_k)}{\rho}>0 \qquad (2-17)$$

其中，ρp_k 可以看作是资本成本。在这种情况下的投资是完全可逆的，未来的情况总是给定的，这意味着未来变得相对不重要了。因而，上述公式（2－17）的第二项是可以忽略的，这就是说，只要净现值超过资本成本（$R_0>\rho p_k$）时投资就可以进行。

显然，这样的准则是不完整的。因为如果投资一旦执行，则期权等于得到执行，这样放弃期权的机会成本必须在投资的总成本得到体现，然而上述的准则却忽略了这一点。如果，企业在做出一个不可逆性的投资决定以前，对未来的情况并不十分清楚，则等待以获取未来情况的有用信息，以避免因为做出不可逆性的投资决定产生的不利结果对企业是十分有利的。比如，当未来的收益低于投资的成本（$R_0<\rho p_k$）时，企业可以暂时不投资或者推迟投资，则企业可以避免损失。下面我们在对一些条件做出假定以后，来探讨新模型的投资准则。

假定企业在一个时期之后，未来的情况变为相对稳定的状态。这就是说，企业在等待一个时期之后，只要投资产生的收益超过投资的成本时，企业选择投资就是合适的。则期望的现金流的折现（V_1）变成为：

$$V_1=P_r[R>\rho p_k]\left(\frac{1}{1+\rho}(-p_k)+\left[\frac{1}{1+\rho}\right]^2\sum_{t=0}^{\infty}(1+\rho)^{-t}E_0[R\mid R>\rho p_k]\right) \qquad (2-18)$$

① 托宾方法意义上的投资模型，强调了投资的市场价值性。

② 乔根森含义上的投资模型，即使用租赁成本意义上的投资模型。

$P_r[A>B]$ 表示 $A>B$ 的或然率。因为：

$$E_0[R]=P_r[R>\rho p_k]E_0[R\mid R>\rho p_k]+P_r[R\leqslant\rho p_k]E_0[R\mid R\leqslant\rho p_k] \tag{2-19}$$

则有下述结果：

$$V_1-V_0=F=\left(\frac{1}{1+\rho}\right)\left[P_r[R<\rho p_k]\frac{E_0[\rho p_k-R\mid R<\rho p_k]}{\rho}-(R_0-\rho p_k)\right] \tag{2-20}$$

这里，F 就是等待的期权的价值。假如 $F<0$，则企业应立即投资，无需等待；假如 $F>0$，则企业应该等待一个时期。通过重写上述公式（2-20），只要满足下述公式企业就应立即投资：

$$(R-\rho p_k)>P_r[R<\rho p_k]\frac{E_0[\rho p_k-R\mid R<\rho p_k]}{\rho} \tag{2-21}$$

公式（2-21）表明：一方面，假如企业等待的机会成本（$R-\rho p_k$）超过等待产生的价值，则企业应立即投资。等待的价值是由等待获得可以防止坏消息产生的不可逆投资的回报。也就是说，当等待获得的未来情况的新信息，知道随机变量的变化不利于投资新的项目，则企业可以放弃投资计划，或者继续等待获取新的信息，但当投资已经实施，则企业就要承受因为投资产生的沉淀成本，而当沉淀成本超过投资产生的收益时，企业将不得不承受因为投资错误导致的这种损失。相反，企业因为等待可以获得能够使企业有利的新投资机会的可能。另一方面，当企业等待产生的价值超过立即投资产生的收益时，企业应选择等待。

企业投资产生的收益应包括两部分：一部分是现在的收益；另一部分是未来的收益。一定意义上现在的收益是可知的，但未来的收益不能直接获得。未来的收益要依赖于类似的投资的过去收益的概率分布，然后根据这个分布来对未来的收益进行预测。在计算未来收益的过程中，需要知道未来收益的概率分布特点，需要选择合适的贴现率，并对未来各时期至无限的收益进行贴现。

总之，企业立即投资的准则是：当在第一期投资产生的收益能够超过投资的成本，而成本必须能够包括因为放弃等待所失去的防止坏消息的收益——即坏消息准则（Bernanke，1983），则在这种情况下，企业才能立即投资。这就是说，立即投资的机会成本主要依赖于因为等待所获取的坏消息所得到的收益，而与所谓的好消息没有关系。这是因为，好消息对立即投资没有影响，而是有利的。立即投资的目的就是要在未来有好的收益，当好消息出现时，企业的先期投资为在未来获得回报创造了条件。但坏消息就不同了，因为坏消息是企业要避免的，但企业在现在无法完全获得这个有用消息，要获得这个消息必须等待。由于企业的大多投资是不可逆的，所以一旦投资就会产生沉淀成本。而等待可以获得有用的坏消息，从而避免损失。

从上面我们的分析和介绍可以得出一个结论：在不确定性的条件下，由于等待的价值和坏消息准则，企业在投资时可能显得十分犹豫，从而投资率可能是低的。所以，在同样情况下，不确定性使投资相对于确定性要小一些。如果说要使投资在现在就进行，则需要投资的收益相对于没有期权价值情况下的“要价”要高，或者说决定立即投资的门槛增加了，尤其当不确定性增加的情况下更是这样。这就是期权方法在分析不确定性与投资的关系时得出的基本结论。①

三、投资的两阶段法——实物期权下的投资成本、投资收益

实物期权理论的最新发展表现在关于不确定性对期权价值的影响，而期权的价值对投资决定产生影响。

投资的目的是为了资本或者资产的未来收益，但必须考虑投资的成本。在没有期权价值的情况下，如果从资本的角度，主要就

① 关于不确定性与投资的关系的实物期权方法，我们将在后面的章节做详细的分析，这里我们只是做简单的介绍和说明。

是资本成本—利率支出，而投资的直接支出是资本品价值上的支出（前面还讨论了调整成本的存在，所以严格意义上应包括调整成本支出），如果考虑期权的价值，则投资的成本还应包括期权价值。

在本书看来，企业的投资决定可以分成两个步骤：第一步是确定纯粹意义上的投资收益；第二步是与资本成本进行比较，最后确定资本的投资收益或者价值。第一步本身也是一个比较的过程，是投资的原始收益和投资的成本（注意不是资本成本）的比较过程。投资的原始收益是资本的未来收益，投资的成本是企业投资决定下的各项支出（不包括资本成本），所以，投资的净收益就是投资的资产产生的未来收益，与投资时发生的各项支出成本的差。因此，决定企业投资的净收益的因素包括：资产的未来收益特点；投资的成本支出的特点。

假定资产的未来收益是一定的（就如同我们前面讨论的确定性模型一样），且假定投资的收益（长期内）随着投资的增加资产的未来收益是递减的，则我们可以构造出未来收益的变化曲线，如我们前面讨论的 R 线。[①] 但如果未来的收益是不确定的，则未来收益的特点可能表现为：要么是资产的边际产量水平提高了，要么是减少了，但预期值是不变的或者是增加的。与确定性的资产收益比较，不确定性对未来资产的报酬特点的影响主要在于，资产的未来收益的不确定性使投资具有了风险，而不确定性增加使投资的风险增加。因此，资产的未来收益的不确定性特点，必须在投资的最后收益中能够有所体现，由此决定了对企业的合意资本存量产生不同的影响。

图 2－8 显示了未来收益的可能状态。图中的斜线表示资产的未来收益，假定资产的收益与投资增加呈反向关系，所以，R 线是

① 用资产的边际产量来表示投资的未来收益水平，则边际产量随着投资的增加，可能呈现递减的特点，所以未来收益的总趋势是递减的。

由左上向右下倾斜的。三条不同的线表示资产的边际产量的不同水平，当资本存量为 K_2 时，R_2 的收益为零，而 R_1 为负值，R_3 为正的值，这说明了资产的未来收益水平对企业合意资本存量的影响。由于这一资产收益状态是未来时期的可能状态，在今天看来只能通过预期获得这一情况，但无论企业做何种预期，未来的真实情况企业是不可能知道的，所以，企业今天的投资决定必然充满了风险。这种风险对企业的投资影响很大。企业一方面存在获取较好收益的可能；另一方面存在获取不好的收益的可能（为负的收益值）。如果今天的收益状态为 R_2，未来的收益可能就是 R_1 和 R_3，企业要尽可能地获得 R_3，而避免获得 R_1。由于投资是不可能逆的，所以，今天在没有明确的关于未来收益状态的信息情况下（如企业的投资量为 K_2），一旦投资企业将不得不忍受 K_2 下的 R_1 下的收益（为负的值）。因此，企业今天进行投资的代价就是企业这种不良投资产生的投资沉淀支出。这就是期权价值，是企业获得某种获利的可能和避免获得坏的结果的可能，所以，企业轻易选择投资的成本实际上是投资的期权价值成本。

企业投资的这种期权价值，需要从分析投资的等待特点才能够说得清楚。因为，企业要获得关于资产的未来收益的实际情况，其预期的真实水平实际上是信息的问题，而等待具有优化企业的投资时机，避免坏消息给企业带来的不良后果的好处。所以，在存在期权价值的情况下，企业投资选择的最大可能是等待。但企业选择等待或者选择今天进行投资，要依据于企业对今天投资或等待投资的机会成本和收益进行估计，所以，企业能否选择等待，需要在认识清楚企业的投资的各种成本的基础上才能得出。

在没有期权的含义的情况下，企业投资的资本成本是企业投资的机会成本，在考虑期权的情况下，本书认为，企业的另一机会成本是投资的时间机会成本，即企业在什么时候投资是合适的。企业之所以会选择等待，是因为等待可能使企业获得关于未来收益的有关信息。所以，等待本身的收益是关于投资的确切信息的逐步披露。假定随着时间的推移，当然也许是等待一个时期，也许是等待下一个时期，总之，等待可能使投资的未来收益信息逐步显示并相对稳定。如我们可以假定在下一个时期，企业面临的资产收益线为一个相对确定的状态，如图 2－8 的 R_1，或者 R_2，如果资产的收益线是 R_1，则企业可以放弃投资，如果资产的收益线为 R_3，则企业选择投资。

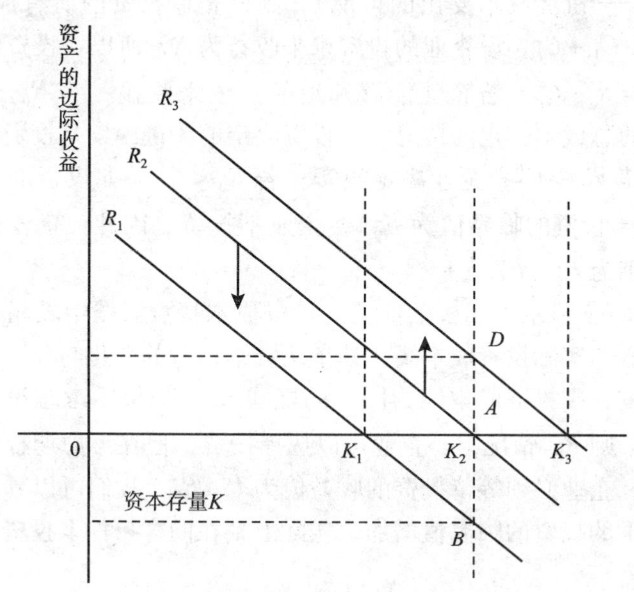

图 2－8　期权价值影响投资的成本

下面我们分析存在期权情况下的投资成本。本书认为，期权价值的存在使企业在投资时面临的投资成本不同于资本意义上的成本，这种成本使投资的最后收益受到影响，（相对资本而言）资本的收益受到影响，而不是资本成本影响的结果。我们需要考虑资产的未来收益不确定下的成本支出，与不确定性的收益本身的比较，然后确定企业资产投资的最后资本收益，这时企业才能决定是否进行资本投资。

首先我们观察单个项目投资的特点。设某企业的投资量为 K_0（可以想象为一个项目上的投资，企业的投资为一个总的资本支出），单位资本品价格为 p_k，企业的固定调整成本为 C_T（这里不考虑流动性调整成本，因为资本存量为有限的一个量）。企业投资的期权价值成本为 C_F（期权的成本为可以避免今天投资产生不良投资后果——沉淀成本支出的可能），则该企业投资的所有成本为：$C_F^T = p_k + C_T + C_F$，设企业的投资未来收益为 R，所以，投资的净收益为 $m = R - C_F^T$。若企业能够知道的“未来收益”为 R_0，这样，在投资的总成本一定的情况下，投资决定的关键因素是投资的收益值 R_0，若 $R_0 \geqslant C_F^T$，企业决定投资；若 $R_0 < C_F^T$（如投资的收益为 R_0^-，低于投资的临界值为 R_0），企业不投资。因此，企业投资决定的准则为 $R_0 \geqslant C_F^T$。

图 2-9 显示了期权条件下的投资成本特点。图中较粗的线为企业投资的实际投资成本线，如果从资本存量的变化与投资成本的关系角度，则投资成本线为图中的虚线 C_F^T。如果不考虑投资的期权价值，则 R_0^- 情况下，企业可以选择投资，但在考虑期权价值的情况下，企业必须等待投资的收益值为 $R \geqslant R_0$。我们可以看出，不确定性下的投资的临界值增加，实际上是在同样条件下投资得到了抑制。

现在我们考虑一般情况下的投资成本与投资净收益的关系。①

首先我们考虑不确定性与期权价值的关系。上述已经说明，期权价值产生于投资的等待行为的价值，其中最重要的是为了避免坏消息而产生的回报，而今天选择投资则失去这个机会，所以它是一个期权。但我们知道，期权的产生与不确定性直接相关，因为如果

① 关于不确定性的成本效应，可以参见 Andrew B. Abel Janice C. Eberly, “The Effects of Irreversibility and Uncertainty on Capital Accumulation.” *Working Paper* 5363, November, (1995)。

投资的收益是确定的，则期权的价值也就不存在了，所以不确定性是期权价值形成的基础。另外，期权价值的大小与不确定性存在十分密切的关系，即不确定性增加，投资的期权的价值将上升，所以投资中的投资成本支出——时间的机会成本相应上升。

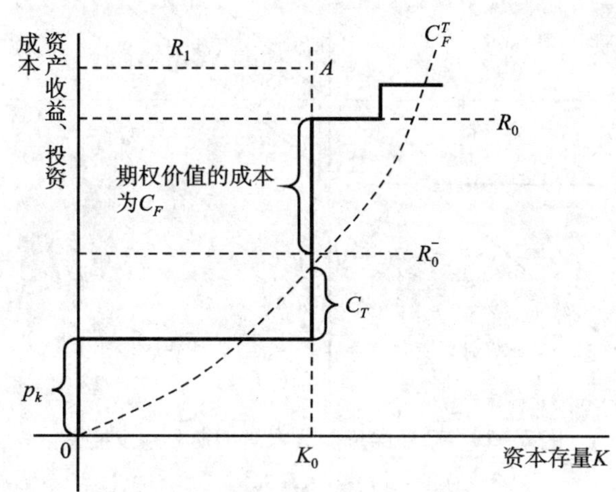

图2－9 期权条件下的投资成本特点

金融资产投资意义上，等待使期权价值上升的原因可以用图2－10说明。投资的支出为固定的沉淀成本，但具有相对成长巨大的收益空间，但当投资的收益为负的值时，即投资的收益状况不好时，投资者可以选择不投资（不执行期权）。

不确定性增加之所以使期权的价值上升，主要的原因是不确定性增加使投资产生不良后果的可能性增加，所以今天投资的时间成本上升。一方面是不确定性增加使潜在的收益增加；另一方面是不确定性增加使投资的形成不良后果的可能性增加，所以从两个方面决定了今天投资的机会成本上升，即等待的价值增加——期权的价值上升。

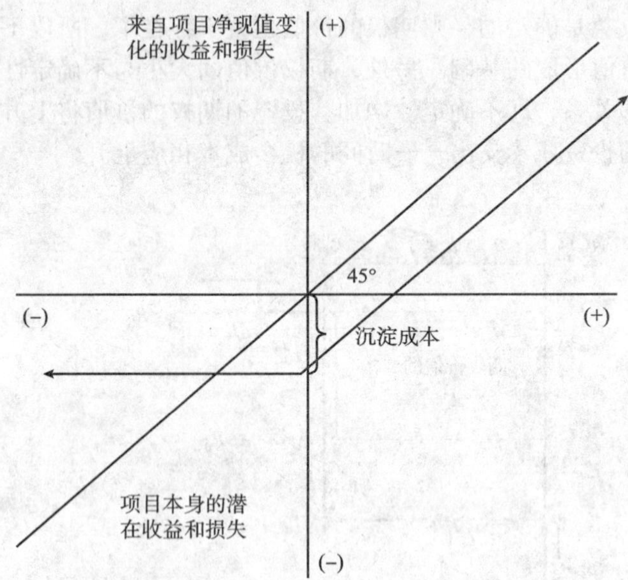

图 2-10　项目的沉淀成本与预期收益及损失

图 2-11 显示了不确定性增加的可能结果。图中的外张的线表示投资的收益变化趋势，其中水平线 I_t 表示企业投资的沉淀成本，所以，投资的净收益为投资的收益值与投资的沉淀成本的差，当在沉淀成本一定的情况下，投资的收益值的变化越大，则投资的收益值与沉淀成本的差距就大，则投资的潜在收益空间就大，而投资的潜在亏损的空间也大。如图中的 A 点和 B 点组合，就没有 A' 点和 B' 点的组合潜在空间大。这说明，不确定性增加（用变量的方差来表示）将使期权的价值增加，从而使今天投资的时间机会成本上升。期权的价值实际上就是等待的价值，等待的价值主要由等待可能避免的坏消息的好处，而与投资的收益状况变好无关，因为，在投资的收益状况好的情况下，明天投资与今天投资比较没有明显的优势（这里不考虑投资时间的特定意义，如为了战略考虑即使是今天投资是“不合适的”，但为了抢占先机需要及

早进行投资），而等待则可以避免坏消息，但今天投资则没有这个优势。

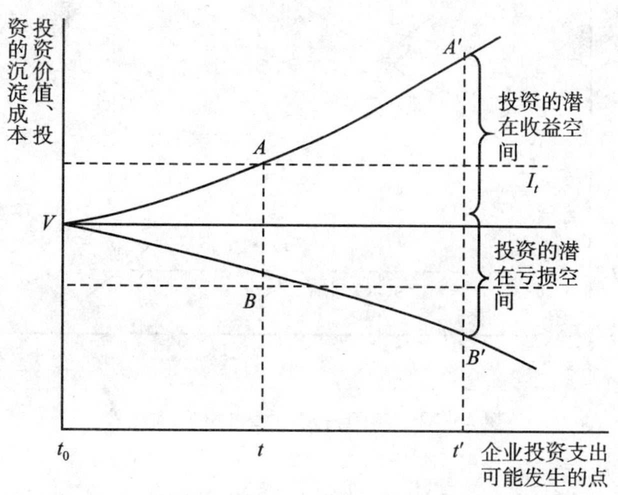

图 2－11　不确定性增加与投资收益的可能状态

由于期权价值的出现，使企业投资的潜在成本上升，相对而言减少了投资的净收益水平。投资成本的上升，改变了投资的收益线状态，由此可能影响到企业的最后的投资决定。根据上面的分析，在没有考虑期权价值的投资成本时，投资成本分为：考虑调整成本的情况和不考虑调整成本的情况。假定调整成本为投资的凸函数，即假定随着投资的增加调整相应上升，则考虑调整成本的投资成本应为 $p_k+f(I)$。则考虑期权价值的投资成本为：$C_F^T=p_k+f(I)+C_F$。因此，投资期权的存在使投资的成本增加，在投资的收益一定的情况下，投资的净收益水平将降低。图 2－12 表示不同投资成本与投资收益 R 的关系。

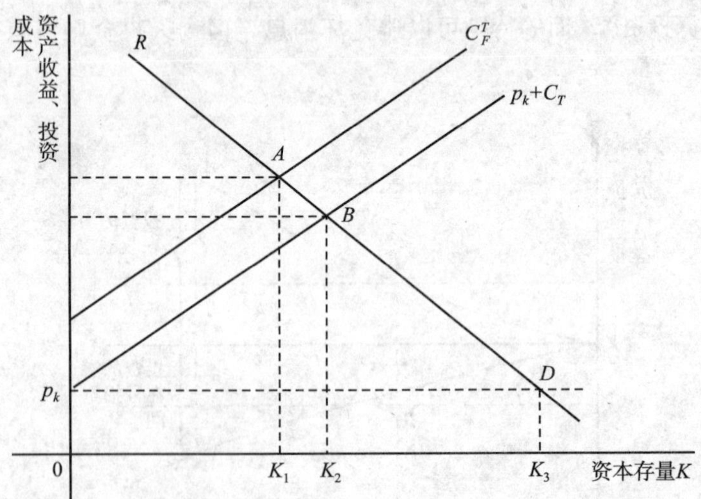

图 2-12 不同投资成本与投资收益 R

图 2-12，水平线 p_k 表示为仅仅考虑资本品价格的投资成本线，倾斜的线为考虑调整成本的投资成本线，以及考虑期权价值的投资成本线。由左上向右下倾斜的线为投资收益线 R。显然，由于投资成本的上升，投资的净收益逐步减少，能够增加资本存量的可能空间不断减少，如 K_1 为考虑期权价值的投资成本下的最大合意资本存量；K_2 为考虑调整成本的投资成本下的最大资本存量；K_3 为仅仅考虑购买成本—资本品价格的投资成本下的最大资本存量，其中，它们之间的大小顺序为：$K_1 < K_2 < K_3$，所以投资期权的存在可能抑制企业的投资。

四、投资的两阶段法——不确定性期权含义下的企业投资水平

首先我们分析投资成本变化引起的投资净收益改变，进而引起企业投资变化的情况。任何一个企业在决定投资之前，首先要分析所投资的资产的净收益，然后再与资本成本进行比较，以确定是否

进行这项投资。投资的直接成本 C 与投资收益 R 决定的是投资净收益 m，资本成本就是借贷成本。从企业的角度，要考虑一个单位的资本的回报—投资净收益，与一个单位的资本的成本—借贷利率的对比情况，然后决定是否使用一定量的资本进行投资。因此企业面临两个影响因素：一是资本成本；二是投资的净收益。显然，企业投资决定于投资的净收益大于或者等于投资的净收益，用式子表示就是：$m \geqslant i$，这里的 i 为资本成本。下面的图 2－13 显示了企业的投资决定，以及企业合意资本存量的特点。

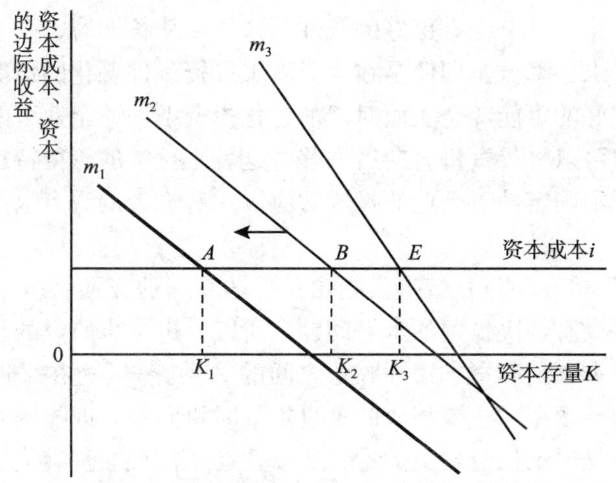

图 2－13　不同特点的投资收益线与投资水平

图 2－13 中的倾斜的线表示投资的净收益线，其中较粗的线表示因为考虑期权价值的收益线，我们用 m_1 来表示；m_2 和 m_3 分别表示考虑调整成本和仅仅考虑资本品价格的收益线。① 水平线为资本成本线，表示资本成本在一定时期内不因为资本存量的变化而增

① 上述的投资净收益线是在前面投资成本的基础上构造的，考虑到繁琐，所以我们直接引出投资净收益线。

加。投资收益线与资本成本的交点分别为图中的 A 点、B 点和 E 点，相应的资本存量为 K_1、K_2 和 K_3，这几个资本存量就是不同投资净收益下的最大合意资本存量。显然，由于投资的期权价值的存在，企业投资的成本上升了，相应的投资的净收益水平降低了，所以，企业的合意资本存量下降，投资相应减少。①

如果企业投资决定是一个时机问题，则企业的投资水平在不同时间内可能是不同的，这就是企业投资的动态决定特点，上述分析没有考虑企业投资的时机问题。决定企业投资的条件是相对的，因为，从短期看企业的投资条件可能恶化，但如果从长期看投资条件不一定恶化，甚至会有更好的条件。这样，从长期看，企业的合意资本存量未必降低，即使是在今天看来投资条件恶化的情况，但从长期有变好的可能。企业面对当前恶化投资条件，企业可能选择不投资，也可以将投资机会向后推移，这就是投资的等待特点。

关于不确定性对企业的投资效应，一些学者的观点也许有必要提一下。

Hubbard（1994）曾撰文指出：平迪克和迪克西特（1994）的新模型，没有解决投资的水平问题，所以，进一步研究的目标是关于意愿资本存量和资本边际收益之间的关系。② 因为在平迪克和迪克西特的新模型中主要解决的是投资的时机问题，即投资发生的时间，而不是讨论投资发生的量，所以，在新模型的基础上能够解决资本存量问题是十分必要，只有这样才能与传统的资本存量问题结合起来。

Strange 等人（1999）扩展了平迪克和迪克西特的新模型，将

---

① 这里，我们有必要强调一下投资决定与企业合意资本存量的不同，投资决定是指引发企业投资的条件，或者说投资发生的临界点条件，如我们强调的投资收益大于或者等于投资成本是投资发生的条件；而企业的合意资本存量是指企业在现有条件下，愿意拥有的资本存量，是企业要实现的目标，严格意义上资本存量不等于投资，因为投资需要时间等。

② 参考 Avner Bar-Ilan William C. Strange，"The Timing and Intensity of Investment." *Joural of Macroecnomics*，Winter 1999，Vol. 21，No. 1，pp. 57 - 77。

资本存量引进模型中，他们讨论了两种不同形式的投资的资本存量变化与不确定性的关系。通过比较静态分析，他们发现，对于集中性投资，不确定性如价格的不确定性的增加将使企业延迟投资，但延迟投资的同时，一旦投资真的发生，则投资的支出将可能产生更高的资本存量。这种结果的一种直觉的解释是，价格的上升所以资本的边际收益上升，资本存量相应上升，但对于增量性投资则情况表现出不确定性的结论。[①]

艾贝尔和埃伯利（1995）证明，面对不确定性，企业在选择资本存量时存在成本效应，即由于投资的不可逆性，资本成本要大于没有不可逆性时的资本成本，而且不确定性增加将使这种资本成本增加。也就是说，不确定性对不可逆性投资的资本成本具有强化的作用，这样，好像不确定性的增加将减少投资。他们认为，在长期内，不确定性条件下的不可逆性投资，不仅具有上述的成本效应而且存在所谓的滞后效应，最终的不确定性效应要观察两种效应的对垒情况。[②] 根据艾贝尔和埃伯利的定义，所谓的不确定性成本效应，就是不确定性强化了不可逆性投资的资本成本效应，而所谓的不确定性的滞后效应是指不确定性的相反的影响作用，它可能使资本存量增加，所以，最终的不确定性资本存量效应要看两种作用的互相比较的结果。

就不确定性的成本效应而言，还有一些学者的论证有必要提到。按照平迪克和迪克西特（1994）的观点，由于存在期权价值，或者说等待的价值，所以现在投资时必须在投资成本中加入期权的价值，所以，不确定性的成本效应表现为期权价值的影响。而且，在长期内，两位学者的实证研究，通过计算资本存量的对数变化，他们得出来的结论是，较大不确定性 σ 降低长期平均资本存量，

---

① 有关观点参考 Avner Bar-Ilan William C. Strange, “The Timing and Intensity of Investment.” *Joural of Macroecnomics*, Winter 1999, Vol. 21, No. 1, pp. 57–77。

② 有关详细论述参见 Andrew B. Abel Janice C. Eberly, “The Effects of Irreversibility and Uncertainty on Capital Accumulation.” *Working Paper* 5363, November (1995)。

所以平均水平的投资是低的。[①]

而艾贝尔和埃伯利（1995）则认为，成本效应是不可逆性投资受不确定性的影响直接产生调整成本的结果，从而使投资的成本上升。应该说，两种说法本质上是一致的，他们都是强调了不可逆性投资，以及不可逆性投资可能产生的结果，即一旦决定投资可能产生不良结果，所以，这个不良结果本身就是今天投资的代价。Bar-Ilan 和 Strange 在平迪克和迪克西特模型的基础上，则主要区分了两种形式的投资的不同成本效应（成本变化可能改变投资行为）。企业面对不确定性，对于集中性投资，不确定性使投资延迟，但当投资发生时资本存量将加大，原因是价格条件改善使企业更倾向于增加投资。

本书的观点认为，无论不确定性是正的效应还是负的效应，可能在一定程度上是一个没有结论的讨论，因为，这要看讨论问题的出发点和使用的方法。但我们可以肯定的是，在不确定性下引入期权的价值是非常重要的，无论不确定性在长期内的资本存量是高还是低，但不确定性在短期内使投资减少是可以肯定的，至少从期权的逻辑是这样的。而从长期内，有可能使企业的合意资本存量增加，因为长期存在使企业投资条件改善的可能，如果经济条件和环境在当前不确定性的情况下，有逐步转好的可能并在下一个时期能够变好，则企业的合意资本存量有可能提高。

从企业投资的实际看，企业投资的期权可能是一组复合期权，一些期权是有利于投资，一些期权不利于投资，最后的结果要看两种力量的对比情况。短期内由于不确定性的增加将抑制当前投资，因为投资的成本上升使投资的选择可能性降低，但如果长期内的不确定性环境改善，则改善的环境反而会提高投资，所以，企业的长

---

① 有关平迪克和迪克西特的理论参见阿维纳什·迪克西特和罗伯特·平迪克著：《不确定性条件下的投资》，朱勇一等译，中国人民大学出版社 2002 年版。

期和短期的投资水平需要观察具体的投资条件的特点。①

下面我们用简化的两阶段模型来说明等待的投资特点。图 2－14 显示了企业投资的等待特点，以及不确定性的投资效应。

图 2－14 是两个坐标的合并，第一个坐标表示时间 t_0 时的资本存量状态，第二个坐标表示时间 t_1 时的资本存量状态。假定投资就发生在今天（t_0）或者明天（t_1），明天就相当于长期状态。企业现在处于时间 t_0 时，决定是否进行投资，如果今天的投资条件不理想，则企业可以选择等待，若下一个时期投资条件改善，则决定投资；如果投资条件继续恶化则放弃投资。

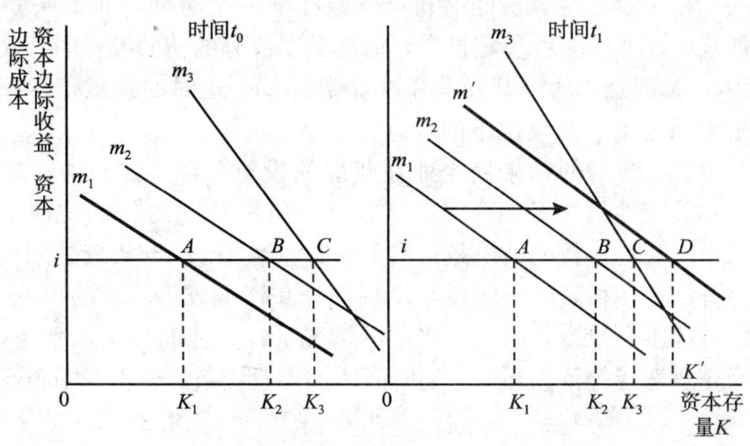

图 2－14　投资的等待与不确定性的投资效应

图 2－14 中，水平线表示资本成本线（表示资本成本与资本存量变化无关——即无融资约束效应），倾斜线表示投资的净收益

① 期权价值不仅产生成本效应，其实它还产生收益效应。如一项投资不仅产生实际的投资收益，而且还可能使企业的无形收益和生长机会增长，这些都是因为投资产生的结果，这些结果将是企业进一步产生利润的基础。所以，在计算企业投资的收益时，需要将这些因为投资产生的无形或者潜在的“收益”加入进来，这样，投资的净收益要大于简单的净现值法则获得的收益。

水平，或者说边际资本收益水平。其中，m_1、m_2 和 m_3 分别表示包含期权价值的投资净收益线、体现调整成本的投资净收益线，以及仅仅包含资本品价格的投资净收益线。我们注意到，不同的投资净收益线与资本成本的交点，决定企业的不同条件下的最大合意资本存量。上述不同条件下的资本存量分别为 K_1、K_2 和 K_3，由于投资的净收益线的不同，企业的合意资本存量逐步减少。①

现在假定，企业的投资量定为 K_2（这时的投资净收益线为图 2－14 中的粗线），但根据现有的条件，企业的资本投资产生的收益为负的数值，所以，为了避免投资的沉淀成本，企业决定保持投资的期权，以等待合适的时机。假定在下一个时期 t_1 时，投资的条件好转，所以企业决定投资，如图右半部分的新的投资的净收益线为 m'，则企业的合意资本存量可能为 K'，这时的合意资本存量大于时间 t_0 时所有情况下的合意资本存量水平。

可见，等待的结果使企业在较好的投资条件下进行投资，而且，不确定性虽然短期内降低了投资，但“长期内”却增加了投资水平。我们分析的结论是：当不确定性增加，引起投资的期权成本上升，将使投资的净收益水平降低，在资本成本不变的情况下，企业可能不会投资。所以，当前的情况下，企业的投资水平下降；但当企业选择等待，在下一期时间内如果投资条件改善，则企业的

① 注意有些期权可能是一个连环期权，所谓连环期权是指一个期权执行之后，还可能形成新的期权。如有的学者证明投资实际上是一个连续投资期权，今天执行了期权，但在新的基础上还存在新的期权，新的期权的决策的方式还一样。同时，我们注意，期权不仅包括投资期权，而且包括“负投资期权”，如放弃一个已经发生的投资——废弃一个投资的过程。投资期权对于有些投资尤其如此，如无形资产投资，科研开发投资和员工素质培训等，最能够体现期权的特点（具体论述参见阿维纳什·迪克西特和罗伯特·平迪克著：《不确定性条件下的投资》，朱勇一等译，中国人民大学出版社 2002 年版）。在考虑公司价值时，由于存在期权价值，所以公司的价值必然与期权的价值联系，而公司中的期权可能是一个相互连接的整体，如有的学者认为，公司投资一个项目（或者说一个投资）就好像一个小公司，所有的投资就是很多小公司，所以公司就是很多小的公司的总体，公司的价值就是所有小公司价值的相加总和。这就是说，公司的价值估计需要与公司的发展战略联系起来。有关的论述可以参考 Stewart C. Myers, “Finance Theory and Financial Strategy.” *Real Option and Investment under Unertainty*, Edited by Eduardo S. Schwartz and Lenos Trigeorgis. The MIT Press,（2001）。

投资水平反而要大于没有等待的投资水平，因为等待使企业在较好的投资净收益水平条件下进行投资，所以企业的合意资本存量增大，所以投资水平将增加。但如果下一个时期的情况没有改善，则企业的合意资本存量不会增加，也许是不变或者减少，这要视投资条件的具体特点而定。

等待的价值不仅仅表现为等待使企业可以获得较好的投资机会的可能，更重要的是，等待可以使企业避免今天投资的决策失误造成的投资沉淀支出。上述分析表明，在企业将投资的期权价值也计入投资成本中，由此来决定企业的投资支出，但企业今天进行的投资决定的投资净收益水平，对于企业来说是知道的，即当今天的投资的净收益水平足够高时企业才可能决定投资。如果今天投资的净收益水平不足够高，但企业寄希望于明天的较好的收益水平，则可能使企业的投资产生很大的沉淀成本支出。下面的图 2－15 说明了这一点。

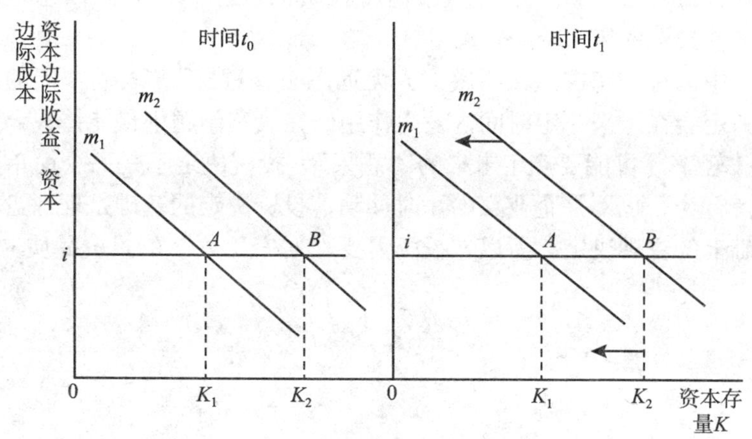

图 2－15 等待可以避免较高的沉淀成本

与图 2－14 相似，m 线为包含期权价值的投资净收益线。若企业决定投资的量为 K_2，但当前的投资净收益水平为 m_1，企业之所以选择这样的投资水平，是因为企业预期下一个时期的投资净收益水平可能为 m_2（但实际上不确定性的结果仍然存在，投资充满了风险）。结果等待下一个时期，实际的投资净收益水平仍为 m_1，要小于体现资本存量为 K_2 的投资净收益水平，所以企业逼迫进行缩减投资，使资本存量由 K_2 向 K_1 缩减。由于投资的不可逆性存在，实际上企业不可能轻易实现这个目标。可以想象，如果企业投资的是一个相对专用性较强的机器，则要将机器再卖出将使原有的投资无法足量收回，而且还会发生一些别的成本。

可见从投资的不可逆性角度，再次说明了投资等待的作用和价值。我们要明确这一点：必须将投资活动过程放在一个动态的时间框架中，将“今天”和“明天”的前后决策联系起来才能正确做出决策。由于投资存在沉淀成本，而未来是不确定性的，所以，等待是有价值的，当等待使投资的条件明朗时投资才是明智之举。这一点是传统投资模型所没有的，而新的不确定性投资模型（期权价值分析方法）最大的优点就是将投资的放在一个时间动态框架中，使投资的风险降至最低。

中国有一句古话，叫做“人无远虑必有近忧”，人们今天的决定一定会在未来一定时间内发生作用。在投资问题中最能体现今天的“轻率”可能要产生未来的“恶果”，投资决定不是一个简单的赌博行为，也不是企业家的一时冲动，投资决定的基础是理性盘算基础上的主观决定，所以，投资需要“居安思危”的投资品质。

第三章
融资约束的投资效应

按照均衡理论，如果一般商品市场是竞争的，则商品的价格就是供给和需求反映，价格可以调节供给和需求，如果市场不是完全竞争的，如垄断的情况，则商品的价格可能不是供给和需求的反映。与一般商品市场不同，资本市场可能是非完全竞争的。企业投资的资金需求，按照传统的理论假定，金融和融资问题不包含在投资模型中，投资的问题的关键是投资决定的实际价值，企业投资所需的资金可以以不变的成本无限获得。早在20世纪初期，一些学者就开始从实证的角度，分析金融因素对投资的影响，分析的结果显示了融资因素如企业的现金流对投资的约束作用。但由于没有真正意义上的理论论证，20世纪50年代末至70年代时期，投资理论的基本格调是融资因素无关论，直到信息经济学出现之后，融资约束问题才真正引起人们的重视。但投资的融资约束问题仍然存在许多未解决的问题。这些问题包括：融资约束的命题与其他形式的投资理论之间的关系是什么；融资约束的制度特点是什么；是否存在统一的能够体现融资约束和不确定性的模型等。

第一节　传统观点：完全市场和融资无关性

一、关于资本市场的完全性假定

在一些传统的投资理论中，如新古典投资理论和莫迪利亚尼和米勒的模型，一般都是假定企业投资不受融资环境的影响，或者说假定融资约束是不存在的。按照这些理论，企业的投资决定只是与投资的价值因素有关，至于作为投资的资本成本，对投资是没有影响的。因此，在这些模型中，金融变量是没有存在空间的，投资模型是不包含融资成本的投资模型。

为什么这些投资理论中会出现忽视金融因素分析？一个重要的原因在于这些理论的基本假定前提——完全市场假定。

以现代新古典经济理论为基础的金融理论中，有三个假定是非常重要的，可以说是现代金融理论的奠基石，这三个重要假定就是：无套利性、最优性和均衡性。所谓的无套利性是指在同一时间内，任何商品或者财产其价格必须是相同的，而且交易不能受到任何限制，所以，任何价格差别都会引起交易，从而使差价消失。在这里，交易的成本和时间性被忽视了。而所谓的最优性是指，投资者会努力寻找产生最优收益的投资决策。所谓的均衡性是指在每一时刻都会通过价格调整使市场出清。这就意味着，价格是供给和需求的反映，均衡条件下的价格必然促使供给和需求相等。

这就是我们通常称之为所谓的新古典的经济世界。新古典经济世界实际上是对现实的一种简化。新古典的经济世界有时被称之为Arrow-Debreu 世界，即完全竞争的经济世界。完全市场条件意味着，任何商品的交易障碍和交易费用是不存在的，商品的拥有者和商品的购买者的信息是对称的，也不存在市场准入的限制。这样的市场背景并不意味着没有风险，如投资者的风险等，但类似的风险可以通过被称作为 Arrow-Debreu 保险的来保证。

投资实际上就是一个信息的问题。一方面，资产的所有者要对资产的真实价值的估计存在一个信息的问题；另一方面，真正的使用资产的人如企业，也存在一个对资产的未来收益的进行估计的问题。假定资产的真正使用者能够对资产的未来回报做出正确的判断，则投资的风险将不复存在，而如果资产的投资的风险不存在，则这种真实的投资风险就不会转移到资产的所有者那里。正是由于投资的真实风险的存在，才使资产的所有者存在风险。其中的根本原因就是信息的问题。而如果假定市场是完全的，则说明了市场对投资的认识与具体实施投资行为的主体之间，不可能存在有关投资的信息上的差别。如果投资的具体实施者是企业，而投资的资金提供者是市场中的股票购买者，企业对投资的认识与市场上的资金提供者的认识是相同的。所以，投资项目的真实价值可以在投资市场中充分体现，投资的价值通过改变企业的价值来影响企业的股票价格，进而影响投资者的回报。这样，投资本身的风险与市场上的价值投资风险是相同的。假定企业的投资决策与市场上的股票所有者是同一个人，则投资本身的风险就是企业的所有者本身的风险。如果企业投资的资金来源是银行的借贷资金，如果银行关于投资的信息与企业的信息是对称的，则银行的违约风险就是企业的投资风险，而且银行也明确企业的具体风险。这样一来，对于企业来说，资金的来源是通过借贷的方式，还是通过股票融资的方式，都是无差异的，任何形式的融资都是采取相同的融资成本，因为任何资本成本上的差异可能会引起套利行为，最终使这种融资方式差异产生的收益消失。这就是资金提供者和资金使用者信息对称性——完全市场的含义。

二、早期关于金融无关的理论

早在20世纪初期，菲歇尔在自己的著作——《利息理论》一书中，最早论述了在单一经济中的生产和金融的关系。菲歇尔构建了一个模型，在这个模型中，没有不确定性，未来时间是有限的。假定在每一时间内有一个短期债券，从而保证每个行为者，可以无限制地改变自己的收入，行为者既是消费者也是企业的经营者，而且每个人可以从事生产活动并有一个生产束。菲歇尔的模型或理论可以概括为“菲歇尔分离性命题”。该命题假定企业的目标是进行生产决定以最大化其利润的现值，这就是说，企业的生产活动的目标是独立于所有者的偏好的。这是关于金融与投资无关命题的最初观点。菲歇尔之后，20世纪50年代末期，出现了莫迪利亚尼和米勒的模型——M-M定理。M-M定理在20世纪中后期，一直在投资理论（关于金融与投资关系）居于中心地位。其实，在M-M定理出现之前，一些学者，如廷伯根等，就开始从实证的角度研究投资与企业的现金流关系，研究的结果显示投资对净现金流的敏感性，但由于缺乏很严密的理论分析，最终让位于金融无关论。

三、莫迪利亚尼和米勒的模型——M-M定理

莫迪利亚尼和米勒（1958）在不确定性的背景下，拓宽了早期的菲歇尔的理论，但基本结论是一致的。[①]

莫迪利亚尼和米勒证明，[②] 企业的价值只与投资产生的现金流有关与公司的资本结构无关。换一句话来说，他们认为融资形式并不影响企业的价值。[③] 他们的观点基于这样的事实：企业投资产生的利润流是一定的，不同的融资方式形成不同的资本结构，只是改变了资金的来源形式，因为假定不同资金来源能够产生不同的收益，进而改变企业的价值，则根据无套利性理论，如果出现融资方式产生的套利空间，则使交易很快出现，套利空间即刻消失，所以融资方式不能对企业的价值不构成影响。假定企业投资所需的资金来源是借贷资金和股票两种形式，如果借贷资金的收益高于股票的收益，则投资会将货币由股票市场上转移到借贷市场上，结果，借

---

① 关于确定性与不确定性一直是本书讨论的中心，在莫迪利亚尼—米勒模型中，作者引入不确定性是针对传统投资理论定义的收益确定性，所以，这里的不确定性就是指收益的不确定性，但这种不确定性主要是与风险相关的不确定性，不是强调不确定性的期权内涵。

② 佛朗哥·莫迪里亚尼、默顿·H·米勒：《资本成本、公司财务和投资理论》，摘自《资本结构理论研究译文集》，卢俊编译，上海三联书店、上海人民出版社2004年版。

③ 假定企业投资的目标是最大化公司价值，即公司所有权者的最大化利益。

贷资金的收益与股票市场的收益无差异。由于企业投资的价值能够在市场上很好体现，即任何金融形式与投资本身的价值一致，所以，投资者在具有相同市场准入的条件下，不同融资形式产生的收益差异是没有空间的。

下面通过一个例子说明莫迪利亚尼—米勒模型的思想。

现在我们假定存在两个公司，公司 A 和公司 B，两个公司的资本结构是不相同的，其中，公司 A 是完全无杠杆的公司，其资金全部由股票形式融资；公司 B 的资本机构则是由借贷资金和股票融资构成。假定一个投资者，最初拥有公司 B 的部分的（α 份额）综合性资产——股票资产和借贷资产（S_2），则这个投资者的回报可以表示如下：

$$Y_2 = \alpha(X - iD_2)$$

这里，Y_2 表示该投资者拥有的综合性资产的期望收益；X 代表公司 B 的资产收益；D_2 代表公司 B 的债务市场价值。现在假定该投资者改变其资产结构，如售出一定数量公司 B 的股票，借贷一定资金来拥有部分公司 A 的（目的是获得该公司的收益）份额。假定该投资者借贷的资金数量为 αD_2，可以拥有公司 A 的货币为：$\alpha(S_2 + D_2)$。则这一投资资产组合的回报 Y_1 为：

$$Y_1 = \frac{\alpha(S_2 + D_2)}{S_1}X - i\alpha D_2 = \alpha\frac{V_2}{V_1}X - i\alpha D_2$$

这里，S_1 表示公司 A 的全部股票；$V_1 = S_1$ 是公司 A 的市场价值，而公司 B 的价值为 $V_2 = S_2 + D_2$。我们注意，期望收益是 X 相同的。比较两种投资组合的收益，Y_1 和 Y_2，只有当 $V_2 > V_1$ 时，$Y_2 > Y_1$。这样，我们可以看出，套利性使 $V_1 = V_2$。这就是说，投资者改变资产组合的行为，没有改变公司的价值，而公司的价值主要由公司价值本身决定。

同样，我们可以考虑一般的情况。j 代表第 j 公司，k 代表公司所在的风险，类型，则有如下式：

$$V_j = (S_j + D_j) = \frac{\overline{X_j}}{\rho_k}$$

式中，ρ_k 表示公司所在的风险类别适合的贴现率；$\overline{X_j}$表示公司 j 的期望收益。

这个公式就是著名的莫迪利亚尼—米勒第一命题。该命题认为，在给定企业所在的风险类别适用的贴现率，对公司的期望报酬资本化，则公司的价值独立于公司的资本结构。有时候，可以用资本的平均成本来定义莫迪利亚尼—米勒的第一命题：

$$\frac{\overline{X_j}}{S_j + D_j} = \frac{\overline{X_j}}{V_j} = \rho_k$$

这个公式说明，资本的平均成本等于资本化率，但与资本的结构无关。

现在我们考虑公司 j 的每股的期望收益：

$$m_j = \frac{\overline{X_j} - iD_j}{S_j}$$

利用上述的莫迪利亚尼—米勒第一命题公式，则有如下式：

$$m_j = \rho_k + (\rho_k - i)\frac{D_j}{S_j}$$

这个等式就是莫迪利亚尼—米勒的第二命题。等式的含义是说，企业单个股票的收益应等于资本化率（也是资本的平均成本）加上债券利率基础上的风险贴水。这就是说，资本的平均成本（债券权重加上股票的权重）不受财务杠杆的影响。如果通过提高财务杠杆来降低资本平均成本，则完全被股票的期望收益增加所抵消。所以，企业如果因为现在债务成本降低，希望通过扩大债务来降低资本成本，则在有风险的股票的成本上升而抵消。

由此可以推论，企业投资所需的资金是通过内部自身的净财富来融资，还是外部的资金融资，如债券融资或者股权融资都对企业的投资价值没有影响。这一理论的提出对投资理论的发展产生了深刻的影响。因为，包括新古典投资模型，以及发展形式——托宾的

q 模型，都是假定资本市场是完善的，企业投资的资金来源在内外之间是可以替代的。而上述的两个模型在 20 世纪 70 和 80 年代以前，一直是投资理论的主流理论，在解释企业的投资行为方面起着十分重要的作用。

莫迪利亚尼—米勒模型以及其他的投资理论的最主要的结论是：企业的投资不受企业自身的净财富水平的约束，即企业投资没有流动性约束。在理论上，根据莫迪利亚尼—米勒模型的假定，企业的投资模型中不包含金融因素，因为，这里假定资金不构成对企业投资行为的影响。如在莫迪利亚尼—米勒模型中，融资方式对企业的投资价值没有影响，在新古典投资模型和托宾的 q 模型中，资金来源在外部和内部之间是可以替代的，即在这些理论中，企业投资所需的资金可以以市场利率借到无限的资金量。也就是说，在这些投资模型中，金融因素可以剔除之外。在经验研究上，相应的投资方程中也没有金融变量。①

第二节　融资约束的主要观点：文献述评

资本投资的新古典理论认为，在决定投资的过程中，资本成本变动是决定投资需求的关键，一些著名学者，如豪尔（Hall）和乔根森（1967）、艾斯纳（Eisner）和 Nadiri（1968）、Bischoff（1971）、Clark（1979），以及莫迪利亚尼—米勒定理（M-M 定理）等，他们的理论基本上假定，只要企业决定投资，他们可以从市场中可以获得到投资需要的任何资金，这就是说，投资问题就是确定投资价值和投资的资本成本问题，而融资是独立于投资决定之外的。

与上述这些学者的观点不同，一些学者如 Meyer 和 Kuh（1957）

---

① 以上公式推导出自于 Robert Lensink，Hong Bo and Elmer Sterken，“Investment，Capital Market Imperfections，and Unertainty.” Edward Elgar Cheltenham，UK. Northampton，MA，USA，(2001)。

提出了企业投资的外部融资问题。[①] 也就是说，如果企业不是在一个真空一样的环境中，现实的融资环境可能对企业投资的资金供给产生影响，这就是所谓的融资约束问题。融资约束的基本理论命题是，由于信贷配给，企业投资所需要的资金从外部获得就会受到限制，那么，企业的流动性以及内部的现金流，就可能成为其投资需求多少能够实现的关键因素。这样，投资需求对企业内部产生的现金流比率越高，则信贷配给对企业投资的影响就越大。[②]

Fazzari、Hubbard 和 Petersen（1988）重点研究了企业资本投资与内部现金流的关系，在理论界称为 F-H-P 研究。他们的投资方程中，有一个用来解释投资的一个变量——流动性变量，其方程如下：

$$I_{i,t}/K_{i,t-1} = F[X_{i,t}] + G[LIQ_{i,t}] + u_{i,t}$$

式中，左边 $I_{i,t}/K_{i,t-1}$ 表示公司 i 在时间 t 时的投资支出率，$F[\cdot]$ 和 $G[\cdot]$ 为函数的增加值。$X_{i,t}$ 用托宾的 q 值来表示；$LIQ_{i,t}$ 使用现金流量与资本存量的比率表示，则可以建立下列的估计方程：

$$I_{i,t}/K_{i,t-1} = \alpha_i + \beta Q_{i,t} + \gamma CF_{i,t}/K_{i,t-1} + u_{i,t}$$

式中，$u_{i,t}$、β 和 γ 为被估计的参数，但存在参差相关的情况。

---

① 其实，Tinbergen（1939）就有计量方面的检验。在他的投资方程中，流动性被认为是一个决定投资的重要变量，而且统计检验的结果显示出这一变量对投资行为的解释作用。但这种早期的计量方面的研究，包括 Meyer 和 Kuh（1957）的研究（主要是实证研究），因为在理论上没有充分的论证，结果被 M-M 定义的位置所取缔。只有到了信息非对称理论和委托代理理论的交易成本学说的出现，才使这种情况出现了不同的变化，现金流敏感学说终于有了理论基础，但最近的理论发展多是从实证方面的对这一假说的重新思考。

② 由于资本市场的资金供给与资金需要之间是不对等的，所以企业的投资需求会因为资金的来源为题而受到影响。显然，这里的企业投资需求是指整个企业的资本投资需求，而不是单个企业的投资需求。另外，由于投资的资金的来源受到影响，所以企业的自身的资金来源就是关键的决定投资的因素，而不同企业的自有资金可能存在差异，所以一方面是总的企业投资需求因为资金的供给影响了总的投资；另一方面，企业的自身现金流水平不同，即对外在资金的依赖成本不同，则融资来源约束是结构性的——对一部分企业的投资产生影响。鉴于资本供给的有限性约束，这种供给性约束除了上述的市场性原因之外，作者认为，资金的供给性约束也可能来自制度性约束，如资本市场的制度性原因，社会上的资金无法从所有者的手中有效地转移到企业中去。

F-H-P 的研究是对传统的新古典投资理论，尤其是 q 理论的拓展，因为在他们看来，由于资本市场是非完全的，所以股票市场和信贷市场实际上表现出信贷配给的特点。他们通过运用大量的企业的实际数据，进行了实证方面的研究，主要是观察了企业投资行为对企业流动性的敏感程度。他们使用制造企业的数据研究发现，某些企业的投资支出对自身的现金流表现出“过度敏感性”。即使这是企业出现便利的投资条件，比如降低市场利率，或者市场价格的有利变化等，这些企业的投资与这些企业的内部现金流高度相关。这就表明，企业的融资环境是非完全的市场条件，实际的企业可能因为这个资本市场非完全性，使投资可能发生中断。

F-H-P 的研究认为，那些因为外部融资受到阻碍的企业是那些将绝大部分收益留存下来的企业，这类企业的收益很少被分配掉。这样一来，收益留存情况就是决定投资的一个重要变量，不过 F-H-P 研究也发现，这些企业虽然可能存在外部融资问题，但这些企业也有自己的特点，如成长性，规模较小，以及盈利性强等特点。

另外，F-H-P 研究的企业样本普遍规模都比较大，而美国的大部分企业可能与这些样本企业的情况相距较大，所以，大部分企业可能会受到融资约束的影响。同时，还须注意，F-H-P 研究的企业资产占了美国制造的主体，所以小企业的融资约束结论尽管是强的，但这些企业在整体上可能不构成对整个主体市场的影响，因此，结论的实证意义还值得怀疑。当然，即使是假定大型企业也存在一定的信贷配给，这些也可以通过其他形式的融资方式来满足资金需求。不过在实践上还存在进一步的查证。

F-H-P 研究一定程度上具有开创性，之后出现了大量的类似研究。但 F-H-P 的文章也受到了不同观点的挑战，如 Kaplan 和 Zingales（1997）研究表明，投资支出与现金流的敏感理论假设并不正确。通过进一步的研究，他们发现，那些存在较少现金流约束的公司，反而有很强的敏感，比那些存在融资约束的企业有更强的净现金流敏感。Kaplan 和 Zingales 认为，F-H-P 研究的缺陷之一是研究中对公司分类可能存在问题，所以，以这种错误分类为基础的融资约束结论也是不正确的。Kaplan 和 Zingales 的分类方法是这样的：除了实际的一些数据之外，还应加上一些非数量指标，如公众信息和管理层特点。他们在考虑这些因素的基础上，重新对上述的 F-H-P 使用的估计方程进行估计，结果显示，结论与 F-H-P 的结论相反，即投资与现金流敏感度变量，对于存在融资约束性公司而言，其影响要小，而对于非约束性公司则要大。

Schiantarelli（1995）、Hubbaid（1998），F-H-P（2000）又针对 Kaplan 和 Zingales 的方法进行反驳。他们声称，Kaplan 和 Zingales 使用的额外信息有一些主观性，并且约束性公司的样本过小，因而推论是不正确的。Kaplan 和 Zingales（2000）年又提出反驳意见。

针对检验方法的这一问题，Cleary（1999）则使用了另一种方法——判别式分析。Cleary 公司分类的标准是：以公司的红利增长情况来分类。这样，他将公司分为三类：融资约束性的公司；部分融资约束的公司和非融资约束性的。Cleary 估计的结果显示（使用最小二乘法），基本上支持了 Kaplan 和 Zingales 的结论。

Chirinko 和 Kalckreuth（2002）则沿着 Kaplan、Zingales 以及 Cleary 的思路，即使用判别式的方法，估计的结果与这三人的结论不同，其结论基本上支持了 F-H-P 的结论。产生这种差异的原因可能在于以下方面：首先，Chirinko 和 Kalckreuth 使用公司的信誉度来代替红利支付作为判别式变量。公司的信誉度在公司之间存在一定的差异，而且，公司信誉度指标不是随意的主观结果，可以从具有权威性的银行评级机构获得这一信息，所以，这一指标的可靠度是不容怀疑的。而且，公司信誉度与公司的融资约束情况在实践中，联系应该是紧密的，所以，这一方法的度量结果的说服力应该更强一些。因为红利指标之所以受到多方的批评，是在于这一指标没有将有关的信息包含进去，如投资者税收的影响（Allen，Bernardo 和 Welch，2000），公司的完备水平或者成熟程度（Grullon，Michaely，Swaminathan，2002），或者公司治理情况（Easterbrook，1984）。另外，可能来自于计量方面的问题。

Goergen 和 Renneboog（2000）提出，对于大多数企业来说，外部融资和内部融资之间存在成本上的差异，外部融资成本要大于内部融资成本。同 Goergen 和 Renneboog 认为，由于利润获得是循环性的，存在流动性约束的企业，其投资支出对经济活动的波动更为敏感。①

我们认为，投资活动是一个十分复杂的问题，如果就从融资对企业投资决定的影响角度，将投资决定与融资约束的关系进行一般概括是必要的，但关键是投资的决定的复杂性，简单地将两者的关系概括为净现金流约束是不合适，即使说净现金流约束是正确的，但也要看这种约束的条件和方式。从一般理论的角度，我们需要解决所有企业投资行为与融资约束的关系，又要解决不同情况企业的投资行为可能的具有的特点。问题是从一般的角度，目前探讨的结果也还是结构问题，而不是一般问题。如不同企业对净现金流的反映不同，它本身体现了结构性，而不是一般性。

我们在分析投资的收益的时候，应该注意这个投资收益是指单独的投资项目，还是相互独立的但又与其他项目相互联系的项目？如果是单独的一个项目投资，则应该考虑这个项目的收益就可以，但如果是相互联系的投资项目，企业在这个项目完成之后，还要考虑下一个项目，则投资的收益可能是要考虑所有项目的总的期望收益，而不是仅仅考虑当前这个项目。在考虑投资的收益的时候，还可能因为企业投资的连续进行的特点，企业今天的投资会成为明天投资环境的历史，而今天投资成功如何，可能会对企业的下一步投资的融资条件造成影响，假定企业的净现金流是前面投资产生的结

---

① Marc Goergen and Luc Renneboog, "Investment Policy, Internal Financing and Ownership Concertration in the UK." *Center for Economic Research*, No. 116 (2000).

果，所以，企业今天的投资本身是一个期权，即注意投资风险带来的借贷风险，这个风险会严重影响企业今后的投资，假定今天的投资与明天的投资高度相关更是如此。

第三节 融资约束程度的理论基础

一、融资约束的程度和差异

理论上虽然回答了金融因素对企业投资的影响作用，而且实证研究也显示了金融因素对投资行为的解释作用，但并没有完全回答这种影响的方式和程度。现实中，由于信息的原因以及企业之间的差异性，相同的金融体制和环境本质上对不同企业而言可能存在明显的差异，即存在金融变量对不同企业投资的影响不同，主要是影响程度不同。按照现有理论，企业的投资决策发生的条件，大体上可以分为两个方面：一是投资机会；二是为投资机会融资。一般情况下，我们可以假定企业投资行为的发生先决条件是企业已经获取了某种投资机会，然后企业设法为投资机会进行融资，所以，融资是为投资服务的，服从于企业投资的内在要求，也就是说，融资是企业投资行为的一个必要条件。在融资以一定的成本无限获取的假定条件下，融资本身就不会构成对企业投资的影响，如果融资存在成本差异，或者即使在较高成本位置上也不能保证融资条件的满足，融资就成为企业投资行为实现的严重约束。这种假定条件上的差异就是传统投资理论与现代投资理论的分水岭。金融变量对企业投资决策的影响本质上是通过融资这个必要条件实现的。

融资对企业投资的影响不是同一的：首先是不同企业获取融资资源的成本是不同的；其次是不同企业能否获取融资资源（融资条件的满足本身可以看作是一种资源，这里，我们称之为融资资源）的机会不同。一般认为，大企业、信誉较好的企业、与信贷资源提供者（如银行）存在所谓客户关系的企业，以及受到政府偏爱的企业等，可能在获取融资资源的成本或者机会上具有优势，而小型企业或者没有上述有利条件的企业，其投资行为受到融资因素影响的程度大。

现有的文献没有专门的融资约束定义，现有的研究多从外部融资环境对企业投资的影响角度，分析所谓的融资约束问题，所以，一般融资约束是指外部融资资源条件受限的情况，本书认为，融资约束是企业投资的必要条件之一——融资无法正确满足的状况。这样一来，融资约束程度就是指外部融资对投资限制的程度。①

二、融资环境和融资条件的内涵

融资作为企业投资的必要条件，是借助所谓的融资环境和条件来实现的。上述分析表明，金融与企业投资的关系表现为融资与投资的关系，所以，分析融资与企业投资的关系，必须分析金融体制和政策与企业投资行为的关系。融资环境和条件包括以下几层含义。

第一，融资制度的整体水平。如融资工具的发达程度，融资方式的多元化特点，以及融资市场化水平等。融资制度的水平对融资实现效率具有重要的影响作用，因为现代化的金融体制是保证融资资源输送到企业中的基础，不仅总量上有利于企业投资，而且结构上满足不同企业的不同层次的融资要求。从这个意义上，融资制度是发生融资约束，融资约束程度过高的原因之一。

第二，融资资源的市场手段和计划配置手段具有完全不同特点。计划体制下，融资资源的配置具有明显的政府行为特色，即使在转型时期，这一资源配置也很大程度上受政府决策的影响。

第三，市场经济条件下的融资资源配置服从竞争原则，融资资源的配置是主体行为的理性决策行为的结果。由于企业投资决策本

① 之所以要强调外部融资，这是因为若企业有足够的内部资金，企业的投资完全可以借助自有资金来满足，则外部融资条件限制的情况就不会发生。

身具有风险，且在不同企业之间存在差异，如果在融资资源提供者规避风险的假定前提下，则企业投资风险上的差异就会影响融资资源的配置，即融资资源的配置在企业之间是非均等的。但仅有这个条件尚不足于促使融资约束的发生，只有当信息非对称性强化了上述的非均等程度，使一部分企业的正常投资行为受到限制时，融资约束的负面经济效应就会出现。

显然，融资约束的负面影响表现两种形式：一种是整体意义上的融资对投资的影响和抑制；另一种是对部分企业正常投资行为的限制。从另一个角度，不同的发展阶段和不同经济环境，发生融资约束的方式是不同的。这里，我们侧重于市场经济背景下的融资约束现象研究，不关注融资约束的具体形式，而是将分析的重点集中到对通常研究方法的质疑。

三、两种观点的争论

国内外关于融资约束程度的研究多是实证性的。现有的文献（主要是国外）使用了不同的方法，研究的结论普遍认为投资—现金流敏感度高低可以直接表示融资约束的程度。

F-H-P（1988）是第一个从事这一方面研究的学者。他们认为，由于企业内源资金融资的充足性、新增债务或权益筹资的可能性、或者相关信贷市场的功能特点，不同财务特点的企业获得外源融资的难易程度不同，从而导致企业间外源融资成本加成的差异。当成本加成较小时，盈余留存对企业投资作用不大，若企业内部现金流波动，企业可轻松利用外源融资平稳投资规模。而当成本加成较大时，企业将保留大部分盈余用于投资，此时，企业投资易受到内部现金流波动的影响。因此，投资对现金流量的敏感性就可以作为融资约束程度的度量。他们使用 421 家美国制造业企业（1970 ~ 1984）样本数据，证实了他们的假设——投资—现金流敏感性越高则融资约束越严重。

F-H-P（1988）之后出现了一系列的相关研究。Hoshi、Kashyap

和 Scharfstein（1991）主要从企业与银行是否存在长期关系角度分析融资约束程度。研究中他们考察了两组日本企业，一组企业与主办银行有紧密联系，主办银行为企业主要外部融资渠道，该组企业融资约束程度较轻；而另一组企业则与主办银行关系较为疏远，该组企业面临较为严峻的融资约束问题。研究结果表明，对于后一组企业，投资对现金流量的敏感程度高于前一组企业，由此也提供了投资—现金流敏感性与融资约束正向相关的证据。

Schaller（1993）研究了 212 家加拿大企业（1973 ~ 1986）的数据，研究结论为年轻的、独立的、股权分散的制造企业的投资对于现金流较为敏感，由此说明投资—现金流敏感性与融资约束正向相关。Chapman、Junor 和 Stegman（1996）使用 58 家澳大利亚样本企业（1974 ~ 1990）的数据，研究得出了投资—现金流敏感性与融资约束正向相关的结论。

目前为止，国内相关研究结论基本为投资—现金流敏感性与融资约束呈正向相关关系。国内的研究包括冯巍（1999）、何金耿、丁加华（2001）、魏锋、刘星（2004）等。冯巍（1999）借鉴 F-H-P（1988）的研究方法，使用沪深交易所上市的 135 家制造业公司（1995 ~ 1997）的数据，通过考察投资对现金流量的敏感性来检验融资约束的严重程度，结果表明每股股利低于 0.05 元的企业、非国家重点和没有主办银行的企业的投资—现金流敏感性显著高于其他企业，从而得出现金流量影响存在严重融资约束的企业投资行为的结论。何金耿、丁加华（2001）利用沪市上市公司（1999 ~ 2000）的数据，采用 Vogit（1993）的方法，以股息发放率作为分组标准，得到了股息发放率越低、投资对现金流量的依赖程度越高的证据。魏锋、刘星（2004）为了研究融资约束、不确定性对公司投资行为的影响，利用我国制造业上市公司（1998 ~ 2002）的数据，使用股利支付率、多元判别分析值和公司规模等分组标准，考察各个组别企业投资对现金流量的敏感性。研究结论为我国上市公司存在融资约束问题，融资约束与公司投资—现金流敏感性之间存在显著正相关关系。

可以看出，从 F-H-P（1988）开始，使用投资—现金流敏感性作为融资约束程度代理的方法似乎成了惯例，也产生了一系列支持性的经验证据，但研究者对该方法却并未进行理论论证，这值得反思。Kaplan 和 Zingales（1997）是第一篇对此进行反思的文献，Kaplan 和 Zingales（1997）首先通过建立理论模型，模型推理的结果显示，投资—现金流敏感性与融资约束之间并必然呈现出正的相关关系。他们又对 F-H-P（1988）研究中作为严重融资约束组的 49 家低股利企业进行了更加深入的研究，结果表明较高的投资—现金流敏感性并不必然意味着存在较高的融资约束，相反，较高投资—现金流敏感性的企业融资约束程度较低。他们认为原因在于经理在投资时会尽量使用内源融资，即使当外部资本市场存在低成本资金时也是如此。

Cleary（1999）紧跟 Kaplan 和 Zingales（1997）的研究，采用与融资约束直接联系的财务变量所计算的多元判别系数作为区分企业融资约束程度的标准，研究结论认为企业投资与财务因素直接相关，较高信用价值（基于传统财务比率）的企业具有较高的投资—现金流量敏感性，而较低信用价值企业的相应敏感性较低。Cleary（1999）的研究支持了 Kaplan 和 Zingales（1997）的结论。

可见，关于投资—现金流敏感性与融资约束之间关系的经验证据是混合的，但似乎持肯定态度的占主体。本书人为，实证研究结论具有较大变数，原因是多方面的：如基于不同假设基础上的不同投资模型设定；使用了不同的检验方法；对不同变量的理解差异以及使用不同的替代形式。实证研究的结论也受特定的经济背景和环境的影响。因而，投资—现金流敏感性表示融资约束程度大小的结论一般性不足，缺乏完全肯定的一致性结论。我们认为，作为对融资环境和融资条件对投资影响研究，需要一般性的理论推论。

四、融资约束程度的理论基础缺乏

本书认为上述文献至少存在以下三方面的不足。

第一，影响企业融资方式的因素是多方面的。上述各种研究基本出发点是正确的，即外部融资与内部融资存在成本差异，外部融资受限制的情况可通过企业依赖于自身现金流程度来表示，因而，融资约束程度与外部融资成本高低一致，当融资成本成为影响企业投资决策的重要条件时，内部现金流水平就成为企业投资能否进行的决定因素。可以看出，F-H-P（1988）的推论是建立在“成本加成”的差异性假定上的。成本加成的差异决定于企业获取外源性融资的便利性（企业越容易获取外部融资源，融资成本的加成比例就越低，相反，企业的融资成本加成的比例就越大）。而成本加成的差异又决定了企业投资对自身现金流的依赖程度。F-H-P（1988）的推论基本上反映了信息非对称性对企业融资的影响，但对成本加成的解释理由并不充分，因为，信息的非对称性是可以改善的，如银行与企业的长期关系就有利于银行掌握企业的信息。

第二，上述研究还忽略了另外一些决定融资约束的因素，如在代理问题比较严重的情况下，企业的现金流过剩本身就会引起投资冲动。在这样的情况，企业投资行为通过内部融资并不能表明对内部现金流的依赖，也不能说明这类企业存在严重的融资约束——因为外部融资成本或者资本市场对企业融资限制，被迫借助内部融资形式的情况。另外，按照现有的思路，外部融资资源的提供，与资金提供者和企业之间的信息非对称性高度相关，因为在资金提供者考虑风险的假定前提下，资金提供者（如银行或者其他形式的投资者）对企业的风险评价相对悲观，从而普遍抑制了企业的融资需求。但现实中可以通过制度和政策，以及长期的交易关系使非对称信息状况得以改善，如银行与企业之间的长期客户关系，健全的信息披露制度，企业治理结构的合理和健全，有序的产业竞争，以及稳定的经济环境等。这些因素都会影响到所谓融资成本加成比例，以及成本加成基础上的企业投资对内部现金流的依赖。

第三，融资约束程度与投资—现金流敏感性之间缺乏一致性的理论基础。Kaplan 和 Zingales（1997）认为，F-H-P（1988）所认定的投资—现金流敏感性随融资约束单调递增的关系理论根据不足。本书拟在 Kaplan 和 Zingales（1997）研究的基础上，进一步研究融资约束与投资—现金流敏感性的关系。

五、理论模型

理论模型为一期模型。假设企业投资为 I，企业投资的产出函数为 $Q(I)$，且 $Q'(I)>0$，$Q''(I)<0$。投资所需资金有两种来源：内源融资（W）和外源融资（E），两种来源可以互相替代，即 $I=W+E$。因此，与投资相应的融资成本由两部分构成，即内源融资成本和外源融资成本，两种成本相应的成本函数为 $C_1(W)$，$C_2(E)$，假定 $C_1'(W)>0$，$C_1''(W)>0$，$C_2'(E)>0$，$C_2''(E)>0$。设 K 是由于信息不对称、代理问题等原因所造成内、外源融资成本的差异部分，I、W 分别为 K 的函数，则 I 也是 W 的函数。首先，假定 $I'(K)=0$，$W'(K)>0$，则 $E'(K)<0$。企业投资的收益可以表示为：

$$P(I)=Q(I)-C_1(W)-C_2(I-W) \tag{3-1}$$

故企业获得最佳投资收益的决策可以转化为求 $\max\{P(I)\}$，即：$\max\{Q(I)-C_1(W)-C_2(I-W)\}$。（3-1）式对 I 求偏导数，得：

$$Q'[I(W)]=C_2'[I(W)-W] \tag{3-2}$$

即当企业选择满足（3-2）式的投资水平 I^* 时，企业获得最佳投资收益。（3-2）对 W 求导数，得：$Q''\cdot\frac{dI}{dW}=C_2''\left[\frac{dI}{dW}-1\right]$，有如下式：

$$\frac{dI}{dW}=\frac{C_2''}{C_2''-Q''} \tag{3-3}$$

由于 $C_2''>0$，$Q''<0$，可知（3-3）式大于零。这说明企业的投资随着内源资金增加而增加。如果企业的内源性资金来源表现为

现金流，则投资对现金流量具有敏感性，若按照 F-H-P（1988）的定义，所有企业都存在融资约束。

为了考察投资—现金流敏感性随企业融资约束程度变化而变化的情况，利用（3-3）式对 K 求导数，注意到 $I'(K)=0$，则 I 为常数，于是得：

$$\frac{d(dI/dW)}{dK}=\frac{d(dI/dW)}{dW}\cdot\frac{dW}{dK}=\frac{C_2'''Q''}{(C_2''-Q'')^2}\cdot\frac{dW}{dK}$$

即有如下式：

$$\frac{d(dI/dW)}{dK}=\frac{C_2'''Q''}{(C_2''-Q'')^2}\cdot W'(K) \tag{3-4}$$

由已知条件可知，（3-4）式正负号随着 C_2''' 的正负情况而定。但是投资成本函数可以有多种形式，所以正负号不能确定。因此，当由于信息不对称、代理问题等原因造成内、外源融资成本的差异部分发生变化时，也即融资约束程度变化时，投资—现金流敏感性并不必然随着融资约束严重而单调增加。投资—现金流敏感性的变化情况因企业特点不同而异，即受到企业具体投资成本函数的影响。

以上（3-4）式是在假定 $I'(K)=0$ 的情况下得出的结论，现放宽该假定使模型更加接近现实，假定 $I'(K)<0$，即企业投资随着融资约束程度的增加而减少。在此假定下，仍然可以得出 $E'(K)<0$ 的推论。利用（3-3）式对 K 求导数，由下述公式：

$$\frac{d(dI/dW)}{dK}=\frac{\partial(dI/dW)}{\partial I}\cdot\frac{dI}{dK}+\frac{\partial(dI/dW)}{\partial W}\cdot\frac{dW}{dK}$$

求得等式（3-5）：

$$\frac{d(dI/dW)}{dK}=\frac{C_2''Q'''-C_2'''Q''}{(C_2''-Q'')^2}\frac{dI}{dK}+\frac{C_2'''Q''}{(C_2''-Q'')^2}\frac{dW}{dK} \tag{3-5}$$

由已知条件可知，（3-5）式正负随着成本函数 $C_2(I-W)$ 和产出函数 $Q(I)$ 的具体形式而定，而且，情况远比（3-4）式复杂，因为同时涉及投资成本函数和产出函数的具体特点。

模型的结论显示，投资—现金流敏感性与融资约束增加之间不存在单调递增的关系，这一结论与 Kaplan 和 Zingales（1997）研究的结论相同。

第四节　投资的两阶段法——融资约束的投资效应

一、关于借贷资金的使用成本

任何形式的借贷资金都要来源于所谓的最终资金的提供。如果我们不过分注意所谓资金的来源形式造成的资金特点的差异性（如借贷融资和股权融资的差异），则一般来说，资金的最终提供者应该是存款人提供的。资金的最终提供者—存款人对资金的基本要求决定了借贷资金的基本成本。下面我们就讨论一下存款资金的特点和要求。

从银行的角度，存款资金的基本特点是安全性。安全性意味着资金的借贷和使用，必须能够保证其偿还。虽然在实际的经济中，由于制度和政策问题，或者因为经济运行以及一些特殊的外来冲击，可能银行的资金使用并不能保证其安全，但总的来说，银行资金的基本要求是其安全性。

银行资金的提供者所要求的基本支付是资金（或者货币）的机会成本。因为，从理论上，西方经济学一直认为资金是稀缺的，正因为资金资源的稀缺性才使资金的使用必须以一定的成本为代价。资金是资本形成的基本资源，而资本是能够通过所谓的迂回的方式产生增加的财富能力，所以资金本身是必须要求回报的资源。在资本主义经济中，按照马克思的理论，资本或者资金（将货币转化为资本才能成为资本）的意义不仅仅是资本形成的基础，更重要的是特定社会性质的基础——剥削的社会基础。

银行的资金来源于存款，存款人对存款的要求决定了银行资金的特点，所以，银行需要对资金的归还必须考虑，一方面，由于信息非对称性的原因，银行要求资金的使用者必须提供较高的代理成本。除此之外，银行体系为了资金的安全，从政府的角度，不仅从政策上，尤其是在体制上为了保证银行资金的安全做出努力。除了政府的保证性措施之外，银行自身在经营的过程中也采取一些相对保险的政策和措施，如增加资金的直接使用成本——加息，但加息未必能够真正促进资金使用的安全性，在一定程度上——根据信息非对称理论——产生资金使用者的逆向选择的行为，可能反而加大了资金的非安全性。另一方面，主要的方式是通过抵押贷款的等非利息支付的条款。所以，对于资金的使用者——如企业的资金使用者要求的“成本”包括：一是直接的成本支付——利息支付；二是可能增加了资金使用的门槛。由于资金安全性的考虑，任何信贷资金必须有一定所谓的风险补偿，尤其是资金用于投资意义上的，所以安全性使企业的资金成本要大于所谓的均衡意义上的利息成本。[①] 增加借贷资金使用的门槛的意义更重要，因为这意味着企业在获得信贷资金时的相关条款的增加，这些条款使一部分企业，或者普遍的企业因为无法满足这些条款而失去借贷资金。所以，借贷资金市场可能是非均衡的特点——资金的需求要大于资金的供给，资金的提供者的行为决定需求的行为，尽管资金的需求者的行为会影响供给者的政策，但资金提供者的行为决定着资金的供给，以及资金的使用成本和相关要求，从而对企业的资金使用产生影响。

所以，银行资金的来源特点决定了银行资金的基本要求——保证资金的安全性，而安全性又进一步决定了银行的借贷行为的特点，这种特点就是借贷资金的较高使用成本，以及贷款的门槛约束，由此可能决定了资金市场的非均衡的特点。

---

① 所谓均衡意义上的利息，就是由资金的供给和需求共同作用决定的利息，而不是仅仅由资金使用者决定的利息。由于资金的提供者是银行，所以银行有决定利息的权利，但似乎银行的利息政策就是资金供求状态的体现，但就如我们分析的一样，鉴于银行资金的特点，加上信息的非对称性决定的代理成本问题，所以银行的利息政策，以及其他的贷款政策一定意义上不是资金供求信息的体现，反而是银行的单方面的行为。

二、资本市场完全下的资本成本

资本市场完全假定下的资本成本是一条水平线。在前面介绍的传统的投资模型时候，我们注意到一个非常明显的现象，即资本成本假定是一条直线。资本成本是一条直线表示资本的成本是相对不变的，如果说资本成本改变，则是整个资本市场供给和需求状况改变，或者说整个利率市场改变的结果，这就是说，对于所有企业，资本存量的变化并不能影响到资本成本，这种关系可以用图 3－1 表示。

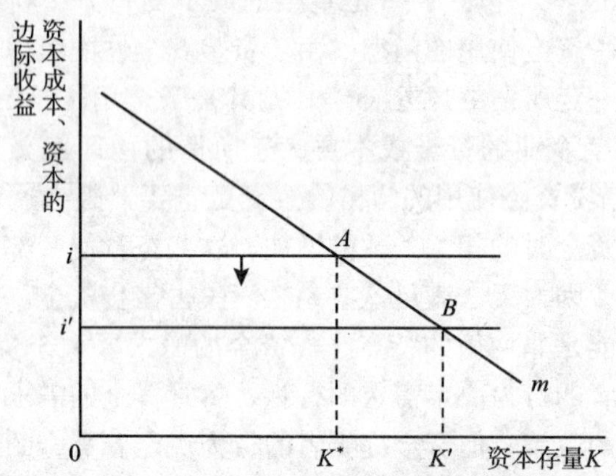

图 3－1　水平条件下的资本成本与投资改变

图 3－1 显示，在资本的边际收益水平一定的情况下，不同的资本成本会导致不同的资本存量。如图中显示的资本成本线由 i 下降到 i'，表示资本成本水平的下降，所以，在资本的边际收益一定的情况下（倾斜线 m 一定，m 一定包括斜线的斜率和位置），资本存量相应增加，如图中的资本存量由 K^* 提高到 K'。这就是传统投资模型的对投资行为的基本解释——企业投资需求的解释，即投资需求主要由资本成本的变化（或者提高，或者降

低，提高将抑制企业的投资需求，降低则增加企业的投资需求）来决定的。

资本成本的水平线特点表明了资本成本仍然是一个黑箱。如果假定资本成本线为一条水平线，即意味着企业投资决定的资本成本是一个相对不变的前提，企业的投资决定是在投资的实际收益状况与相对不变的资本成本的比较过程。这种资本成本不变的观点是基于资本市场完全性的假定，是假定资本成本也是如一般商品市场一样，利率可以是供求状况的体现。然而，资本市场的完全性假定是不能与现实情况相符的。

三、非完全市场下的资本供给特点和实现的资本需求

现在我们分析资本市场非完全下的资金供给特点和需求特点。资本市场非完全，意味着利率不能使资本市场的供给与需求相等，市场上确定的利率不是供给与需求相等的利率，为什么存在这样的情况，主要的原因是资金的借贷与偿还存在不一致性，而这种不一致性主要的原因是投资的真实风险造成的违约风险，而投资的真实风险之所以能够使资金的借贷者也发生风险，则是因为资金的提供者和使用者的利益非完全一致性，以及信息的非对称性。但最根本的原因是资金的提供者由于信息非对称性。资金的提供者因为没有关于投资的充分信息，加上它们不能对项目的直接干预，[①] 所以，资金的提供者只好索取比完全竞争条件下的均衡利率高的利率。如果是均衡市场的利率，则资本市场的供给和需求可以用图 3－2 表现如下。[②]

① 这也说明了为什么在实践中，银行贷款的同时往往要实施一定的所谓的银行直接干预，因为这能够在一定程度上发现项目的风险和价值等信息。这也说明消除贷款者的顾虑，需要一定非价格的行为和政策作为补充措施。

② 注意，我们这里假定企业的投资需求就是所有的资金需求，不考虑消费者的消费对借贷资金的需要，因为这是分析上的方便。

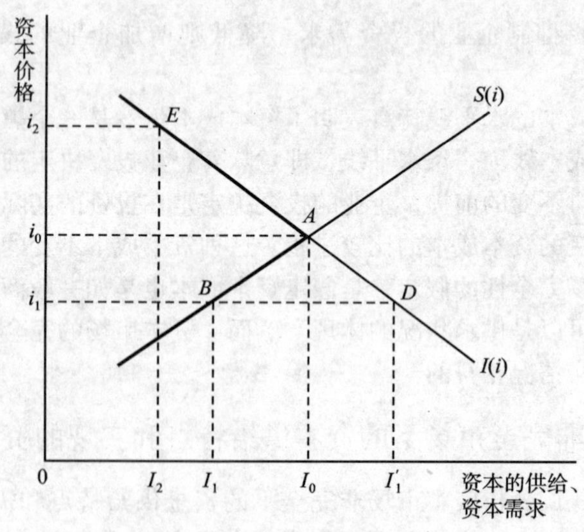

图 3－2　资本供给曲线的可能状态

图 3－2 中的黑线部分表示资本市场能够实现的资本供给量和需求量。从图 3－2 我们可以看出，均衡利率水平时，投资的资金需求等于市场的资金供给，但实际的利率要么高于均衡利率要么低于均衡利率，在高于或者低于均衡利率时，资金的供给决定了实现的市场需求。如在利率 i_1 时，资金的需求要大于供给，尽管企业的投资需求十分充分，但由于资金的提供者考虑投资的风险，以及企业投资资金的违约记录，所以，即使企业有合适的投资机会，在资金的借贷者看来还是充满了风险，所以倾向于不借出资金。这就是融资约束的结果，因为，在低利率的条件下，可能产生逆向选择的问题。这样，本来资本市场完全条件下的资金需求应该定在 I'_1，但实际的投资需求为 I_1，而 I_1 要小于理论上的投资量 I'_1。但由于融资约束，结果资本在较低利率的条件下，资金的提供者或许认为应该提高利率，因为从理论上和实践上，提高利率都是需要的，如果利率增加到 i_2，则因为大于企业认可的资本成本，所以，资金需

求下降，企业的实际投资需求为 I_2，可能远小于理论上的均衡利率，均衡利率处于 i_0 位置（这时，企业的投资需求可以有增加的空间，因为，企业的资金需求没有超过银行认为的合理程度，所谓合理的成本，就是银行原因最终提供的实际资金数量，而不是均衡利率决定下的资本供给量）。

对于资金提供者如银行，它们在确定利率的时候（假定银行具有确定市场利率的权利），并不是简单地认为高利率就是有利的，或者低利率就是有利的。银行要在扩大资金需求的同时也考虑借贷出去资金的风险，在提高利率的时候，虽然可能会增加银行的收入，但将会失去大量的客户和违约造成的直接损失。总之，资金的提供者不仅要考虑表面意义上的收益，还要考虑可能的违约风险，是综合考虑因素的总收益。①

正因为银行等资金提供者有这样的考虑才使资金市场出现上述情况——资金市场的供求是不充分的，存在严重的供给不平衡状况。产生资金市场供给的不均衡的原因既有供给的原因，也有资金的需求方面的原因。虽然利率的上升以及资金的定量供应直接原因是银行贷出的动机和行为，但资金的需求方则是产生这一情况的另一重要原因，因为资金的使用方的违约记录使银行的贷款行为出现了约束性的特点。

从资金市场的非完全的特点看，资金的供给和需求的矛盾应该

① 关于银行的信贷配给分析，可以参考德怀特·贾菲、约瑟夫·斯蒂格利茨：《信贷配给》，《经济学手册》（［美］K. J. 阿罗、［美］M. D. 英特里盖特主编），经济科学出版社 2000 年版，第 834 ~ 885 页。

从银行实际采取的利率政策的基本出发点，我们可以看出，政府的利率政策将会因为银行的自身考虑，使投资政策的最初目标发生很大的变化。如降低利率——其目的是增加投资，但由于银行的贷款约束行为，使在中央银行的利率政策引导下，以及银行没有降低利率的动机，因为降低利率政策只是减少了银行的资金的一定成本，但银行还必须考虑借出去的资金的风险，考虑的结果使资金的供给并没有因为基准利率的降低而降低商业银行的利率，或者因为实行信贷配给使实际的资金供给减少。由此我们可以看出，投资政策——传统的投资政策——利率工具的有限性，同时说明了我们在考虑投资政策时必须充分考虑融资约束，考虑融资约束的制度基础，分析制度因素对投资的融资约束的影响作用。

（至少从本书的角度看是这样的）是一种制度现象。是所有权和经营权的分离，是代理成本和信息的非对称性的结果。但金融体制的出现，以及金融中介的出现是提高社会分工的需要，这就说明了提高效率的制度因素可能最终必然导致资金供给上的约束，使投资减少，反过来影响了投资，降低了效率。

融资约束的结果是资金的提供者在考虑风险的前提下的行为现象，这种行为现象的直接和间接原因来自于：一是市场方面的原因；二是体制上和政策上的原因。从市场的角度，因为资金的提供者与企业（资金的使用者）关于投资的真实信息的差异，资金的提供者的政策和行为影响了企业的投资行为，① 这可以称之为完善制度下的融资约束现象。从制度缺陷的角度（如由传统的计划经济向市场经济的转型的过程中，往往存在所谓的制度缺陷的问题）。由于制度本身的问题，融资约束可能会有自身的特殊性。

四、融资约束下的资本成本以及投资效应

1998 年 Hubbard 提出，由于信息非对称性，贷款者和借贷者在信息上是非对称的，这样就产生了相应的代理成本问题，斯蒂格利茨认为，信息非对称性也会产生资金使用的道德风险和逆向选择问题。

非对称信息及其对投资理论相应的影响表明：企业投资的资金来源在内部和外部之间，存在融资成本上的差异。如果企业通过外部融资，则因为信息非对称，企业对投资项目的有关细节有比较清

① 本书将融资约束分为制度完善下的融资约束和制度完善下的融资约束，一般理论讨论的是制度完善下的融资约束，而制度非完善下的融资约束讨论的较少，即使是讨论制度非完善的融资约束也是检验性的研究，没有关于理论意义上的分析。所以融资约束研究的进一步发展，除了在实证意义上的分析之外，还应包括对制度缺陷下的融资约束的理论探讨。另外，这里注意资本市场的非完全与制度缺陷的区别，资本市场的非完全是指在制度相对完善的前提下的资本市场特点，而制度缺陷下的融资约束是制度缺陷的资本市场的融资约束现象，由于资本市场也是体制的一部分，所以制度的特点可能决定和影响市场的特点。

楚的了解，而贷款者对项目的有关信息不清楚，所以，为了安全上的考虑，贷款者要求在正常的利率的基础上加上一个风险补偿。[①]假如，我们定义 i 为市场均衡利率（无风险利率），n 为银行或者其他形式的贷款者索取的风险补偿率，则实际的贷款成本为：

$$C = i + n \tag{3-6}$$

显然，由于信息的非对称导致的代理问题，贷款者索取的实际的利率 C 要大于在没有非对称信息条件下的利率成本。[②] 这就是说，由于资本市场的非完全性问题，企业所需的资金来源，从外部获得的成本要高于通过企业自身的现金流获得的成本。因而，所有的传统的投资理论假定投资的成本等于借贷市场的均衡利率水平——无风险利率是不准确的，至少是小于现实条件下的银行索取的“利率”。所以，同样是投资的资本成本，现实的资本成本要高于传统理论所定义的资本成本。这种低估的成本因素正是金融因素——资本市场的非完全性导致的投资成本被低估了。

由于外部融资的成本要高于内部融资的成本，所以，在同样的条件下，企业总是偏爱（或者被迫）使用自身现金流作为投资的资金来源。[③] 这样一来，企业自身的现金流状况必然构成对企业投资行为的影响。假定借贷资金的风险随着借贷数量的增加而提高，所以，借贷资金的成本可能是随着借贷数量的增加而增加。资本成本的这种变化，以及对投资的影响可以用图 3－3 来表示。

---

① 这里暂且不考虑实际的融资形式，如股票融资形式和债务融资形式的具体差异。

② 注意，这种信息非对称性，不仅使企业的融资成本可能上升，而且，可能直接将企业的贷款要求中断，实际中确实存在这样的情况，所以融资的成本效应包括两个方面。

③ 企业决定采取内源性资金作为投资的融资方式，可能的原因包括：外源性资金的较高成本；对企业的价值评价的负面影响，如有些理论认为，通过股票融资表明企业的现金流水平，这实际上是向外界披露有关企业经营状况不好的信息；即使企业希望通过外部条件来获得企业投资的资金，但仍无法达到这样的目的，所以最终企业选择内部融资的方式。

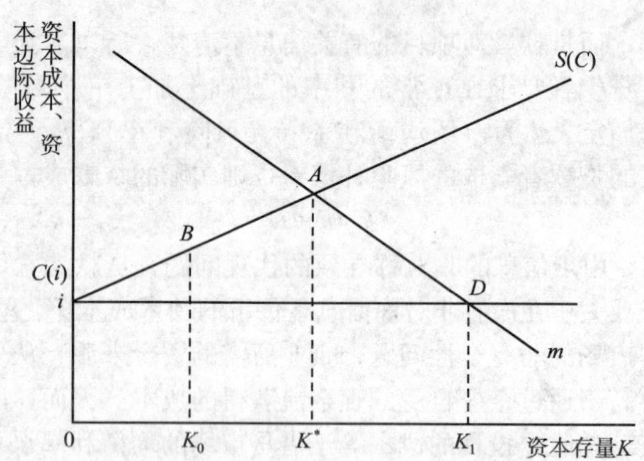

图 3 –3　非水平的资本成本线与投资水平

图 3 –3 中，水平线表示资本市场完全条件下的资本成本线，倾斜的 $C(i)$ 线为借贷资金存在风险因素的资本成本线。显然，资本市场非完全情况下的资本成本，要高于没有资本市场非完全的情况下的资本成本。曲线倾斜的特点体现了资本成本与资本存量增加一致。这是由于借贷者对投资实际风险和价值的信息非对称性，由此产生高昂的代理成本，这种代理成本随着企业的净财富值的增加而减少，因为企业的净财富值具有企业价值的信息披露作用。图 3 –3 中，m 线为资本的边际收益线（或者投资的净收益线），资本的边际收益线与资本边际成本线相交的点，就是企业实际实行的合意资本存量，从图中我们可以看出，合意资本存量因为资本成本增加而减少。

图 3 –3 中的资本成本线 $C(i)$ 是逐步向上的一条线，表明资本成本随着资本存量的增加而增加，所以从整体上因为资本成本的增加，使总的投资需求减少了。这说明，融资约束首先具有资本成本的影响作用——资本成本上升引起的资本存量的减少。图中的 K^* 为资本边际收益 m 与资本的边际成本 $C(i)$ 的交点，这一点也是企业投资决定的临界点，是现有资本成本和资本的边际收益水平

下的最大合意资本存量。显然，由于融资约束的成本效应，实际的合意资本存量要小于没有融资约束下的合意资本存量，图中变现为 $K^* < K_1$，其中 K_1 为没有融资约束下的企业合意资本存量。这样，从资本市场的供给与需求的角度，因为受企业的净现金流水平的影响，企业实际要支付的资本成本随着借贷数量的上升而上升，因此，总的资本需求有一部分无法得到满足，即总的资本供给要大于总的资本需求。

资本成本线的倾斜程度受企业的净现金流水平的影响。如果企业投资的全部资金使用企业自身的净现金流，则投资所需的资金成本表现为资金市场的利率一机会成本。但如果投资的资金来源主要依靠市场借贷，则资金市场的要求的利率不是一个确定的量，可能要依赖于企业的净现金流水平，净现金流越高，则投资的资本成本越低，相反，如果企业的净现金流的水平越低，则投资的资本成本就越高。①

现在，我们假设 i 企业的净财富为 V_i，如果，银行借贷资金的利率依据企业的净财富水平而定，则资金成本的一利率的函数表现为：

$$C(i) = f(V_i) \tag{3-7}$$

这就是说，企业的净财富在不同企业之间的表现，如企业 i 与企业 j 的各自净财富值不同，其中，$V_i > V_j$，则 $C(V_i) < C(V_j)$。显然，银行索取的利率依据企业的净财富值的不同而不同，利率将随企业的净财富值的变化呈反向的关系。下面我们将上述的代数式用几何图形（图 3-4）描述出来。

---

① 假定企业的资金获得的成本就是企业向市场租借，所以资金市场的资金利率水平就是资本成本。但在不同条件下的借贷利率是不同的，如不同企业的净现金流水平不同，则借贷资金的利率可能不同。这里，我们是一种理论上的探讨，与企业的实际投资还不完全相同。而对于企业的实际投资来说，投资过程可能为一系列的投资决策过程，即现在投资的结果可能影响下一步的投资决定，因为，今天的投资之后，还有下一步的投资计划和行为，所以企业投资可能是相互联系的系列投资，而不是一个具体的投资。

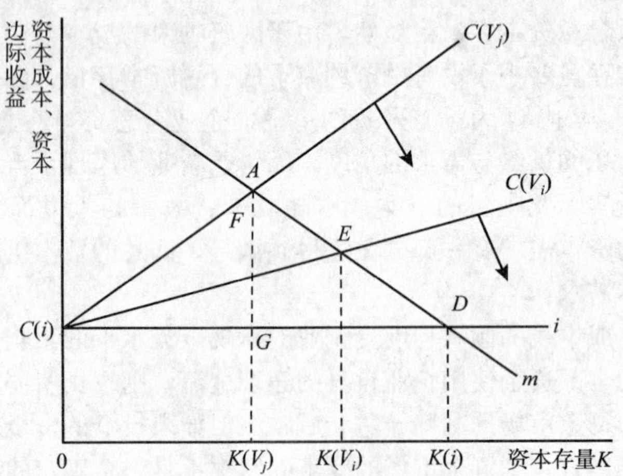

图 3 - 4　资本成本线的倾斜程度与投资水平

图 3 - 4 中，倾斜线 $C(V_j)$、$C(V_i)$ 和水平线 i 分别表示资本成本线，其中倾斜的线为资本市场非完全条件下的资本边际成本线，水平线 i 为资本市场完全假定条件下的资本边际成本线。m 线为资本的边际收益线，或者说是投资的边际净收益线。我们注意到，三条不同特点的资本边际成本线与垂直线的交点分别为 A 点、F 点和 G 点。显然，三条成本线代表了不同水平的资本成本线，我们发现，随着企业的净现金流水平的增加，资本成本呈现出向水平方向发展的趋势，当企业的净现金流是投资所需资金的全部数量时，资本的边际成本线成为市场利率。

由于资本成本不同，图 3 - 4 中显示，资本成本的变化随着企业的净财富值的大小不同而不同，所以，企业的投资水平也随着资本的边际成本不断变化，随着净财富值的增加，企业的投资水平也将增加，相反，随着企业的净财富值水平的降低，企业的投资水平因为资本成本变化使投资相应减少。现在，我们可以使用函数式来表示投资与企业净现金流的关系。

$$I = f(C(V_i)) \tag{3-8}$$

式中，V_i 表示企业 i 的净财富水平；$C(V_i)$ 表示企业 i 的净财富水平的资本成本效应，所以，企业 i 的融资约束的投资效应表现为 $I=f(C(V_i))$。这里，我们必须注意，资本市场非完全的融资约束效应包括：第一，企业的净财富值直接减少对资本市场的资金依赖，所以，企业净财富值是企业投资资金的替代者；第二，资本市场的非完全导致的借贷资金的借贷利率随着借贷数量的增加而增加，如图3-4中的倾斜线；第三，净财富值具有信息披露作用，以此使银行索取的利率水平随企业净财富值的增加而减少，图3-4中表现为利率线的倾斜程度，净财富值增加使利率线变得相对平坦。

以上分析我们主要集中在一般企业的投资行为与融资约束的关系。企业投资水平在资本市场完全条件下与非完全条件下，不尽相同，企业的投资水平要受到企业的净财富水平的约束。这是因为，在信息非对称的条件下，由于投资存在风险，而银行或者其他形式的借贷资金的提供者对投资的真实风险，不可能完全了解，它们出于风险的考虑，往往使用企业的净财富水平间接能够体现企业的经营能力，而且，银行或者企业形式的资金提供者，可能严格限制企业的贷款要求，所以，对于一些企业来说，可能不仅仅是借贷资金的市场利率增加，而是使企业的贷款要求无法满足，即使企业在这时的投资机会和价值很高，信息非对称的约束结果也使借贷资金要求不能实现，如果企业自身又没有实施投资计划的资金，则投资计划将被迫中止。

下面我们通过一个企业的投资行为的特点——连续投资过程，来建立一个企业动态投资模型。希望通过这种方式能够更进一步描述企业投资行为与融资约束的关系。

五、简化的单个企业动态投资模型

在企业实际投资活动中，投资的一些特点可能会影响企业的资本预算，所以，我们这里希望通过一个简单的动态投资模型，能够更进一步地分析融资约束下的投资特点。

企业在进行资本投资的决策中，需要解决一个问题：是采用净现值法则行事，还是通过所谓的内部收益率决定投资。因为净现值是一个绝对量概念，而内部收益率是一个变化率概念，根据前面的分析，我们基本上采取了投资的收益率概念，显然，我们分析主要还是通过资本的边际收益水平和资本的边际成本概念，来确定投资的量。这就是说，我们自始至终是用资本的（投资的）边际概念——包括资本的边际收益和边际成本概念，来分析投资的量的问题。这一分析方法与传统的凯恩斯的投资模型十分相似。在凯恩斯的投资模型中（就像我们前面讨论凯恩斯的投资理论时强调的那样），投资的收益定义为资本的边际效率，投资的资本成本为资本边际成本—市场利率，而资本的边际效率就是投资需求（表），所以，投资决定有两个基本因素：一个是资本的边际效率；一个是市场利率。在新古典投资模型中，投资的基本决定因素是资本的租赁成本，所以，在资本边际效率一定的情况下，决定投资的主要因素就成为资本边际成本，所以，两种形式的投资模型本质上一样的。

现在，我们还是沿着前面的分析思路，借用所谓的资本边际报酬和边际资本成本概念的方法来分析单个企业的投资行为。这里，我们将企业投资行为定义为一个连续的投资过程。事实上，企业的大多数投资都是一个不断进行投资的连续决定过程，可能前期投资之后，还需要进一步的再投资。企业的这种相互联系，但各自投资又是相对独立的投资行为，与企业的投资实际十分相符，而不是像前面那样定义的投资——假定投资就是一个投资项目。采用连续投资假定还有一个好处——这样可以建立所谓的资本边际收益水平线—资本边际收益线，因为资本的边际收益线变线为由左上向右下倾斜的线，即投资的增加使投资的边际收益减少。

这里，我们假定企业投资发生于现在和下一步的投资，现在投资的收益可能决定和影响下一步的投资，在资本市场非完全的条件下，企业已有的净现金流决定和影响企业下一步的资本成本，所以企业的投资是一个相互影响的连续决策过程。

设企业当前资本存量为 K_0，K_0 的获得是企业根据现有的市场条件和资本市场的借贷成本，共同决定的投资量产生的资本存量。现在我们假定市场条件在当前投资和后续投资中，基本保持不变，则由于资本成本在完全资本市场条件和非完全市场条件下的情况不同，由此决定后续投资的量。后续资本存量 K 由资本成本和资本的边际收益决定，则后续投资产生的新的资本存量应为：

$$K=f(i(V_0),\ m) \tag{3-9}$$

或者

$$I^*=K-K_0=f(i(V_0),\ m) \tag{3-10}$$

式中，V_0 表示当前资本存量 K_0 时产生的净现金流水平；$i(V_0)$ 表示在市场非完全条件下，企业的净财富水平决定的市场利率（借贷利率）；m 表示投资产生的边际收益率，这里我们假定投资产生的收益率在当前投资，以及后续投资中基本保持不变。显然，投资决定的主要决定因素是资本的借贷成本。前期投资 K_0 产生的收益函数可以表示如下：

$$V_0=f(K_0) \tag{3-11}$$

如果 $V_0=K-K_0$，则 $i(V_0)=i$；如果 $V_0<(K-K_0)$，则 $i(V_0)=i[(K^*-K_0)-V_0]>i$（$i$ 为均衡市场利率）。参见图 3-5 的几何表示。

图3-5 中显示，当前资本存量为 K_0，在资本市场非完全的条件下，企业面临一条向上倾斜的资本成本曲线，在当前资本存量状态下，资本的边际收益大于资本的边际成本，所以，企业存在进一步投资的动机，但投资的大小取决于资本成本的变化情况。如果资本成本表现为 $i(V_0)$（资本市场非完全），则最佳投资量为 $K^*-K_0=I^*$（图3-5 中的资本存量为 K^*）。当资本成本为 i 时（资本市场完全条件），最佳投资量为 $K(i)-K_0=I(i)$。显然，资本成本的特点将决定企业的下一步投资水平。而资本成本水平又取决于企业前期的投资产生的收益水平 V_0，如果资本存量 K_0 产生的净财富值正好可

以满足企业下一步的投资，则最佳投资量不因为资本成本改变而使投资减少。①

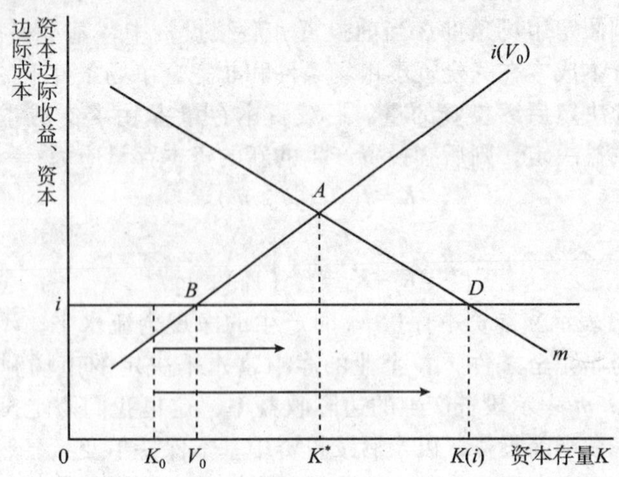

图 3－5　水平的和倾斜的资本成本线下的投资水平

以上我们通过一个简单的投资模型，可以从理论上说明企业投资水平与企业的净财富水平的关系。可以看出，企业的投资在很大程度上会受到资本市场非完全的影响。我们还须注意，在资本市场非完全条件下，信贷配给不仅表现为资本成本的增加，而且表现为信贷数量的控制，所以，资本供给的数量约束对投资的影响，同样对投资决定影响很大，因为即使企业具有了投资机会，但资金的提供者因为信息非对称的原因，可能拒绝对企业投资进行融资，结果企业的投资愿望无法实现。

---

① 这里注意：$i(V_0)$ 表示体现资本市场非完全意义上的融资成本，而此条件下的融资成本大小与企业的净财富值呈反向的关系，但融资约束产生的资本成本还受到借贷资金的数量的影响，借贷数量越大则资本成本就越大。净财富值直接影响资本成本线的斜率。资本成本线的状况由企业现有的净财富水平及均衡市场利率共同决定，该模型中的实际借贷资金为 $B=(K^{*}-K_0)-V_0$。

从上述分析我们可以看出，在资本市场非完全的条件下，企业自身的条件决定着投资的下一步进行的情况，从这个角度看，企业投资实际上是自我良性循环的过程，在实践中，我们也能够发现，企业经营状况好的企业往往在借贷市场获取资金的成本和能力，要大于经营状况较差的企业，信誉卓著的企业与一般企业在融资条件和成本上要优越些，但这并不能说明企业大小与融资约束的必然联系，因为，在实际经济活动中，往往小型企业的净财富能力很强，即使在银行对这些企业的信誉水平没有太大的信心，但这些企业可以通过自身的融资，可以克服外部融资的成本约束的配给约束。

六、企业的净财富水平与投资效应的比较分析

下面我们再通过一个简化模型来说明不同企业自身的条件与其下一步投资的关系。我们的基本考虑是，资本市场对企业索取的资本利息与每个企业的实际情况的信息一致，而每个企业的实际情况与其前期投资的实际收益有关，即企业当前的净财富水平将影响企业的下一步投资决定，但我们将两种情况的企业联系在一起，这样我们可以看出企业的当前经营状况与企业的进一步投资的关系。

设有两个企业，两个企业为同类性质的企业（如同样都是钢铁企业），假定两个企业的投资量都是 K_2^*，但两个企业的现有经营状况，或者说净财富水平不同，同时假定两个企业除了借贷资金和自有资金之外没有别的融资途径，则企业的现有的净财富水平将影响企业的下一步投资。

图 3－6 中，m 线为净资本边际收益线，水平线为资本市场完全条件下的资本成本线，倾斜线 $i(V_0^1)$ 和 $i(V_0^2)$ 分别表示两个企业的资本成本线，显然，由于两个企业的净财富水平不同，则两个企业的资本成本线不同。我们注意到，由于企业计划投资量为 K_2^*，其中企业财富值为 V_0^2的企业正好可以满足投资要求，因为现有的

资本成本和资本边际收益条件决定的合意资本存量为 K_2^*；而企业财富值为 V_0^1 的企业，由于资本成本和资本边际决定的合意资本存量要小于企业能够投资的量——该企业的合意资本存量为 K_1^*，而企业的投资目标量为 K_2^*，显然 $K_2^* - K_1^*$ 为该企业投资的非意愿资金数量。

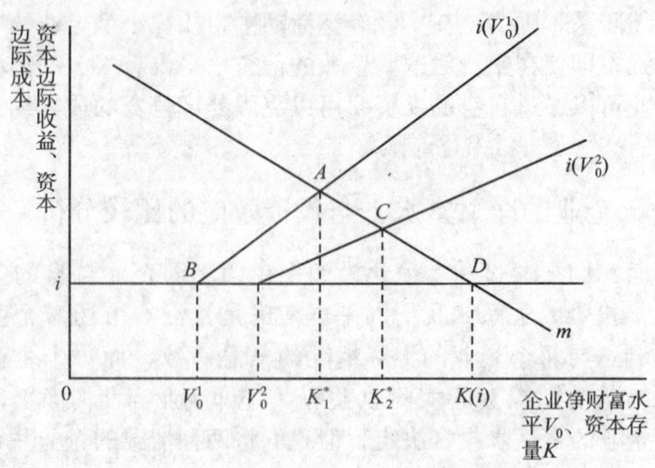

图3-6 企业的净财富水平与投资水平

由此可见，企业的净财富值条件具有信息披露的作用，而净财富值水平又是企业下一步投资的基础。这就是说，大企业的净财富值，或者是由于银行对企业的信用评级较高，则融资约束的投资效应可能较小，而小型企业，或者经营状况较差的企业，则可能因为资本成本的影响，使企业的投资减少。

我们可以联系经济的环境变化的实际，有些企业对经济环境的敏感度要大，有些企业的敏感度要小，而企业投资对经济环境的敏感与企业的现有条件有关，企业的现有条件就成为资本成本影响投资的信息条件，这说明，在经济处于恶化的状况下，经营状况较差的企业有可能更受融资约束，而经营状况较好的企业受不良环境的影响要弱一些。

总之，我们注意到，融资约束发生的直接原因是银行的风险考虑，而企业的净财富水平能够在一定程度上改善银行对企业风险信息的认识，并通过对企业贷款行为的相应的资金成本要求，由此形成企业的投资行为的融资约束。

第四章 不确定性效应和融资约束效应的融合

前面我们分别探讨了不确定性对企业投资决定的影响，以及融资因素对企业投资决定可能产生的影响。既然现实中的企业投资，既可能受到来自经济环境的不确定性的影响（总体不确定性），又可能受到融资条件的约束，所以，毫无疑问，我们需要清楚两种效应的协同效应，需要从理论上明确这两种投资效应的综合“效应”。从前面我们分析的情况看，融资约束是从企业投资的融资成本上影响投资决定；不确定性则首先是影响企业投资的成本，进而影响投资的净收益状况达到影响投资的结果。而对于企业来说，投资决定就是在投资的收益和投资的资本成本之间比较的过程，因此任何改变投资的收益条件和资本成本的情况，最后都可能改变和影响企业的投资决定。

第一节　不确定性与投资风险

一、不确定性与风险的关系

首先我们明确一下什么是融资约束。所谓融资约束，本书的看法是，就企业投资而言，是指企业内源性融资外的融资方式，因为种种原因无法获得或者成本过高，从而构成对企业投资行为影响的现象。因为，企业的融资方式包括企业内源性融资和外源性融资两种基本形式，当企业的自身现金流足够，并能满足企业的投资需要时，融资约束将不复存在。但当企业没有足够多的现金流，要求助于外部融资而又无法获得外部资金，或者外部融资的资本成本过高使投资不合算，这时融资约束就发生了。由于外部融资形式又可以分为权益融资和债务融资，所以对于企业来说，融资约束主要是这两种融资方式对企业投资的影响效应。这样，从广义的角度，融资约束可以认为是来源于融资的成本、融资条件和融资环境对投资的影响效应。

什么是不确定性？前面的讨论我们已经得出结论，不确定性就是指未来结果的不肯定。不确定性与风险之间存在着相互依赖的关系，不确定性虽然不完全等于风险，但却是风险的基础。风险主要是从这个未来结果的不利性角度考虑，而不确定性主要针对不肯定性本身，但这个不确定性并不一定意味着产生不利结果，也可能是比较好的结果。对于企业来说，不确定性既可能是好事，也可能是坏事，当不确定性与企业的投资决定联系起来，不确定性使投资的结果不利于企业时，则我们说不确定性增加了企业投资的风险。但我们简单地说不确定性使投资的风险上升是没有用的，原因是，面对不确定性企业可以选择不投资，所以，不确定性能否转化为企业的投资风险关键在于这个不确定性的性质，以及这个不确定性与企业投资的关系。

本书认为，从不同对象主体的角度，风险可以分为企业的投资风险和资本所有者的风险。这两种风险的意义是不同的，主要的原因是利益主体的不同。投资活动是有风险的，是针对企业本身还是资本（资金）所有者？

在凯恩斯的投资理论中，他也谈到了所谓的风险，凯恩斯将风险分为几种类型。第一种风险是指借款者或者投资者对自己的投资没有足够的信心导致的。由于对未来收益没有足够的信心，所以，即使自己的资金也会因为这种风险不会轻易投资。这种风险实际上就是投资风险本身，即投资项目本身所具有的风险。投资项目是投资机会的体现，投资的过程就是投资者把握投资机会的过程。第二种风险产生于信贷关系或金融制度。主要是针对贷者，风险表现在两个方面：一方面，借款者有意不履行借款合同，或者借款者采取合法的手段有意逃避债务；另一方面，由于担保不足。这样，在借款者实际的投资与其预期不符，使借款合同无法履行，并非有意逃避。第三种风险是币值变动带来的风险，所以，贷者可能认为拥有实际资产比贷出资金合算。

上述的第一种风险我们可以称之为投资本身的风险。投资本身的风险主要特点是它不因为谁是投资的出资者，不因为谁承担投资的风险和享受投资的收益而发生的风险。投资风险是投资本身所具有的“自然风险”。由于企业是项目投资的直接管理者，所以，投资的风险首先要由企业来承担，但企业如果只是资本的代理者，则这个投资风险最终要转化为资本的所有者。如果投资者和代理者及资本所有者是统一的，则投资风险的承担也是统一于一个主体中。投资风险能否转化实际的风险，关键是看投资是否已经执行，因为，投资项目的风险是潜在的风险，尚不能转化为真正意义的投资风险。项目本身的风险也不是固定不变的，当企业在投资中由于不断地了解项目的有关情况和信息，则投资的风险就会相应减少，可见，风险的决定因素是对投资项目本身的信息缺乏造成的。企业投资的过程实际上就是在由“不可知”到逐渐“知之”的过程（对投资项目的有关信息），这就是所谓的企业的学习过程。

第二种风险主要是针对资本的提供者。如果资本的所有者是企业权益者，则企业与资本权益者的关系就是一种委托代理关系，这样，企业投资的风险就在企业和资本权益者之间进行分配，但风险主要由是资本权益者承担。[①] 如果资本形式是借贷资金，则投资的风险在借贷资金的所有者和企业的实际投资者之间进行分配。借贷资金的投资风险主要表现为违约风险，按照凯恩斯的观点，贷者的

---

① 这里可以不考虑非经济因素的风险，如企业经理的所谓荣誉风险。

风险形式要么是因为抵押的不足，或者是因为债务人的有意逃避造成的风险。

第三种风险对企业和资金的借贷者都有影响。从资金的借贷者角度，如通货膨胀使资金的价值降低，资金借出者的利益将受到损坏。

不确定性通过一定的方式转化为风险。不确定性一定意义上可能增加投资的风险，因为不确定性引起的不利结果的可能性增加，因此投资的风险增加。但当企业面临不确定性正确地选择投资的时机，使投资在相对信息完备下进行时，则不确定性不是使投资的风险增加，而可能使投资的价值增加，投资的风险相应下降。所以，不确定性引起的投资风险是相对的。

企业的对待风险的态度与资金提供者对待风险的态度不同。假定不考虑资金的提供者和企业投资的信息非对称性，以及两者的利益差异，则不确定性与风险的区分就不是十分重要的。企业对待风险首先是考虑投资的实际风险，是与特定的投资决定有关，而资金的提供者由于信息的非对称性，加上高昂的监督成本，它们不可能获得特定投资的信息，所以，根据所谓“平均水平”标准，根据企业的历史数据来评判企业特定投资的风险（如根据企业的信誉水平）。

二、投资风险与违约风险

投资的实际风险与违约风险存在一定的联系。就违约风险与投资风险的关系而言，我们还必须注意一个现象：如果借款人越是风险厌恶的，则信贷配给的现象就可能就越少，融资约束的情况就可能越少，原因是借款人是风险厌恶的，所以他也不会去申请贷款。这说明了投资者的风险态度，尤其是风险厌恶的态度是发生借贷意义上融资约束的重要原因，所以，在理论分析上我们常常假定企业是风险中性的。

项目本身的风险具有客观性，而违约风险既有客观性，又有主观性。首先，投资的实际风险，即使是企业本身也是努力避免的，但最终的风险还是存在的，因而是客观的。其次，项目的投资风险可能给资金的提供者带来风险，这时投资的实际风险就可能转化为违约风险（违约风险是从资金提供者利益角度发生的风险）。所以，投资的实际风险就成为违约风险的基础，因而违约风险是客观的。但违约风险的发生可能与借款人的主观故意有关。一般而言，企业总是努力降低投资的风险，但不同条件下的企业对待投资的真实风险的态度可能不同，假定企业的投资行为受到所谓预算软约束环境的影响，企业对待风险的态度就可能存在问题。预算软约束在转型国家十分普遍，它可能严重损坏投资者的理性投资行为。预算软约束也可能软化资金提供者的风险意识，企业的投资风险意识也因此会降低。

就投资而言，不确定性可以增加投资的价值，但不确定性会增加投资的风险，进而增加违约的风险，不确定性与违约风险的关系可以用图式表示：

不确定性增加→投资的收益增加但风险增加→违约风险增加（还款不确定性增加）→产生信贷约束→企业的投资动机减少。

虽然违约风险与不确定性一定意义上是一致的，但违约风险与不确定性产生的基础却不同。不确定性首先产生于企业投资的项目本身，是项目收益的不确定性导致了风险的增加，但企业对待风险的态度是这种风险是否转化为违约风险的关键。如果不确定性在企业看来增加了风险，企业可能选择不投资或者等待的方式。企业之所以选择这样的行为，是因为企业认为风险对自身也不利。这个不利结果有两个：一个是投资本身带来的不利结果，如项目失败使企业直接受损；另一个是投资失败可能使企业的信誉受到影响，这可能通过银行的所谓信誉评级来确定，企业的贷款因为信誉评级而受到影响。这样，信誉卓著的企业对投资的风险显然是采取谨慎的态度。

假定所有企业的投资都是注意风险的，即每个企业都是信誉卓著的企业，则投资产生的风险（因为不确定性增加而增加）可能相对较低，至少企业尽可能地减少风险较大的投资项目，因为企业的投资行为与企业的信誉评级联系在一起，而信誉评级反过来又影响企业的融资机会和成本。但事实上，不是所有企业都是注意信誉评级，有些企业由于自身的条件，可能反而具有追求风险较大的投资项目，因为投资的风险和收益在资金的提供者和企业之间的分配不是均等的。

由于不同类型企业的融资环境不同（如信誉卓著的企业与信誉较差的企业比较，融资条件相对要好），在投资机会一定的情况下，企业自身的净财富水平将决定投资的真正实施。这样，这种类型的企业的投资决定可能对企业的净财富值的敏感度更强，这些企业对经济环境的变化的反应就可能更敏感。相对而言，这些企业在经济衰退期间的投资水平将会降低，与其他类型的企业相比投资水平更低。

另外须注意，如果从风险的角度考虑，银行对风险的态度和股票融资对风险的态度不同，因而面对企业的融资要求，银行和股票市场的反映也是不同的。其中，风险较大的投资项目适合使用股票融资，风险较小的投资项目适合使用银行融资。Myers 和 Majluf (1984) 提出了企业融资的顺序偏好理论。融资顺序偏好理论一定程度上反映了风险与融资方式选择的关系，即存在投资风险的条件下，企业对外部融资存在方式选择的问题，但企业一般倾向于选择银行融资形式，然后在考虑股票融资等形式，原因可能是因为“借来的钱好花”。

三、不确定性、风险与资本成本

企业在进行资本预算时，一般来说，不同项目其资本的机会成本是不同的，这是因为，不同项目的风险是不同的，所以要求有不同的风险贴水。这样，相同项目类型——风险类型相似，则资本的机会成本是相当的，总的资本成本是所有项目的资本机会成本的平均。

资本的机会成本依赖于资金，而不是依赖于资源本身。大多数情况下，融资对价值具有冲击。企业投资产生的价值与市场中其他形式的投资——如债券的投资产生的收益进行竞争，只有企业投资产生的收益，大于债券投资产生的收益且有保障时，投资者才倾向于投资企业的“价值”。所以，资本的机会成本一方面来源于资本市场的变化；另一方面可能来源于企业自己投资的风险特性。融资资金的提供者索取的资本成本必然是市场上对资金的评价，加上企业特有的项目风险考虑的结果。既然企业为投资融资需要与市场中其他形式的“投资”（从投资者的角度）进行竞争，那么，企业为了获得资金必须考虑投资者对企业投资的态度，投资者的态度的一个基本考虑就是投资的收益性和风险性。一般来说，一项投资的风险越高，投资者要求的预期收益将越高。熟悉资本资产定价模型的人应该知道，经济生活中存在两类风险：系统风险和非系统风险。对于投资者而言，非系统风险并不重要，因为可以通过持有高度分散化的投资组合来消除它。投资者承担系统风险不应该要求更高的收益。但是，系统风险不能通过分散投资消除。它由投资收益与股票市场整体收益的相关性决定。因此，若承担的系统风险为正值，投资者通常要求高于无风险利率的收益。同样，若承担的系统风险为负值，投资者也会接受低于无风险利率的收益。

假定风险是一定的，则投资者可能倾向于投资收益高的对象，如投资于企业的股票。投资收益的特点与风险及不确定的特点相关，风险大的投资往往收益也大，风险小的投资收益也小。所以，投资的风险与投资者所需要的升水是一致的，因此资本的机会成本就是市场价值状况和特有的投资风险的加总。①

投资所需要的资金的机会成本，使企业投资的决定必须与企业

---

① 注意：这里的投资者不一定是指企业投资，可能是指金融资产投资者，如股票投资者。

的价值联系，但企业投资决定如果简单地与企业短期价值联系，可能导致一定非合理性的投资。因为这一投资从短期来讲，投资是适宜的（从经验上，投资者倾向于看企业的账面收益和价值），但从长期来讲是不适宜的——即不符合企业的发展战略。如一个企业投资可能在一定阶段，投资可能产生的现金流是负的，而负的净现金流使企业的价值降低，但这一投资为企业的下一步发展奠定基础，从战略上是合适的，所以，企业投资的净现值法则和企业价值最大化目标有时与企业的长期利益是相悖的。这说明了市场上对企业投资价值的评价与投资的真正价值是不一致的。企业考虑的是企业投资的真正价值，不仅要考虑当前投资，而且要考虑短期投资与长期投资的关系，总之，要充分考虑企业的长期发展战略。但市场的投资者对企业当前投资的评价必须与其当前的收益联系起来，所以其评价特点具有短视性。

四、投资成本、资本成本、投资收益的相互影响机制

前面我们已经提到，企业投资决定可以分为两个阶段：第一个阶段为计算投资的净收益的过程；第二个阶段为计算资本的净收益的过程。投资的第一个阶段需要考虑投资的各种成本，以及投资的原始收益，然后比较投资的收益与投资的成本，以此来确定投资的净收益水平。投资的第二个阶段是比较投资的净收益与资本成本，然后最终决定是否进行投资。

投资的原始收益就是资产的未来收益，我们用 R 来表示。资产的未来收益可以假定是相对确定的，也可以假定是相对不确定性的，不同的假定产生不同的投资模型。如果假定资产的未来收益是确定性的，则投资的关键因素就是资本成本，因为投资的成本是可以知道的，所以，改变资本成本就成了改变投资水平的主要决定因素。如果资产的未来收益是不确定性的，则不确定性会影响投资的成本，所以会影响投资的净收益。

投资成本的决定也是复杂的。当假定没有调整成本的情况下，

投资成本的主要变量是资本品价值；[①] 当存在调整成本的情况下，投资的成本包括资本品价值、调整成本等；如果假定投资环境是不确定性的，[②] 不确定性本身表示有投资风险，因此，今天投资的时间机会成本是很大的，这时的投资成本还要包括期权价值。

资本成本也可能不是确定的。假定资本市场是完善的，企业的资本结构与企业的价值无关，投资资金的不同融资方式对企业的资本成本没有影响，则资本成本是相对不变的。这时的资本成本改变的是整个资本成本水平的改变，而与企业的资本使用量的增加无关（至少与个别企业的资金使用量无关）。假定资本市场的利率是投资的资金需求和供给的反应，则利率的变化将随着投资的需求增加而提高，因为资本的总量是一定的，而随着投资的需求的减少而降低，[③] 而如果政府的干预能够改变利率，也即可以改变资本成本的水平。但如果假定资本市场是非完全的，资本的供给不是简单地根据资本的需求做出反应，而是资金的提供者根据风险的特点确定资本的成本，则资本成本与投资的资金使用之间就有必然的联系，而资本成本增加的原因就是企业的现有的净财富值水平。

企业投资时可能产生的影响因素和机制可以表示如下图形（图 4 – 1）。

下面通过构建包含期权价值和融资约束的总体投资模型，[④] 来综合体现不确定性和融资约束的投资效应。

---

① 注意边际概念上的投资成本和投资的总支出的区别，在假定没有调整成本的情况下，边际投资成本就是资本品价格，投资的总支出就是资本品价格与资本品使用量的乘积。

② 假定不考虑特质意义上的不确定性，不确定性一般就是指总体不确定性，或者叫做宏观意义上的不确定性。

③ 这里涉及一个利率决定的理论问题。利率的决定根据不同的利率理论，可能出现影响利率变化的因素和决定机制不同的情况，另外，利率的决定可能与特定的体制有关。

④ 这里我们使用总体投资模型的概念，因为在几乎所有的投资理论中没有专门讨论不确定性和融资约束的综合投资模型，一般的理论分析都是要么分析不确定性的投资效应，要么是分析融资约束的投资效应。

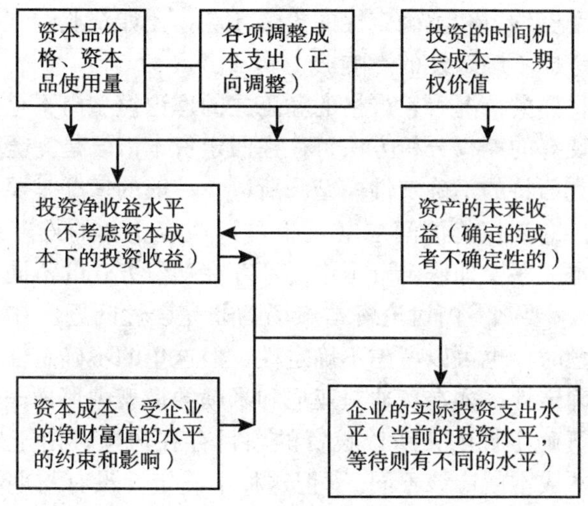

图4-1　企业投资的影响因素和作用机制

第二节　不确定性投资效应和融资约束投资效应的综合

一、理论综合的可能性

从现有的文献看，传统投资理论的发展有两个基本线索：一是资本市场非完全性与投资关系的研究；二是不确定性与投资关系的研究。两种研究思路同样取得了较大进展，但仍有许多问题有待于解决，如经验验证的结果存在一定的矛盾性；不确定性期权方法的假定也过于严格（假定资本市场的完善性），其结果也存在互相矛盾的地方，等等。也就是说，不确定性的投资效应和融资约束的投资效应研究，还需要做进一步的努力。

Robert Lensink，Hong Bo 和 Elmer Sterken（2001），曾指出：投资理论的今后发展方向之一，就是如何建立理论化的模型，能够同时体现融资约束和不确定性的投资效应，比如企业的红利政策决定的同时考虑不确定性的影响。①

但从目前的情况看，严格的和正式的理论模型尚不存在，其原因可能是现有的期权分析方法，往往假定资本市场是完全的，如平迪克、迪克西特的不确定性模型。所以，一般的情况是要么专门讨论不确定性的期权价值问题（这里可以假定企业的投资决定不考虑资本成本问题，即假定资本市场不存在融资方式的不同对企业投资的影响）。要么专门讨论资本市场的非完全性问题。在讨论资本市场的问题时，也可以考虑不确定性，但这里的不确定性是一般意义上的不确定性，如在莫迪里亚尼和米勒的模型中那样——由于未来收益是不确定性的，所以投资的项目存在风险，由于风险的不同，则资本成本就应该不同。② 但这种不确定性没有与期权价值联系起来，因为期权价值的存在可能使当前投资的机会成本增大，从而抑制当前的投资决定。

对于我们来说，关键的是如何在考虑不确定性的期权价值的同时，考虑资本成本的影响效应。因为按照莫迪里亚尼和米勒的考虑，不确定性与风险一致，风险又与资本成本一致，则不确定性的期权价值的作用无法体现出来。

我们的看法倾向于认为，期权价值分析（与不确定性联系，因为不确定性的出现才可能发生所谓的期权价值问题）主要是从企业的角度，考虑不确定性增加引起期权价值的变化，这种变化又如何影响了企业投资的时间机会成本。因此，期权价值影响的是企业实际投资的成本和收益问题，而不是资本成本问题。

而对于资本成本问题，往往是与所谓的风险联系在一起。本书

---

① 参见 Robert Lensink，Hong Bo and Elmer Sterken，'Investment，Capital Market Imperfections，and Unertainty，' P117. Edward Elgar Cheltenham，UK . Northampton，MA，USA（2001）.

② 佛朗哥·莫迪里亚尼、默顿·H·米勒：《资本成本、公司财务和投资理论》，摘自《资本结构理论研究译文集》，卢俊编译，上海三联书店、上海人民出版社 2004 年版。

认为，不确定性首先是影响企业的投资利益，而风险可以是企业的投资利益，也可以是资本提供者的利益，所谓资本成本效应实际上就是风险对资本的收益的影响问题。要在不确定性与风险之间建立联系，需要区分不确定性只有在一定情况下才可能转化为风险（指资本提供者的利益）。

这样一来，我们确定不确定性的投资效应（期权价值分析）和融资成本的投资效应的统一理论，是将投资的期权价值转化为企业的投资成本或者收益问题，而资本成本问题是企业决定使用资金时发生的成本。本书将这种方法称为投资的“两阶段法”。为了达到这样的目的，我们需要解决投资的期权价值的成本化的方式，要考虑期权成本下的投资的净收益问题，要考虑不确定性与风险的转化问题，要解决投资的等待问题。最关键的是将期权价值的投资成本化，并转化为当前投资的成本特点，然后与资产的回报水平进行比较以决定投资的净收益水平。

分析的方法还是采取比较静态分析，并没有十分严格的证明，只是理论化的逻辑阐述。

二、综合性投资模型

投资机会，在实物期权投资理论看来就是一个永久性看涨期权，所以投资就是对期权进行定价的过程，投资决定就是执行期权。[①] 从企业的实际投资的角度，由于投资的不可逆性，在不确定性的条件下，投资的潜在风险很大，所以，在这样的情况下进行投资决策，必然显示出必要的谨慎，只有投资的收益大于投资的各项成本支出之后，企业才能决定投资。为了说明期权价值存在对投资

---

① 所谓期权是一种衍生证券，其价值决定于标的资本的价值。期权特性资产在实际经济中很多，期权定价理论由 Black 和 Scholes（1972）提出，在此之后又有发展。实物期权理论实际上是传统期权定价理论的发展。因为，企业的资本投资与资本市场中的风险性资产投资相似，且表现为实际投资，所以实物期权理论用于企业投资行为的说明十分恰当。

的影响，我们必须构建投资的成本函数和收益函数，以及投资的净收益函数。

首先我们考虑投资的成本。设企业投资的资本品价格为 P_k，边际调整成本为 C_T，边际期权价值为 V_1^u，则投资的边际成本为：[①]

$$C_F^T = P_k + C_T + V_1^u \tag{4-1}$$

其中，资本品价格可以假定不变，调整成本可以假定为投资的增函数，[②] 即：

$$C_T = f(I) \tag{4-2}$$

期权价值受不确定性的影响，与投资的不可逆性形成的沉淀结果，如资本损失有关，以及资产的固定回报有关。所以，期权价值的函数是不确定性、资产的固定回报，以及资产的潜在损失的函数。[③] 即资产的期权价值函数是：

$$V_1^u = g(\pi,\ \theta,\ \sigma) \tag{4-3}$$

假定资产的未来收益相对稳定，即 $\sigma = 0$，则期权价值消失，即 $V_1^u = 0$。[④] 这时的投资成本为 $p_k + C_T$，显然，没有期权价值的投资成本要小于存在期权价值的投资成本，即：

$$(p_k + C_T) < (P_k + C_T + V_1^u) \tag{4-4}$$

但如果资产的回报是不确定性的，则当前投资的成本必须体现投资可能出现的潜在损失——期权的价值。所以完整的投资成本函数为：$C_F^T = P_k + C_T + V_1^u$。这就是说，投资的成本包括资本品价格、调整成本和边际期权价值。

假定资产的未来收益的预期值为 R。若 R 足够大，则企业会选

---

① 参见本书的第二章的不确定性的投资效应分析。

② 这里，I 为企业的投资量，它是企业的当前资本存量与企业的合意资本存量的差（假定不考虑资本存量调整过程的时间等因素）。

③ 注意，这里我们没有十分严格的数理证明。上述的资产的期权价值函数中的，θ 表示资本的潜在损失，其出现的可能性与不确定性正相关，σ 为资产收益的波动性。另外，式中 π 为资产相对稳定的收益部分。

④ 注意：这里的资产收益包括两个部分，一部分为相对稳定的部分，如股票的红利支付；另一部分则为资产的增加值，其大小是不确定性的，如股票价格的波动。一般来说，资产收益的不确定性主要是指资产的增加值部分。

择投资，因为企业放弃当前投资的机会成本过于高昂，若资产的未来收益不是足够高，则企业当前条件下进行投资的时机机会成本过高，即有产生潜在投资损失的可能，但不进行投资可以避免这种损失，所以等待的价值较高，因此，企业推迟当前投资的动机就会形成。

因此，投资的净收益水平，由投资的不确定性下的总的投资成本与当前投资回报水平来决定。当前收益尽管存在不确定性，但收益值足够高，能够保证企业投资的净收益大于投资的总成本，则企业选择立即投资是合适的。相反，当前的投资净回报值不是足够高，加上未来时期的不确定性特点，则企业可能选择等待，只有当投资的收益水平较高，且相对稳定时企业再决定投资。①

设投资的边际净收益值为 m，则有投资的净收益值函数：

$$m = R - (p_k + C_T + V_1^u) \tag{4-5}$$

现在我们讨论融资约束下的资本成本。假定企业投资的沉淀成本为 I，但要获得这部分的投资资金，企业需要通过融资获得，由于不同的融资方式对投资的资本成本有不同的影响，当通过外部融资来满足企业投资所需要的资金时，资金的成本要大于通过内部融资的资本成本。这样一来，企业的净财富值可能会影响投资的决定。现在假定企业的净财富值为 V_0，仍然依据前面的分析得出的结论：资金的借贷利率受企业的净财富值大小的影响，即借贷资金的利率为借贷资金数量的函数，借贷资金量越大则借贷利率就越大；相反，借贷资金的数量越小则借贷资金的利率就越小。设借贷资金量为 B，则：

$$B = I - V_0 \tag{4-6}$$

相应的借贷利率为：

$$i(V_0) = f(B)\text{，或者 } i(V_0) = f(I - V_0) \tag{4-7}$$

企业在现有融资成本的环境中来考虑对一项投资 I 进行决策，

---

① 有关的投资成本、投资收益和投资净收益的推导参考本书中的第二章。

企业投资决策的准则仍然是按照投资成本支出和投资产生的收益相等，或者收益大于支出时决定投资。问题是企业投资产生的收益，在未来期间可能存在很大的不确定性，这种不确定性是企业现在投资时必须考虑的因素，如投资 I 表现为具有生产能力的资本投资，则投资的收益可能表现为一定产品价格的变化，因为在生产能力一定的情况下，收益的大小关键要看产品的价格，所以，价格的不确定性一定意义上就是收益的不确定性，当然，实际的收益不确定性包括生产经营成本的变化、税收的变化、利率的变化、原料和员工成本的变化等。

由于不确定性对期权价值有重要影响，按照期权定价理论，不确定性会增加期权的价值，使企业现在投资的时间机会成本大幅上升。这就是说，不确定性使投资的临界值上升，所以，只有当投资产生的收益远超过投资成本时投资才是合适的，这一点我们在前面已经作了详细讨论。因此，不确定性收益的特点，使企业当前的投资决定可能显得十分犹豫，即当收益水平不是很高时，企业可能选择等待，当投资的边际收益水平提高并确定时，企业才选择投资。

在投资的净收益“一定”的情况下，企业要考虑资本成本与投资的净收益的关系。所以，企业的投资量将决定于投资的净收益与资本成本的对比情况。① 与上述的投资净收益不同决定不同，现在我们要考虑单位投资净收益与单位资本的关系，因为这是决定企业合意资本存量的关键，只要企业的合意资本存量确定，则企业的投资水平就可以确定。

企业的合意资本存量决定于投资的边际收益值与资本的边际成本相等时，即企业的合意资本存量决定于：

$$m = i(V_0) = f(I - V_0) \tag{4-8}$$

当 $m \geqslant i(V_0)$ 时，企业增加投资，当 $m < i(V_0)$ 时，企业选择

① 注意：投资的净收益线与具体的一个投资的收益不完全相同，因为，具体一个投资的收益可以假定是一个值，而投资收益线为投资的净收益的变化趋势。

不投资，在考虑期权的情况下，企业可能将投资计划推移。

这样，企业的合意资本存量的特点和投资水平可以用图4－2来表示。

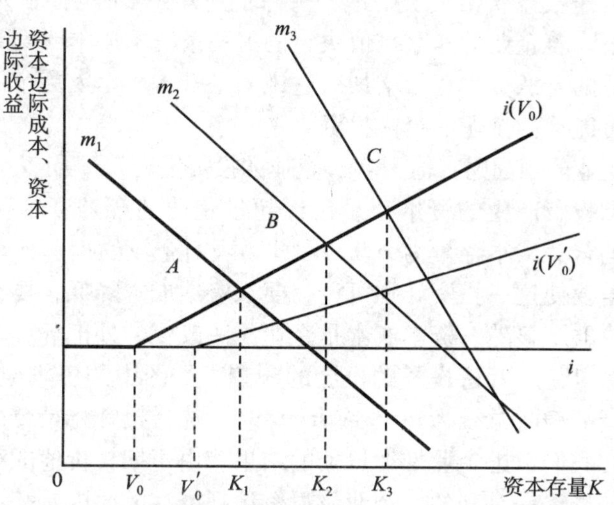

图4－2　不确定性和资本市场非完全下的企业投资水平

图4－2中，水平线为资本市场完全假定下的资本成本线，由左下向右上倾斜的线为资本市场非完全假定下的资本成本线，其倾斜程度大小受企业的净财富值大小的影响，如图中显示的，线$i(V_0)$与线$i(V_0')$比较，表示企业的净财富值较低，则借贷资金的利率水平较高，线$i(V_0)$的净财富值为V_0，线$i(V_0')$的净财富值为V_0'。

图4－2中，由左上向右下倾斜的线为投资的净收益线，它们是由投资的成本和投资的未来收益特点决定的，其中，m_1、m_2和m_3分别表示包含期权价值的总的投资成本下的收益线、包含调整成本的投资净收益线，以及仅仅体现资本品价格的投资净收益线。

从图4－2中的情况可以看出，资本成本约束使投资减少，期权价值的考虑使投资减少，两种力量使企业的合意资本存量更加减少。图中较粗的线为当前的投资净收益线和资本成本线。V_0 为企业的现有的净财富水平，相应的资本成本线 $i(V_0)$ 与包含期权价值的投资净收益线相交于点 A，产生的企业合意资本存量为 K_1。同样情况下，若企业的净财富值决定的另一条资本成本线 $i(V'_0)$，可以使企业的合意资本存量增加。这说明了资本成本因为净财富值的作用，可能抑制企业的当前投资水平。

若企业的当前财富值为 V_0，企业的投资量为 I，假定 $I=K_2-V_0$，则目前的投资产生的资本存量已经超过企业的合意资本存量（当前企业的合意资本存量为 K_1），因此，当前企业的投资计划是不合适的，若要使这一投资计划可行，要么资本成本降低，要么增加投资的净收益。显然，资本成本是企业无法改变的外部环境，但企业可以选择等待，等待投资的机会的改善，如图中的资本成本不变，但当投资的净收益线为 m_2、或者 m_3 时，选择投资将是合适的。

现在我们考虑企业推迟投资的结果。由于期权价值的存在，企业投资的推迟是有利的，企业将投资计划推移的原因是等待合适的投资时机。正如我们在第二章分析的一样，可能投资的期望值是一定的，但实际的投资收益充满了很大的不确定性。不确定性 σ 的增大，增加了期权的价值，从而使当前投资的机会成本增加，所以对于企业来说，等待可能是最佳的——目的是为了避免坏消息导致的投资不可逆性的恶果。

由于目前的投资条件只能满足企业的投资量为 K_1，而企业的实际投资目标是 $K(I)$，所以企业选择等待。若等待的结果使投资的净收益线右移，则企业选择投资，否则企业将放弃投资。图 4-3 显示了企业等待的结果，以及企业的投资选择。

图 4-3 由左右两部分构成，左半部分为企业当前的投资条件，右半部分为企业等待结果的投资条件。图中较粗的线为企业实际面临的投资净收益线和资本成本线。在当前情况下，企业的实际投资计划是达到资本存量 $K(I)$，而现有的投资条件下的企业最大合意

资本存量为 K_1，显然，企业现在投资是不合适的，因为现有的投资净收益下的投资将产生负的收益，所以对于企业来说最佳选择是等待。等待的结果存在两种可能，一种情况是投资条件没有改善甚至恶化；另一种情况是投资条件改善。如图中显示的一样，假定等待的结果使投资的净收益水平改善，投资净收益线由 m_1 提高到 m_2。[①] 企业这时选择投资是合适的，因为现在投资条件下的企业合意资本存量正好为 $K(I)$，符合企业的投资目标。相反，如果等待的结果是投资的净收益水平没有改善，则企业将放弃投资计划。

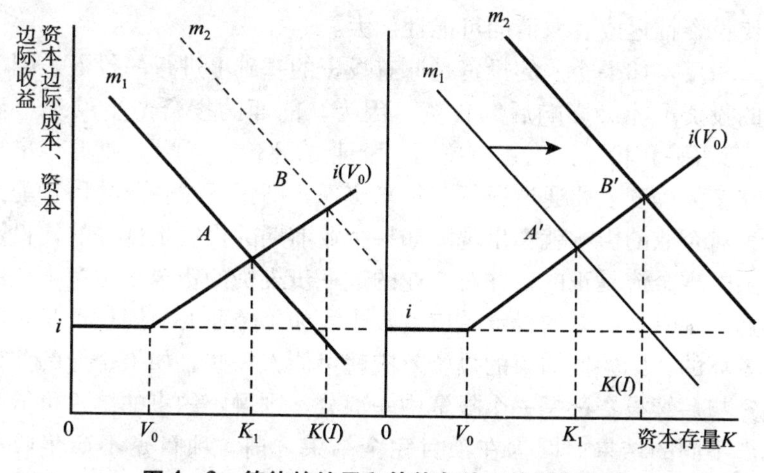

图 4－3　等待的结果和等待条件下的投资水平

三、融资约束效应与不确定性约束效应的可能形式

融资约束下的不确定性对企业投资的影响具体表现形式可能是

---

① 注意：新的投资净收益线，是由资产的未来收益、调整成本和资本品价格共同决定，而期权的价值成本已经消失，因为当企业决定投资时，企业再没有所谓的“投资风险”（由不确定性增加引起的风险）。决定投资的净收益的主要是资产的未来收益部分，所以，投资的净收益线的右移主要是资产回报水平提高的结果。

多种多样的。如果企业是初创性的企业，那么，银行对企业资信评价就可能缺乏依据，这样，即使企业愿意支出较高的利率，银行也未必愿意借贷。一般来说，小型企业或者初创性的企业，在获得投资所需的资金时往往借助自身的资金来源，如使用企业创始人的资金，而向银行借贷的资金较少。由于资金是企业本身的，所以，企业在使用资金时可能更加显示出责任心来，则不确定性——投资的风险对企业的影响可能更大一些，所以在同样情况下，不确定性增加使企业将投资计划推迟的可能性增加。

如果企业的投资者倾向于是风险厌恶者，则不确定性增加的结果使投资推迟或者取消的可能性加大。

相反，如果企业的投资是原有投资的基础上进行的投资，则前面的投资可能会影响后续投资，因为，前面的投资产生的现金流（经营水平和状况）会影响银行对企业的评价，影响企业下一步投资在多大程度上要通过银行借贷来实现，则银行对企业的信贷配给行为对企业的影响就会出现。如果企业前期的投资是良好的，投资产生的现金流是正的，并对企业的进一步投资的资金来源产生正的影响，则融资约束的投资效应就较小。如果企业的前期投资是差的或者坏的，则融资约束的投资效应就可能大一些。如果企业的前期投资与后续投资都是一个投资中一部分，则融资约束的结论可能表现出不同的结果。因为在项目完全结束之前，项目是不产生收益的，只有当项目完全结束时，投资才会产生收益，这时的融资约束程度受企业已有的净财富值的影响。

另外，企业外部融资的方式是多样的，除了银行的借贷方式之外，通过发行股票等形式也是企业可能选择的不同融资方式。因此，这些不同的融资方式的融资成本以及与银行借贷资金成本的差异，将影响企业的融资行为，从理论上讲这就是所谓的资本结构效应理论。

本书认为，企业投资决定首先是一个理性决策过程，而融资约束是在企业投资决策之外对投资产生影响。但两者对投资的影响不是相互割裂的，尽管融资约束对在企业之外对投资产生影响，但融资约束与不确定性都最终会转化为企业投资决策者的成本和收益的比较，因此，融资约束和不确定性约束是投资行为决定的内生化选择变量。

融资约束与不确定性投资约束的联系也表现为，融资约束可能受不确定性状况的影响。原因是融资约束的基础是信息的非对称性，是资金的供给者对借贷资金的风险的担忧，所以，银行对投资的结果的预期状况影响信贷配给的实施。如果整个经济环境的不确定性增加，则表明几乎是所有的投资都显示出风险增大的可能（而风险的增大，按照期权投资理论，不确定性增加是避免坏消息的价值增加，所以，理性投资者推迟投资的可能就增大），这样的情况下，银行实行信贷配给的可能就增加，所以，即使是企业认为有非常好的投资机会，银行也可能会中断企业的正常的借贷行为。显然，从资源使用的效率角度，银行的这种信贷紧缩行为不利于企业的投资增加，不利于资源的合理运用，因为，银行的这种对风险的担忧不是完全根据企业投资的实际情况，而是着眼于对整个投资的形势的判断。而整个经济环境的不确定性减少，或者说经济环境的确定性高，则银行对企业投资的整体形势看好，所以，银行实行信贷配给的动机就可能减少。由此我们可以得出这样的结论：经济环境的确定性水平在影响企业本身投资决定的同时，也对融资约束的可能性和程度产生影响。在这样的推理下，不确定性对融资约束有强化的趋势，而不确定性的降低对融资约束有降低的趋势，即不确定性与融资约束具有一致的影响方向（对投资）。

按照我们的分析，经济形势和经济周期性变化可能在很大程度上影响企业的投资水平。一般认为，在经济形势良好的情况下，投资环境的确定性相对要高一些，至少投资获取较高收益的可能性增加，银行对企业投资的信心增加，因而实行信贷配给的可能降低。相反，在经济形势处于不好的情况下，银行对企业的投资预期看低，则银行就很有可能实行信贷配给。由此我们可以认为，经济周期性变化与投资的周期性变化一致，因为经济周期性变化与企业对投资形势的判断一致，同时企业对经济形势的判断与资金提供者的判断一致，所以，投资也表现出周期性的变化。传统经济理论认为（如马克思的经济周期理论），是投资的周期性变化（特别是企业的固定资产投资）决定了经济的周期性变化，所以，投资的稳定是经济稳定的主要决定因素。但根据我们的分析，经济周期性变化与企业的投资变化是相互影响的过程，而投资的周期性变化与投资的影响因素的加强效应分不开，因为融资约束与不确定性效应是互相加强的。为什么经济的周期性变化与投资的周期性变化具有相互增加的特点，这与投资决定中的主观性预期有关。尽管投资决定是理性的分析过程，但投资者的主观预期在一定程度上影响人们的理性决策。同时，我们注意到，经济的周期性变化将影响人们关于投资的形势的预期，而投资预期是个体对外在形势的判断，是行为主体的自觉行为，所以，经济周期波动首先是微观主体行为的体现，而这种微观主体行为又与整个经济形势的特点一致，并增加这种形势的特点。一般情况下，当经济处于经济衰退时，这时应增加投资，应该提高银行的贷款数量，然而，根据我们的分析，经济衰退情况下的投资将减少，银行的借贷动机将降低。

因此，治理经济非稳定性，关键是改变融资约束与不确定性的相互加强的机制，希望能将融资约束与不确定性约束的效应分离。但在银行与企业关于投资的非对称性信息的情况下，要改变融资约束与不确定性的联系是困难的，一种可能的办法是在制度和政策上，有利于银行对企业投资的有关信息的获取，由此来降低银行信贷配给的动机，尤其是在经济危机的情况下，更应该改变资金供给者的信贷配给的动机，以提高投资的积极性。要提高银行对投资项目的信息的获取，可以考虑加强银行与企业之间的联系，增加银行在企业决策中的地位，增强银行在投资中的利益和决策能力。

与此同时，银行在对整个经济形势判断的同时，应注意区分不同企业和不同项目的风险特点，而不是一概而论。不确定性分为特质性不确定性和总体不确定性，特质性不确定性是指个体企业的不确定性，融资约束对企业的特质性不确定性的反应，就是融资约束的不确定性的结构效应。一般来说，不同企业对不确定性的反应可能是不同的，对于存在融资约束性的企业，当不确定性增加时，企业对风险的抵抗能力是有限的，所以，在同样情况下，不确定性增加将使企业的融资约束效应加强。因为，企业本身没有足够的净财富值来满足投资的资金需要，企业主要借助银行的借贷，则银行认为企业没有足够经财富值的情况，可能认为企业的投资风险增大的可能性就高，所以，银行索取的利率会增加，甚至是取消对该企业的借贷计划。在企业没有银行借贷资金资助的情况下，企业的自身的现金流水平将深刻影响企业的投资决定。这就是说，在不确定性经济环境一定的情况下，不同现金流水平的企业，因为银行对企业的“预期”，使不同企业对经济环境的不确定性的反应可能不同。经营差的企业对不确定性更敏感一些，而经营状况相对较好的企业则对经济环境的不确定性反应相对弱一些，因为不同经营水平的企业反映了企业的净财富值水平，由此会决定企业在何种程度上对融资约束做出反应。

第五章
体制转型与企业投资行为的特殊性

前面的一般理论分析表明，企业的投资行为既受不确定性环境的影响，又受现实的融资约束的影响。但对于处于转型时期的中国企业而言，我们不能简单地套用所谓的一般理论，中国转型时期的投资行为，既不同于典型计划经济时期的情况，也不同于成熟市场经济条件下的情况，必然表现出其特殊性。

中国企业的投资行为在很大程度上受体制和政策的影响。转型时期体制的特点是多方面的，但体制建设的滞后，以及政府对经济的过多干预等，使企业的行为表现出一定的非常规性，这些非常规性用现有的成熟理论是无法解释的，需要结合转型时期的体制特点、政策特点、企业的地位和结构等才能够正确地解释。

本章我们从转型时期的融资环境和企业的预算软约束性，体制转型与不确定性的关系等方面，来探讨这些因素与企业投资行为的关系。

第一节　转型时期企业投资行为的一般特点

中国经济正处于转型时期，与其他经济现象一样，中国的企业投资行为也表现出特殊性。因而，完全用西方的投资理论解释中国的企业投资行为是不恰当的。转型时期的经济环境和条件有一个共同点，这就是体制政策的特殊性和市场环境的特殊性，因而企业投资行为对不确定性和融资因素的反应，必然受这两种特殊环境和条件的左右。我们将这两种特殊性因素称为“体制性影响因素”和“市场性影响因素”。典型市场经济国家中的企业投资选择，主要受不确定性环境和融资因素的影响，而处于转型时期中的中国企业投资行为，将外加特定体制政策和特定市场环境因素的影响。转型时期的企业投资行为对不确定性和融资因素的反应，也表现出一定的特殊性。

首先，融资对企业投资选择的影响，在不同类型企业中有不同的表现。如国有企业相对于民营企业而言，上市企业相对于非上市企业而言，大企业相对于小企业而言，经营状况好的企业相对于经营状况差的企业而言，由于在获取银行资金以及其他形式的资金方面的相对优势，因而融资对企业投资行为的影响相对要小一些。造成这一现象的原因是复杂的。既有体制上的原因，也有政策上的原因。从体制上看，国有企业的经营体制的非市场化特点，政府与企业的特定关系，银行资金和政策财政资金对国有企业的倾斜等，致使国有等大型企业的投资选择时受融资约束较小，相对而言，企业投资行为的决定更多是考虑投资实际回报，即考虑资金成本和项目回报。如果是这样的情况，我们认为，传统的新古典投资理论完全可以解释，检验时使用加速模型也是适当的。

但对于民营企业或者其他形式的企业而言，如果在获取银行等社会资金上存在障碍，则企业即使有较为理想的投资回报预期，因为资金的限制条件，企业在没有自有资金，而自有资金的主要来源是企业的现金流水平，那么，企业的自身的经营状况和自我积累就成为决定投资能否进行的关键，如果在体制上和政策上不利于这些企业的外部融资，则这类企业的投资行为因为融资约束而受到抑制。假定这类企业投资行为相对于总体投资而言占据较大比例时，融资约束就使总投资水平受到限制，进一步讲，如果这些企业因为投资行为受到抑制，则投资的增长水平将受到限制，经济增长水平将下降。

国有企业在获取银行资金以及上市资格上具有明显的优势，其原因主要是“体制倾斜”。但改革使国有企业和其他形式的企业的投资行为，不仅要考虑“政府的意愿”，而且要考虑自身的利润最大化目标，即投资的目的服从“自身的意愿”，而这一意愿是企业以一个市场化的企业角色，根据投资的成本效益分析原理，在考虑投资的各种风险和收益的基础上综合分析得出的结论。

在“体制倾斜”和“市场倾斜”方面，国有企业具有明显的优势，但并不是任何时期都有这样的优势。从时间上看，改革之前和改革之后，国有的“体制倾斜”要大于“市场倾斜”，或许更明确地是国有企业具有几乎完全的“体制倾斜”和“政策倾斜”，因为改革之前的企业形式主要是国有或者集体企业，民营企业或者外资等企业形式较少，所以，国有企业相对于集体企业存在明显的融资优势。改革之后，随着企业形式的多样化和非国有企业形式的崛起，国有企业的竞争环境相对恶化，更进一步的是改革使国有企业，以及其他享受相对优越的融资条件的企业，受市场竞争的冲击，这种冲击既可以是国内的，也可以是国际的，有限的社会资金资源已经形成了一个竞拍市场，无论是何种企业形式，凡是要求资金需求的企业，都需要获得资金所有者的认可——出价较高的企业将获取资金，否则将被拒之门外。总之，国有企业相对优越的融资条件将不复存在，随着市场化改革的推进，以及其他形式的企业的竞争，这种条件将逐步消失。但在当前，国有企业的“体制倾斜”和“市场倾斜”优势还将持续存在。

其次，市场化改革不仅使资金的所有者要考虑投资需求者的“出价”，还要考虑资金使用者的风险，而资金使用者若以利润最大化为目标，则投资的风险就成为其考虑的重要方面，这就是企业投资行为的不确定性影响因素。影响市场化国家的企业投资选择的因素，主要也包括两个方面：一个是融资条件；另一个就是不确定性环境。不确定性环境也区分为宏观层次上的，及特定的中观层次的或者微观层次的。宏观层次上是对所有企业都起作用的，如经济运行的非稳定性，使几乎所有的企业的投资面临不确定性环境的影响，从而使大多数企业的资金使用的风险上升，则资金提供者的风险上升，资金提供者在考虑风险的情况下将减少资金贷出的动机。这在宏观上表现为总投资行为的抑制和总投资水平的下降。中观层次和微观层次上的不确定性不是针对所有企业，而是对部分企业，如土地价格波动主要对建筑等行业影响较大。

总之，在中国现阶段，企业的投资行为不仅受市场因素影响而且受体制和政策因素影响，这样，企业的大小和所有权的性质和经营状况，使企业对不确定性和融资因素的反应表现出不同的特点。

第二节　融资环境和融资约束的特点

一、关于预算软约束问题

（一）预算软约束的研究

预算软约束是经济学中经常出现的一个经济概念，尤其是在社会主义经济问题研究，或者转型经济研究中使用最多。预算软约束最早是由经济学家科尔纳（1979，1980，1986）提出并论证的。科尔纳主要讨论了社会主义经济在以短缺为条件下的经济行为特征。而现在更多的是讨论由社会主义的计划经济向市场经济转型过程中的现象，而且，预算软约束问题已经成为转型时期经济中的核心问题，这一概念也就成为经济研究中的核心概念。同样，预算软约束问题也是研究像中国这样的转型国家投资问题（这里主要是指国有企业投资）的一个重要概念。另外，有的学者认为，预算软约束问题不仅仅是社会主义经济，或者转型经济中出现的现象，事实上在资本主义经济中预算软约束问题同样存在，如20世纪90年代东亚的银行倒闭现象，有很多观点认为这一情况与预算软约束有关。①

预算软约束问题的研究大体上可以分为两个完全不同的派别：一个是从回答一些转型国家的实际经济问题，以及出台合适的政策问题的研究，这可以称为对实践问题的研究；另一个是对预算软约束现象的理论化研究，即构建合适的预算软约束的经济模型。

第一类研究如世界银行研究报告（1997，1999）；第二类研究如 Mathias Dewatripont 和 Eric Maskin 的文章。在 Mathias Dewatripont 和 Eric Maskin 的文章中，预算软约束的“软”是可以度量的，这样，如果从实际运用的角度或者政策研究的角度，可以为一个国家提供关于预算软约束情况的参考。

预算软约束的研究还包括中国的平新乔，平新乔主要讨论了银行与企业的关系，平新乔的研究视角定在市场经济的一般规律下的银行与企业的“非规律”的预算软约束问题。

就转型期的预算软约束问题，林毅夫及其合作者（1994，1997，1999）提出了自己的观点。他们认为“政策性负担”是形成企业预算软约束问题的根本原因，企业的性质与预算软约束之间并没有必然的联系。他们在一个更大的框架下分析为什么转型经济中的企业的“政策性负担”会普遍存在：这些国家都不同程度存在推行着违背经济比较优势的赶超战略。

在中国，所谓战略性社会负担，是指在传统的赶超战略的影响下，投资于我国不具有比较优势的资本密集型产业或产业区段所形成的负担；社会性负担，则是指由于国有企业承担过多的冗员和工人福利等社会性职能所形成的负担。这两个方面的政策性负担，都是中国推行重工业优先发展战略的内生产物。

服从于所谓的政策性负担，政府必然对企业实施一定补贴，从

① Janos Kornai, Eeic Maskin, and Gerard Roland, 'Understanding the Soft Budget Constraint', *Journal of Economic Literature* Vol. XLIpp. 1095 – 1136, December (2003).

而引发了企业的道德风险行为及预算软约束。政府对企业的政策性负担所造成的亏损有责无旁贷的责任，政府为了让这些承担着政策性负担的国有企业继续生存，就必然对国有企业进行事前的保护或者补贴，但是由于信息不对称，政府无法确知政策性负担给企业带来的亏损是多少，也很难区分一个企业的亏损是政策性负担造成的还是由于企业自身管理和经营造成的或者企业经理人员的道德风险造成的，在激励不相容的情况下，企业经理人员会将各种亏损，包括政策性负担造成的亏损和道德风险、管理不当等造成的亏损都归咎于政策性负担，在政府无法区分清楚两种亏损的情况下，政府又必须承担由于政策性负担造成的亏损的责任时，就只好把所有的亏损的责任承担起来，在企业的亏损形成后又给予事后的补贴，因此形成了企业的预算软约束。由于事后的保护或者补贴的可能性的存在，更加重了企业经理事前的道德风险问题。这样，在信息非对称和激励不相容的情况下，这种由于政策性负担带来的企业预算软约束，会加重影响国有企业的经营效率和激励机制。

因此，只要企业承担着政策性负担，就会引发企业的预算软约束。而企业是否承担了政策性负担实际上与企业的性质或者说所有制没有关系，所以在预算软约束与企业的所有制性质之间没有必然的联系。东欧与俄罗斯等国家的国有企业在大规模私有化之后，它们的政策性负担并没有剥离，而且私有化还会增加企业的讨价还价能力，所以预算软约束问题不但没有解决，政府补贴反而增加了，这个事实都可以由上面的理论来解释。

作者认为，预算软约束问题，需要在区分两种情况下的预算软约束现象；要对各种情况下的预算软约束问题产生的机理和表现形式进行分别研究；要在理论层面上对这一问题进行分析和研究，又要对各种现象的具体表现进行研究；要研究预算软约束与各种经济组织（尤其是预算约束性组织）行为的关系，以及企业投资行为与预算软约束的关系。

（二）软预算约束的含义

首先我们应明确一下什么是软预算约束。“软预算约束”的概念是借用西方经济中的微观经济学概念——预算约束这个表达。[①]预算软约束尽管是一种比喻，但在某种意义上确实描述了经济中的一种现象，以及产生这种现象的一些条件等。所以，预算软约束的描述应体现两个方面：一个是这一经济现象的特征；另一个是这一现象产生的情况。

一个组织（比如国有企业）有一个预算约束，这意味着这个组织的支出需要有自己的收入或者来自外界的馈赠和捐款。但如果这个组织没有这个收入或捐款，或者这个组织的赤字不断上升并达到一定的程度，则这个组织需要外在的干涉（资助），否则这个组织就会破产或者难以生存。约束的基本含义是所谓的财力约束——如流动性、偿还力和可以承受的最高债务额。当一个存在预算约束的组织——收入或者来自馈赠的资金无法满足自己的支出，或者出现严重的赤字时，这个组织就是一个高度预算约束的组织。这时，这个组织必然减少自身的支出，并停止相应的活动，如生产活动和投资活动。

所谓预算软约束就是当某一组织的一切或者一部分支出，不是来自于自身的收入或者其他人、组织或者政府的捐款，而是有外在的资金来源时，这个组织就会变成一个具有软预算、软约束的组织，这样的企业就是一个存在预算软约束特点的企业，如计划经济时期的国有企业，进一步讲，存在这样预算软约束的政府就是一个软预算约束的政府。从上述我们讨论的预算约束和高预算约束，就会发现软预算约束的含义，而从内容上就是指特定组织的财力约束与自身支出行为的无关性。存在软预算约束的组织的支出特点与没

---

① 在标准的微观经济学理论中，预算约束主要针对消费者，即消费者的收入和财富是有限的，消费者的消费行为必须是在自身预算约束条件下的选择过程。实际上生产者也有类似的特点，生产者的行为如生产行为和投资行为也应考虑预算约束问题。

有预算软约束的组织行为特点是不一样的。对于国有企业而言，来自于外界的资助可以是一个组织如银行，也可以是不同级别的政府如地方政府或中央政府，所以我们说，国有企业就是存在预算软约束的企业组织。其实，从经济学的角度，涉及支出与自身收入或者其他组织的馈赠无关的现象，都可以称为存在预算软约束，但通常情况下，预算软约束主要是指组织的预算约束问题，尽管个体行为往往也与个体的财富拥有或者收入的关系不大，从字面上也可以称作预算软约束，如国有单位中的领导（部分并不是全部）的消费行为。在社会主义经济中，我们通常可以见到这样的字样——拨款、贷款、资助和跳伞等，都是与预算软约束有关的现象。①

（三）企业和银行的预算软约束问题

首先，大量企业产生预算软约束的情况。在传统的社会主义计划经济中，企业的基本和主要的形式是国有的，企业的所有权与政府或国家是一致的，企业的利益与政府的利益是一致的，所以，会出现政府对经营困难的国有企业的救助。但在转型时期，政府或者其他形式的机构对企业的救助，不仅仅局限于国有企业，一些私有企业也可能会得到政府资助，如保加利亚的大型私有企业。因为，私有化改革过程中，一些大型国有企业的稳定是十分重要的，而且一些企业与政府的关系也十分复杂，产生这样的救助是完全可能的，一定意义上也是必须的，如为了经济的稳定和社会稳定，在典型的资本主义经济中，农业企业或者一些特定产业经常可以得到政府的资助。

其次，一些银行或者非银行金融机构也产生预算软约束。通常情况下是企业出现问题，银行救助企业（从形式上是这样），企业

---

① 上述观点参考 Janos Kornai，Eeic Maskin，and Gerard Roland，“Understanding the Soft Budget Constraint”，*Journal of Economic Literature* Vol. XLIpp. 1095 – 1136，December (2003).

的预算是软约束的，但银行本身也可能是软预算约束的。在实践中，一般都是小型银行可能出现经营问题，大型银行一般不会，但当银行出现问题时，往往是被别的银行兼并，或者得到别的银行的救助。救助的主体一般是别的或者更大的金融组织或银行，或者是政府。如在中国现阶段，由于大量的国有商业银行存在高额的不良资产，政府用财政的形式来资助这些银行，使其能够正常经营是经常的，有时这个数额是巨大的。再如，国家为了中国建设银行和中国银行能够正常上市，需要添足这些银行的资本金，政府资助是必要的。

二、预算软约束与企业行为

预算约束性企业（或组织）的正常行为表现为，自己的一切支出都来自于收入或者自身资产，但当企业预期到如果经营出现问题时，可能有来自于外界的各种资助，那么，这些预算约束性企业的行为就会发生扭曲。这些扭曲行为可能在资源的分配以及使用效率上产生不同的影响。

一个最明显的特征可能是预算约束性企业的经营管理者，没有增加企业利润，降低企业的生产成本，进行技术革新以及发展壮大的积极性。[①] 因为，降低生产成本是为了减少企业的投入，增加利润对企业来说没有多少压力和动力，而且，在企业预期到各种救助的情况下，企业已经将注意力放在迎合和满足提供资助的机构的领导上，而不是将精力投入到满足顾客、扩大销售上来。而提供资助的机构也因此有了寻租行为。

有一些文献专门讨论预算软约束和预算硬约束对企业行为的影响，而一些经验性的研究则集中在讨论转型时期的企业的行为特点，尤其是观察这些国家的企业在预算软约束，或者在预算硬约束情况下的企业行为。

① 可以联系林毅夫的“企业自生能力”的观点。

从理论上（通过模型），硬的预算约束将改变企业的效率，提高企业的技术水平和企业的竞争力，而从整个社会经济效益的角度，则提高了资源的利用率，增加了就业和财政收入。这就是企业预算约束的“硬”程度与企业行为的关系，以及这种硬的预算约束的直接和间接结果。相反，维持和增加预算软约束的程度，将出现相反的效应。这一理论假设已经获得经验检验（Simeon Djankov 和 Bernard Hoekman 2000，Claessens 和 Peters1997），以及中国的研究（Cull 和 Xu 2000，Li 和 Liang 1998）。经验研究的结果基本上与理论上的假设一致，即硬的预算约束有利于企业的结构和效率的改善。

预算软约束的一个重要后果是，它降低了价格作为市场经济中一个信号的引导作用，以及对企业生产经营行为的影响作用。因为，在预算软约束的条件下，企业不再关心价格对其生产成本以及利润的影响，从而，企业的生产和投资以及在整个经济中各产业之间的转移，就可能受到影响。

由于预算约束性的企业能够投入要素，而不用考虑要素获得所提供的支付，所以，企业对要素的需求变得异常大，从而引发要素的短缺，如在社会主义经济中的短缺（科尔纳，1992）。在中国，因为预算约束问题引起的资源过度需求，以至于出现严重的资源短缺的情况。同样，预算软约束还会在投资上使企业的行为表现出异常的举动。首先企业的资源投入和投资不是考虑投资的风险，或者说，为了投资者的利益尽可能地降低风险，而是在规模上、项目的获准上努力，而不管这个项目的真正价值以及风险。企业的这种选择一定意义上是“理性的”，因为企业可能会预期到项目失败会有外在的机构或者政府的资助，所以，投资过程就演变成为努力投资而不是考虑是不是正确投资的问题。显然，在这一点上，产生这样的结果首先是企业能够预期到有外在救助行为，所以，它的投资后果与自已的投资没有直接的关系，所以选择尽可能地投资，即使是企业在投资之前已经知道这个项目的价值（可能本身就是一个不良投资项目），企业也会选择投资。

两种行为的结果——生产扩张和投资扩张的结果是，一方面是资源的绝对短缺或者相对短缺；另一方面是生产的膨胀和投资的膨胀，引发了经济的过度膨胀——经济过热。这一情况在中国十分普遍。中国的经济体制、企业体制和投资体制，使预算软约束与企业以及地方的生产和投资行为相互影响，从而经济过热时有发生。关于投资膨胀与经济过热的关系，有的学者（克鲁格曼，1998）认为，1997～1998 年的亚洲金融危机，与金融机构的宽放款条件和政府政策的宽容约束特点有关，即预算软约束的特点引发了投资膨胀，从而引起经济的过分膨胀，进而引起金融危机。从预算约束的软的特性与经济行为——生产行为和投资行为的关系，可以说明社会主义经济严重短缺的逻辑结果，而这种短缺又反过来作用于行为者的进一步的行为特点，或者进一步强化了企业或者地方政府等行为者的生产和投资需求。

预算软约束下经济行为特点的特殊性，以及与典型市场经济框架下的经济行为特点的区别，是研究预算软约束的重要意义，同时，这种研究对于认识社会主义经济规律和转型时期经济规律，尤其是投资特点（主要是国有企业的投资行为的特点）是十分重要的。在分析中国的企业投资行为的过程中，国有企业在整个经济中的地位和作用是显而易见的，但国有企业的投资行为的影响因素是十分复杂的，而国有企业的投资过程必然因为预算软约束的影响，使其投资行为表现出不同的特点，这种特点不能简单地与市场经济条件下的企业投资行为相提并论。从理论研究的角度，一切以市场经济为背景的企业投资行为理论，都不能与中国的企业投资行为简单结合，需要考虑中国国有企业的特殊背景和独特的投资行为特点。另外，在研究预算软约束对国有企业投资行为的影响时候，必须注意不同时期的不同特点，如社会主义计划经济时期与转型时期的情况就可能不同。最重要的是，处在转型时期的企业，一方面是受市场因素的影响；另一方面是受预算软约束条件的影响。

三、预算软约束与融资约束

预算软约束是企业对所使用资金的态度，它的直接或者间接后果应包括两个方面：它使企业在资金使用时不会因为资金成本，资本的使用风险而改变用途或者停止使用；企业的外部资金获得本身没有过多的义务和责任，从而资金的使用可以在内外选择上，可能企业更倾向于选择外部资金，而且企业不会因为内部资金的不足成为企业经营或者投资的直接障碍。

在典型的市场经济中，企业的经营行为，无论是流动性资金支出还是资本投资的资金支出，资金的成本是企业必须考虑的基本方面。因为对于以利润最大化为目标的企业来说，任何资源包括资金资源都是有成本的，都是与企业的利润目标相一致的，企业必须充分考虑资金的使用与其相应的结果。市场经济中的资金是所有者的资源，任何对资金有要求的企业或者个人，必须因为使用这些资金支付必要的成本，即使是企业自己的资金也必须考虑资金的机会成本。资金使用的有偿性是市场经济的一个基本特点。资金使用的有偿性与企业的行为的关系体现在，企业的经营和投资过程是理性的或者相对理性的选择过程，这是市场经济中企业投资行为理性化的一个基本前提。

从这个意义讲，改变社会主义企业的投资行为，尤其是国有企业投资行为的关键是改变企业所使用资金的有偿性，必须改变企业的投资行为与资金使用的责任义务的关系，而不是改变政府对企业要求的行政意义上的义务——政府指令。

社会主义企业的资金本身是短缺的，但资金的使用却是无效的或者说是效率低下的，其中最重要的原因是资金使用的有偿性缺乏。为什么在社会主义经济中会存在资金使用的有偿性的缺乏？原因是多方面的，其中，产权关系的模糊以及相应的责任义务的缺乏，从而导致的资金使用的有偿性的缺乏。产权关系不仅仅是一个企业的性质特征，产权应包括资源的所有与相应的剩余索取，包括资源使用、处置与有偿转让等。我们认为，产权的多元化一定意义上与资源的有偿性有关，因为单一的产权或者所有权，没有在交易的范围上体现主体之间的互相制约与影响，而且集体或者共同所有的产权会使资源的使用的监督缺乏。

资金使用的有偿性的缺乏是导致资金资源分配和使用无效的直接原因。① 在社会主义经济中，资金的使用和资金的分配是通过不同的体制安排来实现的，其中，资金使用的主体形式是企业（也包括居民和政府等），资金的分配在不同的时期，有不同的渠道和不同的方式。对于资金的分配，在改革之前，主要是通过财政体制和财政资源分配给企业的。按照科尔纳的观点，企业可以通过谈判以及其他形式的努力来获得资金。改革之后，特别是现阶段，资金的分配主要是通过银行系统（可以代表金融体制）来分配资金资源的。所以，改革前后的区别体现在：资金的来源一个是政府的财政资金，一个是金融资源；一个是通过国家的财政和计划体制来实现资金分配，一个是通过银行金融体制来分配资金。

资金使用的约束力是与资金使用的有偿性十分相似的一个概念。我们认为，资金使用的约束力是由一组强制性义务组成，各种义务相互制约共同产生一个对使用主体起作用的力量。在市场经济中，资金使用的约束力包括：资金的所有权与使用权可能不是同一个主体；资金使用必须是有偿的；通过谈判建立借贷关系等。造成资金使用的约束力弱的原因包括：资金的所有者主体不十分明确，

① 关于获取资金支付的交易成本，因为体制和政策的原因，企业投资所需资金获取的交易成本是很大的，这一点在中国最明显，在计划经济时期，企业的投资决策与融资是捆绑在一起的，获得投资计划就同时获得了投资所需的资金，在财政拨款时期，资金来源于国家计划拨付，在“拨改贷”时期，投资资金的来源于银行贷款，而银行的贷款行为更多地受政府支配和干预，在这种情况下，企业为获取投资资金要支付的交易成本较高，交易成本的高低取决于申请者的竞争，和银行以及政府职能部门的寻租行为形成的租金支付。虽然没有学者对这种交易成本进行准确估计，但毫无疑问，这一成本是存在的并且是较高的。即使是在银行逐步市场化，银行具有相对独立经营权的情况下，资金获取要支付的交易成本仍然存在，因为只要政府对银行经营存在一定程度的干预，只要银行没有完全市场化和银行结构的中国有成分处于支配地位，以及银行业没有充分对外开放，则这种交易成本必然存在，当然交易成本的高低主要决定因素是政府对银行的干预。因而，处于转型时期的中国企业，在资金成本上还应加上交易成本这一项。

至少在具体的所有者地位上存在模糊的现象；资金所有者对资金使用的监督不力，而产生这种监督不力的原因又在于集体产权或者公共产权的本身缺陷，监督的动力不足以及成本较高等使监督缺乏应有的效果。在市场经济中，资金的使用与监督也存在一个效率与效果问题，但市场意义上的无效与资金约束力较低，不同于社会主义经济中的资金使用效率差的情况。因为，在社会主义经济中，资金的约束力差更多的是体制方面的原因，而不是市场方面的原因，所以说，社会主义经济中的资金约束力问题，存在市场和体制的双层因素的影响。

第三节　体制变革与经济环境的不确定性

从对企业投资决定影响范围角度，可以将不确定性分为总体不确定性和特质性不确定性。总体性不确定性表示经济环境的不确定性，这种总体性的不确定性表现为两个方面：一是宏观经济变量的不确定性，如汇率的不确定性和利率的不确定性；二是制度性的不确定性以及非经济因素的不确定性。[①] 特质性不确定性是指对特定企业，或者单个企业产生影响的不确定性。关于不确定性对投资决定影响是总体性不确定性大，还是特质性的不确定性，这里我们不做过多涉及，我们这里主要是分析体制变革与不确定性的关系。

一、制度性不确定性及其分类

由于制度不仅包括经济利益，而且体现政治和社会利益，所

① 关于制度性的不确定性，一些学者使用一些有意思的变量（也可能是非数量的），如财产等权利的安全性、腐败情况、政治权利的质量和政府的变化情况等。从制度这个非经济变量（相对于标准的宏观经济变量）角度，制度不确定性可以分为：政府的稳定性；政治暴力事件；政策的不确定性；执行的不确定性等。有关的研究参见 Aymo Brunetti Beatrice Weder，'Investment and Institutional Uncertainty A Comparative Study of Different Uncertainty Measures.' Technical Paper，*The World Bank and International Finance Corporation*，（1997）。

以，制度的不确定性应该既反映经济上的不确定性，也应该体现非经济的如政治上的不确定性。这样一来，仅仅从传统意义上（经济学意义上的）定义总体不确定性是不完全的。实际上，我们在考虑企业投资决定的特点的时候，一旦要涉及不确定性（总体性的不确定性），不能不考虑经济环境的不确定性。经济环境的不确定性显然不仅仅指一些宏观经济变量的不确定性，体制和制度性的变化特点也应该成为我们分析的对象。

当前学术界更多的是讨论市场的不确定性和经济变量的不确定性，很少讨论制度性的不确定性。一般认为不确定性应包括如下几种形式的不确定性。

第一，市场的不确定性和事件的不确定性。所谓市场的不确定性是指每个人完全确知他本人的偏好、资源配置、生产机会，但是不知道其他经济主体的情况。而事件的不确定性是每个人对所有的市场价格完全知道，但不能确知意外事件。①

第二，主观不确定性和客观不确定性。我国学者樊纲提出了主观不确定性和客观不确定性。他认为凯恩斯主义将预期利润作为决定投资和总需求的因素，将资本主义经济中的盲目性归结为人的主观预期，即投资者对未来的信心的不确定性，这就是人的主观因素导致的不确定性。②

本书认为从决定经济活动的不确定性来源看，一个是主观因素导致的不确定性，一个是客观因素导致的不确定性，但即使是主观的不确定性，本身也表现出客观的特点，所以，它也是客观意义上的不确定性。如投资水平与人们的主观预期有关，但主观预期产生的结果——投资行为的特点不是主观的，尤其是对一个企业来说，自己的决定行为虽然一定意义是主观的，但面对的市场或者整个商

① 张培刚：《微观经济学的产生和发展》，湖南人民出版社 1997 年版，第 374 ~ 358 页、第 467 ~ 474 页。

② 樊纲：《现代三大经济理论体系的比较与综合》，上海三联书店、上海人民出版社 1994 年版，第 291 ~ 293 页。

业景气则是客观的。另外，我们注意到这种主观预期决定的“主观不确定性”具有相互影响的特点，即不确定性决定了主观上的预期特点，而主观意义上的预期特点又反过来影响投资特点，投资行为又影响下一个时期的预期。

有的学者认为，客观的不确定性是具有客观表现的特点，它不随人的意志而出现，如抛掷硬币时出现的正反的可能性。客观不确定性是事物具有的可能，人们只能发现这种不确定性，一定意义上不能改变这种不确定性。而主观的不确定性是可以改变的不确定性，如努力可以提高考试的成绩，可以提高获得某种机会的可能性。①

第三，初级或者外生的不确定性和次级或者内生的不确定性。Koopmans 将不确定性分为初级性的不确定性和次级的不确定性。所谓的初级的或者外生的不确定性，是指由于自然的随机变化和消费者偏好的变化的不可预测性所带来的不确定性。而次级的或者内生的不确定性，是指决策者相互缺乏沟通而产生的不确定性，决策者无法知道其他决策者的决策选择和计划。② Koopmans 认为，次级不确定性同样重要，应该引起重视。

制度经济学家威廉姆斯认为 Koopmans 的次级不确定性还有没有包含的因素，如在 Koopmans 定义中没有由于策略性地隐藏、掩盖或者扭曲信息所引起的不确定性，在 Koopmans 的不确定性定义中也没有提到交易各方制定因对方的策略性计划的可能，而这正是事前不确定性和事后不确定性的来源。威廉姆斯将这种策略性的不确定性归因于机会主义，他将其称之为行为上的不确定性。③

上述的不确定性定义普遍忽视了一般意义上的制度不确定性问题，尽管制度经济学也分析了制度的不确定性，但注意的焦点是决

① 黄淳、何伟：《信息经济学》，经济科学出版社 1998 年版，第 42～45 页。

② 埃瑞克·菲吕博顿等：《新制度经济学》，上海财经大学出版社 1998 年版，第 76 页。

③ 埃瑞克·菲吕博顿等：《新制度经济学》，上海财经大学出版社 1998 年版，第 77 页。

策者的相互影响上，而通常意义上的制度不确定性应该是指体制或者制度环境上的不确定性，这种制度上的不确定性包括政策变化、政府变动、体制变革和政治性动荡等。

二、总体不确定性与投资水平的经验研究（文献回顾）

从经验研究的角度，大部分的研究是从国家整体的角度，分析了宏观经济变量的不确定性与投资（私人投资）决定的关系。如Serven 和 Solimano（1993）研究的结论表明，通货膨胀率和实际汇率的变动与私人投资呈现负的影响关系。使用同样的方法，Aizenman 和 Marion（1995）发现一些宏观经济变量，如对外贸易、通过膨胀和实际汇率变动与投资表现出负的关系。Gunter 则注意了宏观变量的波动趋势，而不是注意变量波动本身，使用时间序列参差的标准差来反映不确定性的特点，研究的结果与 Aizenman 和 Marion（1995）的结果一致。他发现汇率的波动和货币供给的不确定性使私人投资减少。

从制度变化或者制度不确定性的角度，分析对投资的影响文献相对较少。如有的学者分析了政治上的不确定性对私人投资的影响。关于制度或者政治不确定性的主要关注焦点是政府的稳定性（或者政权的稳定性）、社会动荡和财产权利的稳定性等。Barro（1991）发现，政府稳定性（革命的数量）和政治暴力（暗杀行为的数量）对私人投资高度影响。Keefer 和 Knack（1995）研究表明财产权利的保证性对私人投资的影响，如从出口的角度由于担心财产被征用或者对方违反合同，将对私人的投资动机产生影响。与 Keefer 和 Knack 研究相似，Mauro（1995）发现腐败现象对投资有负的影响作用（在一些国家中）。Brunetti，Kisunko 和 Weder（1997）对一些国家的企业家进行了调查，结果发现政府的非稳定性、腐败和司法的可靠性是决定总投资的重要影响因素。

以上研究是从国家比较的角度，分析不同国家的上述因素对总投资的影响，采取的方法是实证检验，基本结论是制度的不确定性对投资有负的影响。还有一部分研究是着眼于一些特定地区，如一些非洲国家和拉丁美洲的一些国家。Serven（1996）研究了非洲国家的贸易、实际汇率的变化和国内战争与投资的关系，结果表明不确定性减少了投资。Huasmann 和 Gavin（1996）以拉丁美洲国家为对象，分析了实际 GDP 的变动、实际汇率的变动与投资的关系，得出的结论是相同的，即这些不确定性对投资有负的影响。

值得注意的是，这些不确定性从总体上影响了投资水平，但不同种类的不确定性对投资的效应可能存在一定的差异。另外，总投资在这里主要是指私人的投资，私人投资也就是企业投资，企业投资中既包括了资本投资也包括一般性的生产投资。

上述讨论的制度性不确定性本身会影响宏观经济变量的变化。一般来说，制度上的不确定性如腐败和政治动荡，可能在很大程度上会影响宏观经济变量的稳定和连续性。因为宏观经济变量是通过一定的政策程序和体制框架来执行的，所以，当执行政策的人或者组织处于不断变化的过程中，或者执行者本身存在腐败等行为，可能会轻易改变社会经济以及政治活动的稳定性和连续性。从理论上讲，政治的稳定性是决定经济稳定性的基础，制度的完善性和稳定性是决定政策稳定性的前提，所以，宏观经济变量的非稳定性在一定程度上来自于制度上的非稳定性。

虽然上述没有直接提到发展中国家和转型性国家，但毫无疑义，发展中国家最有可能出现所谓的制度和宏观的不确定性问题。发展中国家与宏观不确定性的关系可能十分复杂，但发展中国家特有的制度缺陷、资源的贫乏、政治制度的非稳定性等是导致上述不确定性最重要的原因之一。我们知道，发展中国家的通病之一是腐败，为什么这些国家会出现大量的腐败行为，有些人认为这些国家的贫穷，是领导者的自利行为驱使的结果，其实，这些国家的制度建设滞后是非常重要的原因。从上述分析的结果看，发展中国家的政治稳定是十分重要的，政治的稳定才能保证权利尤其是财产权利的稳定，政治稳定也才能保证经济的稳定。

上述分析也没有突出所谓体制转型的情况。体制转型主要发生在一些发展中国家如中国，所以，经济发展的相对落后与制度建设的相对落后是一些国家可能出现宏观经济变量，或者说经济环境不确定的重要原因，对于我们来说，我们主要考虑体制变革，或者体制转型与不确定性的关系，下面我们以中国的情况为背景，重点讨论体制转型对不确定性形成的影响。

三、中国的体制转型与不确定性

（一）中国体制转型的基本特征

与其他形式的市场化改革不同，中国的体制变革有自身的特点，这些特点集中体现在以下几个方面。

第一，渐进性改革方案。渐进性改革方案突出了改革措施的出台和实施，是采取相对稳健的方式进行，这样，原有的体制和政策在一定范围和一定时期内具有相对稳定性和连续性，传统体制与新的体制可以在一定时期内可以嫁接，尽管这种嫁接可能使体制出现一定程度的空缺和摩擦损坏了效率。渐进性的改革方式需要实行相对缓和的改革措施，其基本的实施方式是所谓的增量改革。增量改革是在体制基本框架不变的前提下，逐步引入一些新体制的因素，如在计划经济中引入市场经济的竞争机制；在国有企业为主要形式的前提下积极引入非国有经济的成分；在资源统一配置的基本框架中引入一定范围的市场化方式，如计划价格之外的市场调节价模式；在以国内市场和范围之外引入一定的外来非社会主义经济方式等。

第二，局部性和实验性的改革开始，然后逐步推广的方式。渐进性的改革方式不仅体现在所谓的增量改革措施，而且，在改革的推进方式上注意在局部范围内实验的特点。如通过举办特区的方式，在主体体制之外进行市场化的改革实验，这种改革方式的最大的优点是将改革的风险局限在实验区内。局部性的改革也包括一些地区的优先进行改革；一些产业和行业首先进行改革，如对纺织行业的改革、对广大农村地区的首先改革。通过局部改革可以获得改革的基本经验，然后在全国范围内进行推广。局部性和实验性改革使改革的成本大幅度降低，因为风险仅仅局限于一定范围和地区或者行业，这种逐步推进的方式也使社会意识和观念的改变以及形成具有稳定连续的特点。

第三，体制外渗透的方式。增量改革的另一表现在于体制相对不变，在体制之外加入非计划的市场经济因素，逐步内化原有的计划经济体制。从中国的体制变革里程上，我们依次出现了“计划经济”——“计划为主市场为辅的商品经济”——“国家调节市场、市场引导企业体制”——“社会主义的市场经济体制”的体制目标模式。在基本体制相对不变的基础上，加入市场经济因素并逐步代替计划经济的体制转化模式，是保证渐进性改革方式成功的重要方面，以此为原则在价格改革上，企业改革上，国家调控经济上，对外经济的关系上等表现出体制之外渗透的特点。

（二）体制转型与不确定性的关系——理论解释

中国渐进式改革一个鲜明特点是体制变革不是一步到位，各时期的体制安排表现出过渡性，正因为这种体制过渡性特点，助长了人们关于未来体制状态的不确定性预期。体制转型中之所以会出现不确定性预期，可以从两个方面来说明。

第一，人们在改革时期产生不确定性预期，来源于中国体制改革的渐进改革，并由渐进改革决定的目标逐步显性化和体制过渡型安排的特点。渐进性改革是以承认决策者的有限理性为前提的，并采取所谓的“摸着石头过河”的改革方式。有限理性概念最早出现在西蒙的有限理性理论中，在我国，将有限理性与改革实践结合起来的学者包括周振华（1999）、周冰（2001）等。决策者的有限理性体现在两个方面：一是决策者的预见能力的限制，首要的是关于市场经济的知识不足，再就是理论上没有关于未来体制的系统而又科学的知识。二是决策者关于改革实践或者实现新体制的路线、不同阶段的目标、不同阶段之间的联系，以及各种措施配套措施等实践性的知识缺乏。有限理性在渐进性改革的决策中，体现在改革目标的选择和确定上，不是一开始就明确和定型的，而是动态的和有弹性的（周振华，1999）。改革最终目标的确定，是在不同时期的相近目标的不断替换之中逐步明确化的。例如，在改革初期，1979 年我们的改革目标定位为“以市场调节为辅的计划经济”；1984 年定位的目标是“有计划的商品经济”；1984 年的目标是“国家调节市场、市场引导企业”；1992 年则确定了“中国特色的社会主义市场经济”的改革目标。显然，最终目标的确定是逐步完善的，随着改革实践的进行，以及对社会主义未来发展的清楚认识，改革的最终目标才确定下来。

决策者的有限理性决定了在改革措施的出台目标为过渡性的特点，而不是对要达到的改革目标的一次性替换（周冰，2001）。过渡性的制度安排表现出体制的相对稳定性和非均衡的特点。实行过渡性制度安排是因为改革的决策者虽然已经认识到了改革的方向和通过的途径，但由于信息的不充分和未来的确定性，还是采取了相对保守的改革方案，使实际的改革措施与要达到的目标之间形成一定的距离。

第二，改革时期的利益不断产生和相应的调整过程决定了体制的相对性。社会中的经济矛盾是社会矛盾的基础，人们之间的物质利益矛盾不仅产生于改革时期，即使是改革之前，这种矛盾也存在，但改革在很大程度上使这种矛盾更加突出。改革是利益调整的过程，是对原有利益格局的调整，因此，改革必然在一定程度上激化一些矛盾。改革不是简单地推行所谓的改革目标，在实现这个目标的过程中，可能会出现来自各方面的阻力，其中一个重要阻力是原有的利益既得者，可能对改革持反对态度，这种反对倾向不仅体现在一般民众的态度上，而且表现在改革的决策者之间，以及广大的执行改革措施的领导者和群众。因此，改革是在正确协调这些矛盾的基础上逐步推进的过程。

改革产生的可能的利益矛盾体现在三个方面：一是由于体制改革，导致一部分人失去旧体制的各种利益，既包括权利、地位和特权等，也包括一般民众的就业和工作以及福利的权利和机会；二是改革最终目标是在实现大多数利益的最大化，但人们之间的相对利益是不同的，至少在实现最终目标之前是这样，人们之间利益矛盾不仅表现在绝对利益上，而且表现在相对利益上，改革不仅使人们之间的绝对利益可能距离扩大，而且加大人们利益的相对差距；三是通过补偿改革中的利益受损者，或者通过绝对的方法平均人们之间的利益差距，则改革的目标很难实现，而改革的最终目标的实现需要一定的时间，在此期间，利益的绝对差距和相对差距是必然的，所以，改革的“过程性”必然无法避免矛盾，这种矛盾会使改革措施的出现反复的和非一次性的特点，同时，为了稳定社会等目标的需要，体制安排的暂时性和过渡性也是必要的。

由此可见，在以渐进性的改革方式推进改革时，体制的非稳定性和非确定性是肯定的，体制的这种非稳定性和非确定性在人们的预期中必然有所反映。其实，体制或者制度的过渡性或者相对性，不仅在于体制或者制度本身，而且体现在转型时期的政策措施的相对性和过渡性的特点。体制不确定性的预期会在人们的经济行为中反映出来，如生产经营行为、消费和储蓄行为以及投资行为等。改革时期的这些经济行为不能简单地用完善体制下的一般特点来概括，它既不同于计划经济时期或者说改革前的特点，也不同于其他已经成熟的市场经济国家的一般经济行为特点。转型时期的经济行为的特点，需要联系上述我们讨论的体制过渡性引起的人们关于未来体制非稳定预期，必须考虑这种体制转型特点对经济行为的影响。

（三）转型时期经济环境不确定性的表现

从理论上讲，稳定的经济环境有利于企业投资的形成，因为，稳定的经济环境有利于企业对投资收益的稳定性预期，而预期对投资的重要性是不言而喻的。凯恩斯非常重视预期对投资形成的影响，凯恩斯认为，人们的预期心理是决定就业水平的主要决定因素——三大心理规律，这三大心理规律是：流动性偏好规律、边际消费倾向递减规律、资本边际收益递减规律。

渐进性改革在一定程度上增加了经济主体的关于体制和政策的不确定性的预期。改革时期形成的不确定性主要表现有如下几个方面。

首先，体制转型时期的人们收入水平的结构处于十分不确定性的状况下，而收入的不确定性可能对人们的消费行为产生影响。改革之前，人们的主要收入来源是工资加奖金，其中工资是主体，所以，计划经济时期的人们收入水平的差距是不大的，而且收入结构也十分稳定。改革时期的人们收入水平普遍提高了，而且结构也不同于改革前的情况。一般来讲，人们的收入水平一定程度上与经济运行状况有关，经济运行状况良好可以有利于人们收入水平的提高，而不好的运行状况会恶化人们的收入。在计划经济时期，经济虽然也出现波动，但多数情况下，宏观经济波动对人们收入和消费影响不大，因此，经济运行对收入和消费的影响不大且稳定。从经验统计上看，人们收入变化最大的时期是改革之后。计划经济时期人们的收入为什么相对稳定，原因有以下几个方面：一是收入分配体制决定的。计划经济时期的收入的主要来源是企业或者单位中的工资，而工资水平在企业与企业之间没有明显的区别，决定职工收入水平的工资制度长期不变。二是企业制度决定的收入形式单一且稳定不变。在计划经济时期，企业的主体形式是国有企业和集体企业，这些企业中的收入分配服从国家统一的政策，除了国有企业和集体企业，其他形式的企业如民营企业和外资企业几乎没有，所以，相对灵活的分配形式和工资制度没有，所以，人们只能在国有企业和集体企业或者相应的单位中获取稳定的工资收入。三是除了单位确定的工资收入之外，再没有其他形式的个人“第二职业”所获取的额外收入。四是国家的重视生产而轻视消费的发展战略决定了消费能力的可能增长空间。重视生产固然有利于生产能力的提高，但忽视消费能力的提高，在另一方面也可能抑制了生产能力的扩张。总之，计划经济时期的收入分配政策，以及其他形式的政策和体制决定了人们收入水平和结构的相对稳定。

相对稳定的收入状况以及相应的稳定的消费能力和结构，在一定程度上可能有利于企业的生产经营活动的开展。企业生产经济的目标是满足市场，市场需求的变化特点会影响企业的生产和投资的决定。在完善的市场经济国家中，人们的收入水平一直处于变化之中，首先是随着经济的发展，人们的收入在增加，消费能力在提高，消费结构也在变化之中，但消费特点的变化相对不变，很少受人们关于制度不确定性的影响，企业的生产经营和投资是在制度稳定的情况下，以及政策和法律框架基本稳定的情况下，正确捕捉市场的微妙变化，而不是制度的缺陷或者制度的相对过渡性的担心对企业投资的负面影响。计划经济时期，企业本身不可能面对市场，企业的经营目标和动力也不同于市场经济下的企业，所以，即使市场波动也不会引起企业投资行为的多大改变。

体制改革时期的不确定性制度预期，在改变人们收入消费结构的同时影响着企业的生产经营行为，改变和影响着企业的投资行为。消费的增长减慢会影响投资支出的增加，因为消费是最终需求，而投资需求是引致需求，经济的相对过剩以及人们对未来的不确定性预期，增加了储蓄而减少了消费。消费对投资的影响不仅表现在边际消费倾向的降低，而且体现在消费结构的变化对投资的影响上。改革时期的消费一方面受收入水平增加的影响，居民消费中基本消费减少，而发展性和投资性支出增加，以及对产品质量性能等方面要求增加，这必然会影响产业结构和企业的生产经营，在企业短时期无法改变技术水平和产业转移的情况下，企业的经营可能存在一定的困难，由此会对投资的收益产生影响。特别是改革和经济发展到了一定阶段，经济过剩的出现，使消费出现相对疲软的现象，所以增长缓慢的消费极大地影响了企业投资收入的良好预期。

其次，体制转型时期可能伴随经济秩序的一定程度的混乱。改革的最终目的是增加人们的收入，扩大经济的增长能力，保证经济的稳定运行，然而，要实现这些目标并不是一帆风顺的。改革时期最明显的阻力之一是体制的相对过渡性和体制空缺造成的经济秩序混乱。体制空缺之所以会引起经济秩序上的问题，可能的原因在于，一些经济力量总是钻国家政策和法律的空子，同时，摸着石头过河的改革方式，往往使用政策来代替稳定的体制，这也使经济调节表现出表面性和暂时性，从而使经济出现秩序混乱。体制转型时期出现的经济秩序混乱主要有以下几个方面的表现：① 一是价格秩序混乱。由于改革时期的价格体制改革不是一步到位的，一定时期，价格可能出现多重的决定渠道，同时改革时期的监督体制也存在滞后，尤其是在改革初期，对改革的路线尚不明确，所以，价格秩序的混乱似乎不可避免。价格改革和价格秩序混乱在一定程度上又助长了通货膨胀、物价的非稳定性。二是地方经济活跃，政府对经济的干预由直接干预向间接方式转化，出现了调控手段和能力的滞后，结果是一方面政府直接支配经济的能力降低，中央财政相对下降；另一方面，在体制暂时性空缺的情况下，一些经济势力会钻国家和政府的空子，如“铁本事件”。三是社会寻租现象普遍。

第四节　体制改革的不确定性与投资效应

前面我们集中讨论了体制转型中可能引起的经济环境的不确定性，下面我们通过一个简化的理论模型，来进一步分析转型时期的不确定性对投资的可能影响。由于不确定性表现是多方面的，而且体制转型中存在复杂的影响投资决定的因素，包括体制上的因素，政策上的因素，以及企业本身上的原因，所以，在分析体制转型时期的经济环境的不确定性时，有必要对改革时期的不确定性进行限制。

① 逄锦聚：《跨世纪宏观经济难题研究》，天津人民出版社2000年版。

一、限制条件和模型的构建基础

体制转型时期经济环境的不确定性是多样的，既有体制和制度性的，也有经济变量性的，而经济变量的不确定性又与制度的不确定性有关，所以，为了分析的方便，可以将不确定性本身给予一定的限制：一方面，这种不确定性必须是体制转型造成的；另一方面，这种不确定性必须是相对可以度量的；第三，不确定性可以与投资决定形成存在内生化的联系。

首先，渐进性改革方式引起的不确定性表现为体制和政策的不肯定性和复归性。体制是经济行为主体——企业和居民等主体形式运行的制度条件和体制环境，体制改革就是改变原有的制度条件，建立新的制度条件的过程。激进性的改革是一步到位的改革，即一次性实现改革的目标——建立新的市场经济的体制；渐进性改革则是逐步实现改革目标的过程，这样，在最终实现目标之前，体制可能因为多种原因常常出现体制复归，以及出台的改革方案具有过渡性和相对性。所以，体制改革产生的不确定性首先是体制的可改变性。另一方面，渐进性的改革中，经济政策也可能变现出改变和复归。①

渐进性的改革以及渐进性改革形成的体制和政策的不确定性预期，可能会影响企业的投资决定。假定企业是追求利润最大化的，企业注意投资的风险，企业的投资决定要考虑投资的成本与收益，投资成本就应包括资本的各项成本，因此，投资成本和收益情况就

---

① Dani Rodrik 最早以发展中国家如一些债务比较严重的国家为背景，分析了政策性改革的不确定性对私人投资的影响。参见 Dani Rodirik，'Policy Uncertainty and Private Investment in Developing Countries.' *Working Paper* No. 2999，（1989）. Dani Rodrik 的分析不完全适用于中国的情况，原因在于：20 世纪 80 年代的一些发展中国家如墨西哥（发生债务危机），基本上是采取市场经济的发展模式，尽管政府改革也有体制上的改革，但主要是政策改革。中国的改革目标是实现市场经济，主要是体制上的改革，所以，中国转型时期的不确定性远不仅仅是政策改革的不稳定性，另外，中国的资本市场也没有这些国家那样开放，总之，我们不能简单将 Dani Rodrik 的模型套用到中国中来。

应该影响其投资决定。与正常情况下比较，在改革条件下，由于未来实施的体制或者政策存在很大的不确定性，换一句话说，就是改革的目标发生改变的可能性较大，所以，对于企业来说，改革形成的不确定性预期一定会影响企业的投资。

为了说明问题，我们可以设定稳定体制环境的投资收益为一个确定的值，而体制改革则产生对投资产生有利的和不利的额外收益（补贴）或者负担（征税）。这个稳定的投资收益就相当于无风险收益一样，而改革使投资的预期收益增加，但不确定性增加，这样，企业就要比较：是在相对确定的收益领域中进行投资，获得确定的收益但相对较低，还是在改革的领域中进行投资，获得较高的预期收益，但风险较大。显然，理性投资者必须在这两种机会和成本之间进行比较。

这里，确定性的投资收益与改革的不确定性预期的投资收益，可以有不同的结合形式。因为企业的正常收益值是相对的（在企业看来）。如果改革是局部的，可能有些行业进行改革，有些行业没有进行改革，而没有改革的行业的投资收益相对来说是确定的，改革的行业的投资收益是不确定的，不改革行业的投资收益相对较低但风险也小，而改革的行业的投资收益大但不确定性——风险也大（产生不利的投资的结果的可能性较大）。如果改革是地区性的，则改革的地区与不改革的地区在投资收益上进行比较，不改革的地区的投资收益相对来说小但风险也小，而改革的地区的投资收益高但风险大。如果我们将确定性的投资收益定义为银行利率，则整体改革的收益是相对不确定性的。如果确定性的收益是没有进行改革的国家，而不确定性预期的投资收益国家就是正在进行改革的国家。

上述的几种可能结合形式存在一定的实践基础。如就改革的国家与不进行改革的国家而言，国际资本往往倾向于将资本投资于相对稳定的国家，因为，改革的国家的投资收益受不确定性的影响大；发达国家的投资收益稳定性要比发展中国家强，因为大多数发展中国家都要实施一定的改革，所以发达国家的国际投资要比发展中国家要高。这里，我们可以联系中国的情况，中国虽然是一个发展中国家，而且也正在进行改革，但吸引外资的能力却很强。这种情况似乎超乎寻常，这是因为影响中国吸引外资的其他原因在起作用，而从另一个角度说明了不确定性对投资的重要，即国际资本在中国的投资的收益能够大大补偿因为不确定性（改革产生的）增加的资本成本。再如中国的有些行业是相对稳定的行业如农业。农业的投资收益相对稳定但却不高，而钢铁行业在一定时期，如受国家宏观经济运行的影响，以及政策的暂时性影响，所以，钢铁行业的投资收益可能很大，但收益的不确定性也是显而易见的，如"铁本事件"。铁本事件说明：投资一旦成功收益将是巨大的，但风险是很大的，这个风险就是国家政策的调整（整顿）。该事件虽然有一定的特定原因，但就投资而言，政策的不确定造成的不确定性确实会影响投资的决定。改革开放初期，我国首先在一些地区进行改革，如东南沿海地区，以及办特区等，这些地区的早先改革使投资的预期看好，但不确定性也高，而这些地区之所以能够吸引大量的资本进入，就是因为这些地区的投资收益能够补偿不确定性引起的资本成本上升。

我们可以将改革引起的投资收益的变化定义为对投资的"征税"。改革对投资的征税可以是正向的，也可以是反向的。即由于改革对于企业来说，既可能是有利的，也可能是不利的，当改革是有利的，则这个税收值就是负的数值，当改革是不利的，则这个税收值就是正的数值。① 由于稳定体制的投资收益值无法明确定义，

① 改革对企业投资有利的条件或者结果包括，如便利于企业进入资本市场，减少政府的干预以及减少税收等。但即使是在企业看来是有利的改革，由于这种改革方案或者和措施可能存在变化——改革本身的不确定性，则在一定程度上加大了投资的风险。因为，投资是在政府宣布改革之前进行的投资，而在企业投资之后，改革的方案或许发生逆转或者撤回等变化，则原来相对有利的经济条件现在可能变得不利了，这时企业必须要考虑将已有的投资撤出，并将资本投资于新的领域中去，而企业进行这样的活动是有成本的，如资本撤出，本身将使原有的资本价值缩水，进入新的投资领域则也会发生成本，而如果企业直接进入别的的领域，这种成本增加是不会发生的。

可以将这一值约定为影子收益，就像经济学中的保留价格一样，是企业认为的正常收益。

我们知道，企业进行投资是一种相对长远性的投资，尤其是资本投资，则投资的收益不会是一个确定的值，企业必须对投资产生的未来收益进行预期，所以，上述的投资收益只是企业的主观预期。这样，改革产生的投资收益是改变企业的投资预期收益的过程，当改革对投资产生了正的影响效应，则改革将有利于投资支出，否则，改革对投资可能有抑制作用。

但是，改革的目的可能是从根本上改变经济的运行条件，所以，不能简单地认为改革是有利的或者有害的。所以，即使是当前改革对投资不利，而从长远的角度则可能是有利的。我们问题的关键是改革产生的不确定性，在多大程度上会影响了投资，由此我们可以明确在改革时期的投资特点，尤其是改革导致的不确定性影响了投资的形成。不确定性对投资决定的影响，从理论分析上看，不确定性将抑制投资的形成（即使假定企业是风险中性的也是这样）。① 不确定性将影响投资的期权价值，由此影响企业的投资决定，因为期权价值是企业投资决定的“时间意义上的机会成本”，所以，投资的时机是有价值的，它可以避免因为不良投资产生的沉淀成本（假定投资是不可逆的或者是部分不可逆的），期权价值必须计入投资的成本部分，在不确定性增加会影响投资的期权价值的假定下，不确定性将深刻影响投资的决定。

改革产生的不确定性将影响企业投资的价值，从而影响企业在投资之前的选择。改革的不确定性可以用改革方案的可改变性大小来表示。如果今天出台的改革方案或者政策，在未来一定时间内改变的可能很大，则表明改革的不确定性增大，相反，可以认为是改革的不确定性减少。这样一来，即使是改革产生的投资收益预期是

① 关于期权价值与不确定性的关系，一般理论认为，不确定性增加将使投资的价值上升，由此使投资的时间机会成本上升，所以，不确定性将抑制投资的形成。

增加的，但不确定性增加也会影响最终的投资价值，所以，在同样条件下，企业认为改革对自己可能是不利的，所以，企业会选择不投资。这里为了说明问题，我们假定企业的投资收益分成两种类型：不改革的行业或者地区的投资收益；改革地区或者行业的投资收益。

受 Dani Rodrik（1989）模型的启发，下面我们将改革的不确定性与投资决定结合起来。

二、改革的不确定性与企业投资决定

假定企业认为相对理想的或者正常的投资收益水平为 r^*，r^* 可以认为是影子投资收益水平，或者是国民经济中发展的比较理想的行业或者地区。①

改革就是对投资“征税”，则改革后的投资收益假定为 $r-t$，其中，r 为资本的边际产品，t 为改革的征税值，所以，$r-t$ 为考虑改革后影响的投资边际收益。

如果假定这个地区或者部门之所以要进行改革，是因为国民经济的这一部分存在效率低的情况，政府希望通过改革来提高投资支出水平。我们设定，这时（改革前）的投资收益水平为 $r-t_0$，所以，根据上述假定，$r-t_0<r^*$，改革的目的是希望能够达到：

$$r-t\geqslant r^*，且，r-t>r-t_0 \tag{5-1}$$

要达到这个目标，关键是改革对投资收益的征税的值如何。如果改革是成功的，则 $t<0$，且 $t\leqslant t_0$（如果 $t=t_0$，则表示改革不好也不坏）；如果改革相对不成功，则 $t>0$，且 $t\geqslant t_0$。

要保证投资会积极进入这一领域，则企业对改革的产生的投资预期是看好的，否则企业将不会增加投资，那样可以说明改革没有

---

① 实际上改革不仅对要改革行业产生影响，而且对非改革的行业和地区产生影响，况且，有些改革可能是全局性的，要是这样的话，将改革定义为上述含义是不全面的，但为了分析的需要，上述的限制是必要的。

改革好，即：

$$r-t<r-t_0<r^* \tag{5-2}$$

显然，企业可有不同的选择，可以选择继续在能够获得的 r^* 领域进行投资，也可以选择进入进行改革的领域，由于在改革前，这一领域的投资收益显然不如那些不需要进行改革的领域，因为 $r-t_0<r^*$，所以，要使改革确实能够改变投资水平，必须能够提高要改革领域的投资收益的预期。

然而，改革本身的结果是不确定性的，关键是改革会形成不确定性，会出现政策和体制的反复和暂时性。改革本身的这种不确定性将影响对投资收益的预期，当改革本身的不确定性增加，则企业对改革的不确定性预期增加，所以，在同样情况下，企业可能宁可不进入这一行业和地区，则改革的目标没有实现。当改革的不确定性没有变化，或者没有不确定性，如一旦体制确定将不会改变，或者政策的出台将是令人们确信的，那么，改革的不确定性将没有改变投资，即对投资没有影响。

现在我们要对改革的这种不确定性对投资的收益产生的影响进行估算。这里，我们使用期权的分析方法，并结合投资的不可逆性和投资收益的随机性假定，来达到这个目的。① 由于投资的不可逆性和调整成本的存在，所以，一旦企业选择的投资就不能轻易改变，因此，投资的期权价值必然存在。

先考虑投资于获取 r^* 决定的价值。由于这一投资是相对确定的，也不存在投资转移，则投资产生的价值为：

$$V_0=\frac{r^*}{\rho} \tag{5-3}$$

式中，V_0 表示投资不对改革反应的投资价值，ρ 为贴现因子。改革的不确定性主要是对进入要改革行业和地区的投资产生影响。这种

① 麦克唐纳、西格尔（1988），迪克西特（1987），Krugman（1988），平迪克（1988），迪克西特、平迪克（1994）等是将不确定性与期权方法结合的典范，并在分析中使用了维纳的随机假定。

不确定性可能对投资的影响主要是投资的成本效应。① 对于要投资的企业来说，这些成本包括：购买成本、安装成本、退出成本等。

企业决定一个单位资本（在一个单位时间内）是在哪个领域投资，投资于改革的领域时，企业要考虑一旦改革的政策或者体制发生逆转时，企业不得不将资本抽出的成本损失。为了避免损失，企业最好在投资之前计算好这些成本。

我们设定 V_1 为改革行业或者地区一个单位资本的最大化价值，V_1 的大小将依赖于改革逆转的可能性（改革逆转的概率），并由此引起企业的成本上升的因素。用 V_1^u来表示改革一旦逆转时资本的最大化价值（体现投资这一领域，但现在改革逆转，企业不得不将资本抽回对企业的成本增加的情况）。则改革一旦发生逆转的资本损失可以表示为：$[V_1 - V_1^u]$。这样，我们注意到，企业投资于这一领域的投资收益包括两个部分：

稳定的收益流——$r-t$；

预期的资本损失—— $[V_1 - V_1^u]$。

假定改革方案逆转的可能性——不确定性用 π 来表示，则现在的预期资本损失为：

$$\pi\ [V_1 - V_1^u]$$

现在将这些收益进行折现，则资本的价值为：

$$V_1 = \frac{\{(r-t) - \pi[V - V_1^u]\}}{\rho}$$

或者：

$$V_1 = \frac{1}{(\rho+\pi)}[(r-t) + \pi V_1^u] \qquad (5-4)$$

可以认为ρ、π 和 $r-t$ 是确定的，则资本的价值 V_1 的大小主要由 πV_1^u来决定。

---

① 因为，我们可以暂时假定投资的边际收益水平一定，且投资的边际收益随着资本存量的增加逐步减少，这样，不确定性将影响投资的成本，即资本的成本，进而影响投资的决定。

我们可以设想，改革的不确定性不发生——改革的方案不逆转，即 $\pi=0$，则企业对改革的预期不变，企业投资产生的边际收益为：

$$r-t_0$$

而且可以长期维持在这一水平上。

现在定义一个单位资本从已经投资的这一领域中撤退出来的成本为 θ，如果要保证现在的投资撤回，并实施新的投资安排（原因是改革的政策发生逆转，企业发现维持这样的资本存量是不合适的），则要满足如下条件：

$$r-t_0<r^*-\rho\theta$$

其中，$\rho\theta$ 为将资本撤回的成本价值。

相反，如果上述的等式发生变化，如 $r-t_0>r^*-\rho\theta$，则企业的现在投资决定即使是改革方案发生逆转，企业也维持原投资决定不变——将保持资本不动。

显然，投资可能发生撤回的可能性影响今天的投资决定。而 V_1^u 依赖于上述的不等式的符号方向。V_1^u大表示资本损失大，则资本撤回的可能性就大，相反，则资本维持原状的可能性就增大。这样，V_1^u 的值为：当 $t_0\leqslant(r-r^*)+\rho\theta$，$V_1^u=\dfrac{(r-t_0)}{\rho}$；当 $t_0\geqslant(r-r^*)+\rho\theta$，$V_1^u=\left(\dfrac{r^*}{\rho}\right)-\theta$。

可以进一步将 V_1 的大小表示如下：

$$V_1=\frac{1}{(\rho+\pi)}\left\{(r-t)+\pi\max\left[\frac{(r-t_0)}{\rho},\ \left(\frac{r^*}{\rho}\right)-\theta\right]\right\} \qquad (5-5)$$

现在我们要考虑何种情况会使企业选择资本转移，或者资本维持不变。

假定资本重新安排，如要进入能够产生 r^* 领域的进入成本为 ω,① 则如果资本确实能够发生转移，需要满足如下条件：

---

① 进入成本可能包含多项，如信息成本、交易成本等。

$$V_1 \geqslant V_0 + \omega$$

将公式（5－3）代入公式（5－5），则有如下式：

$$(r-t) - r^* \geqslant \pi(\omega+\theta) + \omega\rho$$

或者：

$$t \leqslant (r - r^*) - \omega\rho - \pi(\omega+\theta) \quad (5-6)$$

公式（5－6）有很强的解释作用。我们注意到不等式右端由三部分构成，这三部分分别表示不同的含义。

首先我们看不等式右端的第一部分。第一部分是 $r-r^*$，如果假定资本的进入和退出的成本为0，即 $\omega\rho=0$ 和 $\pi(\omega+\theta)=0$，则上述的不等式变为：

$$t \leqslant (r - r^*)$$

该不等式表示改革产生的 t 必须足够低，否则企业会将投资于经济中的其他部分，来赚取 r^* 的收益。正如我们前面指出的一样，当改革产生的结构有利于企业投资，则改革产生的征税就变为投资补贴，相反是对投资的真实征税，只有改革的补贴使企业觉得进入改革领域是适合的，企业才会增加投资。

不等式右端的第二部分为 $\omega\rho$，表示企业重新安排资本发生的成本。如果企业认为有必要重新安排资本，则它必须考虑这种安排的成本，这种成本是企业在进入改革行业或者地区时必须首先考虑，将其计入投资的成本中。

不等式右端的第三部分是 $\pi(\omega+\theta)$，表示改革必须对投资有足够的补偿作用，以剔除因为改革本身的不确定性对投资产生的副作用，从而对投资产生的顾虑。这一部分是关键的一部分，因为该部分体现了改革的不确定性的影响，这正是我们关注的问题。

上述不等式右端的各部分是企业一旦选择进入改革行业和地区时可能发生的成本，这些成本可能影响企业的投资决定。这就是说，改革产生的有利因素必须是足够得高，或者说 t 必须足够得低，否则改革就不可能使投资增加。我们还须注意，即使是改革对投资没有征税效应，即 $t=0$ 时，由于不确定性、进入成本和退出成本存在，仍然使企业的投资显示出顾虑。

一般来讲，从经验数值的角度，进入和退出的成本大约是安装成本的75%左右，所以，改革的不确定性产生的投资补贴要远高于安装成本。这里，我们还没有考虑企业一旦投资，而这个投资的收益不理想，可能使企业产生清算的可能等成本支出。根据不确定性产生的投资成本增加的特点，这样，不确定性增加将使投资的成本增加，假定不确定性 $\pi=10\%$，则成本增加为安装成本的7.5%，随着不确定性指派值的增加，成本增加值也提高。

改革的不确定性对投资的影响效应我们可以通过下面的几何图形来表示。

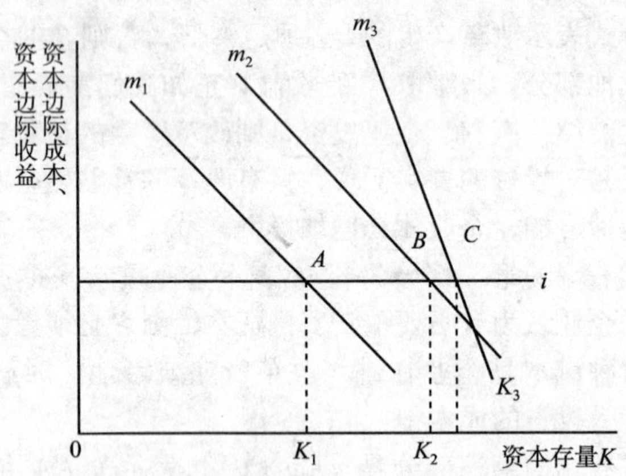

图5-1　改革的不确定性与企业的投资可能抑制

图5-1基本上可以体现改革的不确定性对投资的影响效应。图中，水平线表示资本成本线，倾斜线表示资本收益线，其中，m_1 表示存在改革成本的资本收益线，因为改革的不确定性引起的投资结果存在一个期权价值的效应，而这种期权价值的变化因为不确定性而增加，所以等于提高了投资的成本，引起投资的净收益减少，与一般的调整成本下的投资净收益相比，投资净收益线向左移

动了。m_2 为存在调整成本的投资净收益线，m_3 为资本品价格的边际投资成本线。三条投资净收益线与资本成本线相交于 A 点、B 点和 C 点。我们可以看出，由于改革的不确定性的结果，所以投资的成本上升了，所以投资的净收益也相应降低，在资本成本一定的情况下，企业的合意资本存量相应下降。图中显示的企业合意资本存量为：$K_1 < K_2 < K_3$。这说明，改革的不确定性可能会影响投资，因为，改革的投资补贴作用通常是难以保证的，而更多的情况是改革的不确定性是肯定的，所以，改革在一定时期可能严重影响了投资。相反，如果改革时期的投资水平没有降低，甚至增加正好说明了改革的不确定性虽然增大，但改革的补偿作用足够得大，所以投资增加。

三、如何看待改革成本

制度经济学认为，体制变革是一种制度变迁或者创新，而制度创新的基础是考虑新体制的收益，同时要考虑体制创新的成本，所以，制度创新是一个“成本—收益”的问题。如何看待改革的成本是最近几年来我国理论界比较关注的一个问题。本书认为，改革成本的问题应体现几个方面：一是改革的成本如何界定；二是改革发生的成本应包括哪些；分析改革成本的理论基础和工具是什么；如何能够做到以最小的改革成本达到改革的目标。

在我国，一些最有代表性的研究者包括，卢现祥（1996）、樊纲（1993）和盛洪（1994）等。卢现祥认为，改革发生于预期的收益大于预期的成本，是备选方案中改革组织者在现有信息条件下、有理性以及其他约束下成本最小、收益最大的方式。而改革成本本身也有狭义的改革成本和广义的改革成本之分，狭义的改革成本强调了改革对国民收入的影响，而广义的改革成本不仅包括直接可以计算的国民收入损失，而且包括社会心理等无形的社会政治经济成本。广义的改革成本中没有直接形成的“成本”，实际上对国民收入的增加和减少将产生广泛地影响。樊纲认为，只有将国民收入的损失才可以计入改革的成本。盛洪认为改革的成本不仅包括上述的国民收入的损失，而且应包括社会成本，如人们的情绪、社会混乱等。孙凤（2002）从改革产生的不确定性对消费的影响角度，计算了改革不确定性对消费的影响。但很少有学者关注改革的不确定性对投资的影响。

本书认为，改革的成本中的直接成本——影响国民收入的项，应正确估计投资的变化因为改革不确定性的较少。一定意义上，改革引起的投资的较少应高度重视，因为投资在中国的经济中十分重要，人们往往只看到了中国实际的较高的投资率，没有注意正常情况下的不确定性会影响投资水平。这里我们只是从理论上说明不确定性增加如何影响投资水平，如图 5－1 中，在改革不确定性增加的情况下，投资水平为 K_0，而没有改革的不确定性的投资应该是 K^*，所以，改革产生的不确定性使投资减少。因此，改革的成本之一是改革使投资较少的部分。

四、模型的扩展与启示作用

上述是对改革时期的投资活动的简化，实际投资行为可能不是这种情况。比如，我们假定转型时期，改革是部分的和局部的，所以，国民经济分成为改革的和不改革的，但有些改革是全局性的，有些改革是体制和制度上的改革，有些改革是政策上的改革，因此，不改革的行业或者地区本身也可能受到改革影响，而且如果不改革的部分的投资收益是确定的，则企业没有理由将资本投资在改革的行业或者地区，因为改革的不确定性是很大的，由此投资的风险是很大的。

解决上述的较为理想的办法是对模型进行扩展。我们可以设想，改革使投资显示出风险的增加，而不投资获取风险较小的政府债券或者银行利率是影响投资决定的关键因素。如上述的 r^* 假定是银行利率，则改革的不确定性决定的投资收益必须能够补偿相关的成本，而且，净收益必须至少不能小于 r^*。这样，我们通过比较正常的资本利息收益，与改革形成的征税值之间的差异，就可以知道改革在很大程度上会影响投资的决定。在这样的假定前提下，改革造成的不确定性不会限制在特定行业和地区，不确定性也可以扩展到经济环境的不确定性，由此引起企业投资行为的改变。毫无疑问，改革产生的总体不确定性在同样情况下，会抑制投资，而改革本身不是产生投资抑制作用的根本原因，而是改革的不确定性，以及改革引起的经济环境的不确定性抑制了投资。

我们知道，对于中国的改革和发展来讲，投资的作用很大，一旦投资增加存在问题，则对中国的经济正常运行和改革的正常推进产生十分不利的影响。值得庆幸的是，中国长期以来，即使是在改革以来，投资在总需求中的作用一直都是绝对性的，投资增长率也很高（参见表5-1）。

表5-1　　改革以来中国投资支出情况表

单位：亿元（人民币）

年份	GDP	总的固定资产投资	固定资产投资率（%）	支出法表示的GDP	总的资本形成	总投资率（%）	总的固定资产形成	固定资产投资率（%）
1978				3605.6	1377.9	38.2	1073.9	29.78
1979	4038.2			4074	1474.2	36.2	1151.2	28.26
1980	4517.8	910.9	20.16	4551.3	1590	34.9	1318	28.96
1981	4862.4	961	19.76	4901.4	1581	32.3	1253	25.56
1982	5294.7	1230.4	23.24	5498.2	1760.2	32.1	1493.2	27.2
1983	5934.5	1430.1	24.1	6076.3	2005	33	1709	28.13
1984	7171	1832.9	25.56	7164.4	2468.6	34.5	2125.6	29.67
1985	8964.4	2543.2	28.37	8792.1	3386	38.5	2641	30.04
1986	10202.2	3120.6	30.59	10132.8	3846	38	3098	30.57
1987	11962.5	3791.7	31.7	11784.7	4322	36.7	3742	31.75
1988	14928.3	4753.8	31.84	14704	5495	37.4	4624	31.45
1989	16909.2	4410.4	26.08	16466	6095	37	4339	26.35
1990	18547.9	4517	24.35	18319.5	6444	35.2	4732	25.83

续表

年份	GDP	总的固定资产投资	固定资产投资率（%）	支出法表示的GDP	总的资本形成	总投资率（%）	总的固定资产形成	固定资产投资率（%）
1991	21617.8	5594.5	25.88	21280.4	7517	35.3	5940	27.91
1992	26638.1	8080.1	30.33	25863.7	9636	37.3	8317	32.16
1993	34634.4	13072.3	37.74	34500.7	14998	43.5	12980	37.62
1994	46759.4	17042.1	36.45	46690.7	19260.6	41.3	16856.3	36.1
1995	58478.1	20019.3	34.23	58510.5	23877	40.8	20300.5	34.7
1996	67884.6	22913.5	33.75	68330.4	26867.2	39.3	23336.1	34.15
1997	74462.6	24941.1	33.49	74894.2	28457.6	38	25154.2	33.59
1998	78354.2	28406.2	36.26	79003.3	29545.9	37.4	27630.8	34.97
1999	82067.5	29854.7	36.38	82673.1	30701.6	37.1	29475.5	35.65
2000	89403.6	32917.7	36.82	89112.5	32255	36.2	32623.8	36.61

资料来源：中国统计年鉴（2001 年）。

产生这种矛盾的原因可能有几个方面。

第一，企业投资的主体形式是国有企业，国有企业投资行为在很大程度上可能不受不确定性的影响，或者影响很小。正如我们前面讨论国有企业得出的结论一样，中国经济存在大量的国有企业，成为中国经济的鲜明特点，是中国投资行为表现出特殊性的关键因素。因为国有企业的本身的行为特点，一定意义上不是一般市场经济条件下的企业投资行为。我们一般讨论的企业投资行为（包括上述讨论的企业主要是指私人投资，或者说民营经济的投资行为），是私人投资，私人投资主要是私营企业，这是市场经济国家中企业行为的基本条件，但即使是我们即将实行的社会主义市场经济，企业也必须是具备私人企业的行为特点，如追求最大化的利润，具有约束行为的特点等。而中国的国有企业在很大程度上与政府的干预的分不开；国有企业与原有的体制联系紧密；国有企业的经营风险与政府的潜在资助联系。由于体制的原因，国有企业的有相对软的预算约束的金融环境，企业在任何条件下的投资动机都是积极的或者说冲动的，不确定性与投资风险对企业投资的约束性并不强烈，至少没有对私人企业的投资约束强烈。另外，中国的资金供给体制也便利了国有企业的投资动机，因为银行的资金贷出或者资本市场的进入对国有企业十分有利。

第二，不确定性只是对部分企业产生影响。由于国有企业的特殊性，所以，不确定性对国有企业的投资行为影响可能要小些，但对非国有企业的影响就可能大一些。非国有企业，包括集体企业、私营企业、外资企业以及其他形式的股份制企业对不确定性的经济环境，对改革引起的不确定性反应要大。因为这些企业的基本行为特点是市场化的经济目标，这些企业之间存在相对充分的竞争，企业对经济行为的成本的考虑要比国有企业要强烈一些。

第三，中国经济中存在提高投资支出和投资率的内在驱动力。一方面长期以来受“政府”经济的影响，无论是中央政府，还是地方政府，尤其是地方政府存在强烈的提高投资的动机。因为投资增加与地方的经济利益，与地方领导的个人利益（包括经济利益和政治利益）直接相关。国家从发展经济的角度，投资是经济增长和发展的关键因素，所以，从整个国家的角度提高投资支出存在强烈的动机。计划经济时期，受政府赶超战略的影响，减少投资体制上便于政府推动投资支出的增加；改革时期，尤其随着改革的逐步升入，投资体制已经发生了很大的变化，即使政府具有提高投资的愿望，也必须通过企业的投资行为来实现，而改革产生的新的体制，使企业的投资主体形式和行为决定因素，已经发生变化，所以，政府在决定投资上的作用将大大下降，但政府在影响投资支出上的作用仍然不能忽视。政府在改革时期对投资的影响作用，可能体现在很多方面：如改变企业投资的资本供给环境，因为中国的资本供给的结构过于单一，而银行的经营政策和放款行为，以及资本市场的进入等，在很大程度上受政府的约束或者影响。另一方面，中国的经济体制，包括投资体制和企业体制和结构为投资冲动提供了体制条件。中国经济中出现投资冲动的实施说明了：一是资本资源还存在浪费；二是政府对投资决定起着十分重要的作用；三是企业的投资风险意识，或者说企业的经营行为中的理性约束作用没有真正体现出来；四是说明了改变经济运行的稳定性，避免经济波动的关键是体制问题。这些体制问题包括：构建适合的能够使社会资源，尤其是资本资源得到充分而又合理的使用的投资体制，为此，应正确定位政府在经济中的角色，定位政府在投资决定中的角色，要在企业体制上，尤其是国有企业的体制上改变企业的资产结构，改变资产经营的约束性，提高企业投资行为的风险意识（从体制上，不是从一时的政策上或者说教）。在资本供给体制上，改变单一结构，区分企业性质的非均等的贷款条件等，显示出充分的竞争的机制。

第四，中国的资本供给相对过剩，一定程度上激励了企业投资的动机。改革以来，受不确定性的影响和分配体制的影响，居民的消费行为有了变化，居民的储蓄加强了，出现了暂时性的储蓄过剩的现象，所以，企业投资的资金约束性降低，资本成本上升的空间相对减少，从而可能便于投资的形成。

第六章
实证检验和政策建议

理论分析表明，投资对不确定性和融资约束的反应结果可能是多元的，而本书分析结果显示不确定性和融资约束抑制企业的投资选择，降低了企业的投资水平。而从实证研究的角度看，有些研究结果显示不确定性影响了企业的投资选择，而另外一些研究则显示不确定性增加了投资，但普遍认为不确定性减少了企业的投资动机，降低了企业的投资水平。融资作为企业投资的必要条件之一，融资的可获取性和融资成本必将影响企业的投资选择。由于影响企业投资的因素复杂多样，以及研究使用方法上的差异等原因，实证研究的结论在不同学者之间形成的较大的差异。本书认为（根据前面的理论分析），不确定性效应也好，还是融资约束效应也好，可能与企业的经营环境和条件有关。① 下面我们仅以中国经济为背

---

① 所谓经营条件，与我们讨论的问题有关，是指企业的融资条件和经济环境的确定性。因为，资金是企业投资的必要条件，在资本借贷成本高于企业自有资金成本的前提下，企业本身的现金流，或者说净财富值水平将极大地影响企业的投资决定。所以，融资约束——资本市场非完全使资金成本上升的条件，我认为应包括两个方面：一方面是企业自身的原因，因为企业的自有资金充足，则融资约束就不存在了，因此，不同企业的融资约束程度可能不同；另一方面是来自于资金提供者的态度与行为，改善资金提供者的关于投的资信息数量，是改善融资约束的一个因素。两方面又是相互影响的，当资金提供者对投资的信息获取数量，依赖于企业对投资信息的披露，而企业的现有的净财富值或者净现金流，一定程度上可以改善资金提供者的态度。不确定性对所有的企业都可能产生影响，但对某类企业的影响可能更大，如融资约束强的企业。而且，不确定性通过影响企业的投资风险，改变企业的投资选择，但对资金提供者的影响可能不大，原因是信息非对称性，资金提供者主要观察企业已有的经营信息。实际中，不确定性的投资效应与融资约束效应的结合可能复杂多变。

景，使用上市公司的有关数据，通过对数据的合理分组，借助适当的检验模型，分析不确定性和融资约束的投资效应，尤其我们要观察不同企业的不同反应，以及两种效应的交叉特点。

第一节 实证检验

一、问题的提出

企业投资行为决定着企业的投资水平，而企业的投资水平会相应影响国民经济中的总投资水平，以及经济运行的平稳性，因而企业投资行为成为宏观经济学研究的重要命题。不仅如此，企业的投资选择是企业最为重要的决策行为，因为投资决定着企业的资本存量水平，决定着企业的未来收益特点以及相应的风险，所以，企业投资行为也是管理学必须研究的内容。

然而，正确解释企业的投资选择则依赖于企业投资理论的发展。早期的关于企业行为的假定和理论解释过于简化，与实际情况相距甚远，最近的投资理论关注了不确定性环境对企业投资行为的影响，以及融资环境和条件对企业投资行为的约束。这些研究大大地推动了企业投资行为理论的发展，促进了对现实经济中企业投资行为的正确解释。

就融资约束研究而言，学术界似乎普遍肯定了融资约束的存在。理论上，由于信息非对称性内外部融资之间存在资本成本差异，这样，由于不同企业拥有的自有资金水平不同，在相同条件下一些企业即使有较好的投资机会，可能因为迫于使用外在融资——即较高资本成本而使投资机会变得不恰当，从而使企业放弃了当前的投资选择。理论研究也肯定了资金借贷者或者资本市场对某类企业的借贷歧视，如限制对小型企业和经营状况差的企业或者信誉差的企业的借贷和融资服务。当企业投资因为融资成本或者缺乏资本而使投资受到限制时，融资约束就出现了。大量的实证研究似乎也支持了融资约束命题。在研究过程中，学者普遍使用企业自身的现金流水平作为企业自有资金水平的替代，这样，融资约束存在性问题——投资对企业自身现金流的依赖性问题就转化成为“投资—现金流敏感性”问题了，因而，投资—现金流敏感性越强则融资约束似乎越强。

在我们看来，有关融资约束的存在性研究需要在几个重要方面进行深入。首先，融资约束对什么样的企业存在，这些企业是否一定就是小型企业、经营状况差的企业和信誉差的企业，大型企业有没有存在的可能。其次，融资约束的特点可能在不同的经济环境和体制环境中有不同的表现，也就是说，融资约束具有普遍性但同时具有特殊性，应加强研究不同经济环境和不同体制条件下的融资约束，如中国转型时期的企业投资行为中有关融资约束的具体特点研究。再次，使用企业自身现金流与投资的敏感性作为研究融资约束程度的方式是否恰当。值得注意的是，如果在检验模型中加入不确定性变量，融资约束的特点是否会发生变化。直觉上不确定性变量的加入可能会影响企业投资的融资约束特点。

正是基于中国转型的经济背景，本检验将不确定性变量和投资—现金流敏感性集中在一个检验模型中，试图分析中国企业投资选择对不确定性的反应，尤其我们要观察中国企业投资行为是否存在融资约束，以及融资约束的具体特点。这种研究将有利于增强我们对企业投资行为的纵深认识，有利于制定正确的政策。

二、主要文献回顾

国外关于不确定性对企业投资行为影响的研究大体上分为两类：一类认为不确定性对企业投资具有抑制作用；另一类认为不确定性具有刺激作用。McDonald 和 Siegel（1986），Pindyck（1988），Dixit（1989），Dixit and Pindyck（1994）等使用了实物期权方法，研究的结论认为，不确定性对企业投资有负面影响，而 Athanasios（1995）使用 5 种不同的不确定性变量，即真实利率增长率、个人消费、前导性指标的复合指数、股票价格指数和 GDP 指数，采用 ARCH 研究方法，结果表明不确定性与企业投资之间存在显著的负相关关系。

国内的相关研究相对较少。Bo 和 Zhang（2002）使用我国辽宁省机械行业的 195 家企业样本数据就不确定性对投资的影响进行了研究，结果表明需求和劳动成本不确定性对国有企业的投资都没有影响，但劳动成本不确定性对集体企业的投资有正面影响。

国外关于融资约束研究文献较为丰富，这些研究分别使用不同的替代变量和不同的数据，对相应的命题进行了实证研究。普遍的结论支持了投资—现金流敏感性与融资约束正向相关的观点。

这一方面的研究当属 F-H-P（1988）研究最有影响。该研究从不同企业外源资融资成本差异性，说明企业投资对内部现金流的依赖，而这种依赖程度与企业外源性融资成本高低有关，当外在融资成本较高时投资选择很大程度就与企业的现金流水平相关，因而，投资—现金流敏感性与融资约束程度正向相关。F-H-P（1988）研究使用 421 家美国制造业企业（1970 ~ 1984）样本数据，根据股利支付情况进行分组，低股利支付的企业将大部分盈余用于投资，其投资对现金流的敏感性高，而与此对照，成熟的、高股利支付的企业，投资对现金流的敏感性低。由此，他们得出了投资—现金流敏感性与融资约束正向相关的结论。

Hoshi，Kashyap 和 Scharfstein（1991）从实证角度研究融资结构特点与企业投资的关系，认为资本市场信息和激励因素影响企业投资。研究中他们考察了两组日本企业，一组企业与主银行有紧密联系，主银行为企业主要外部融资渠道，该组企业融资约束程度较轻；而另一组企业则与主银行关系较为疏远，该组企业面临较为严峻的融资约束问题。结果表明，对于后一组企业，投资对现金流量的敏感程度高于前一组企业，由此也提供了投资—现金流敏感性与融资约束正向相关的证据。

Schaller（1993）研究了 212 家加拿大企业（1973 ~ 1986）的

数据，研究结论为：年轻、独立的、股权分散的制造企业的投资对于现金流较为敏感，由此说明投资—现金流敏感性与融资约束正向相关。同样，Chapman，Junor 和 Stegman（1996）使用 58 家澳大利亚样本企业（1974～1990）的数据，研究得出的结论与上述一致。

Kaplan 和 Zingales（1997）以及 Cleary（1999）等学者的研究与上述结论不同。Kaplan 和 Zingales（1997）首先从理论上分析了投资—现金流敏感性与融资约束之间的相关关系，他们认为两者之间并不存在单调相关关系。他们又利用 F-H-P（1988）研究中作为融资约束严重组的 49 家低股利企业进行了更加深入的研究，结果表明较高的投资—现金流敏感性并不必然意味着存在较高的融资约束，相反，较高投资—现金流敏感性的企业融资约束程度较低。他们给出的解释是由于经理在投资时会尽量使用内源融资，即使当外部资本市场存在低成本资金时也是如此。

而 Cleary（1999）采用通过与融资约束直接联系的财务变量所计算的多元判别系数，作为区分企业融资约束程度的标准，研究结论认为企业投资与财务因素直接相关，较高信用价值（基于传统财务比率）的企业具有较高的投资—现金流量敏感性，而较低信用价值企业的相应敏感性较低。Cleary（1999）的研究支持了 Kaplan 和 Zingales（1997）的结论。

到目前为止，国内相关研究的结论基本上与国外的主流观点一致，即普遍肯定了投资—现金流敏感性与融资约束正向相关的结论。这一方面的代表人物有冯巍（1999），何金耿、丁加华（2001），魏锋、刘星（2004）等。冯巍借鉴 F-H-P（1988）的研究方法，使用沪深交易所上市的 135 家制造业公司（1995～1997）的数据，通过考察投资对现金流量的敏感性来检验融资约束的严重程度，结果表明每股股利低于 0.05 元的企业、非国家重点和没有主办银行的企业的投资—现金流敏感性显著高于其他企业，从而得出现金流量影响那些存在严重融资约束的企业投资行为的结论。何金耿、丁加华的研究以股息发放率作为分组标准，得到了股息发放率越低、投资对现金流量的依赖程度越高的证据。魏锋、刘星（2004）为了研究融资约束、不确定性对公司投资行为的影响，利用我国制造业上市公司（1998～2002）的数据，使用股利支付率、多元判别分析值和公司规模等分组标准，考察各个组别企业投资对现金流量的敏感性。研究结论认为我国上市公司存在融资约束问题，融资约束与公司投资—现金流敏感性之间存在显著正相关关系。

国外文献中，将不确定性和融资约束两个问题结合在一起进行讨论则相对较少。Bo，Lensink 和 Sterken（2003）使用荷兰上市公司数据，研究表明不确定性高的企业所面临的融资约束比不确定性低的企业更加明显，同时指出了当使用成本不确定性程度作为分组标准时，投资—现金流量敏感性可以作为融资约束程度的指标。

国内从融资约束、不确定性视角研究企业投资行为的更少。国内第一篇将融资约束和不确定性因素结合，研究它们对公司投资行为影响的文献来自于魏锋、刘星（2004）的研究，该研究表明，我国上市公司存在融资约束状况，融资约束与公司投资—现金流敏感性之间显著正相关，公司特有不确定性与投资行为显著正相关，总体不确定性与公司投资之间正相关，市场不确定性与公司投资之间负相关，融资约束在一定程度上减轻了不确定性对公司投资的影响。

综合上述情况，国外关于融资约束研究的经验证据似乎模棱两可，但更多的研究支持了投资—现金流敏感性与融资约束之间正向相关的观点。而国内的研究结论也似乎普遍肯定了两者的正向相关的结论。本书认为，融资约束研究的结论的非一致性正好说明了企业投资行为的复杂性，融资约束是否表现为上述特点，或者说是否是正确的结论，很大程度上取决于我们研究使用的方法和相应的前提。有几点我们应该注意：第一，不同的经济环境和条件可能是影响研究结论的重要因素，如果在研究的过程中忽略这些因素，结论必然不同甚至相反。第二，从实证研究方面看，使用正确的方法（包括检验模型的选择）和正确的替代变量十分重要，诸如数据的分组和企业类型的区分都十分重要。第三，对于中国企业而言，应该注意企业的市场化水平、企业的目标函数、企业所处的资本市场环境和融资条件等。

就中国的上市公司而言，我们在研究中应考虑一些重要情况。如大量的国有股份占主导的上市企业；普遍为大型企业，小型企业较少，所以企业规模差异也是相对的；公司的大部分股份无法流通；由于企业与银行的特殊关系（主要是由于与政府特殊关系引发的），所以借贷融资影响可能是很小的，且证券市场的圈钱特性也使企业的融资约束可能减轻；由于企业一定程度上具有预算软约束的特点，所以企业的投资选择可能对不确定性的敏感性也较差。

与现有的研究不同：我们首先充分考虑了检验模型的合理性；其次，我们在现有研究的基础上注意在数据分组上对现有上市公司的实际给予了更多的考虑，如融资的便利程度可能与企业的国有股份大小有关、与企业的经营状况有关等；最后，我们使用了证券市场的最新数据，以此对中国上市公司的投资行为的不确定性反映和融资约束的存在性以及具体表现进行再分析，分析得出了一些结论部分与当前的主流观点一致，但也有部分结论具有反直觉的特点，这些结论应引起我们的重视。

三、模型的选择与构造

通过验证，我们希望达到这样的目的：一方面，从总体上，不确定性和融资约束可能抑制企业的当前投资；另一方面，不确定性与融资约束具有互相影响的效果，即所谓的结构效应。就结构效应而言，一些企业，如现金流状况较好的企业，可能对不确定性的敏感性要弱一些，而现金流状况较差的企业，可能对不确定性环境的敏感强一些；再如，大型企业与小型企业的情况可能又不同。最后，我们引入企业中的股权结构后，企业的融资约束和不确定性的投资效应又呈现出何种特点。

总之，考虑到企业在投资选择时，不确定性的投资效应，与融资约束效应可能互相影响的具体情况十分复杂，以及中国企业的投资行为的特殊性，我们仅仅从某种联系的可能性出发，来考察某种类型企业的投资与上述的两种影响因素的关系。这样一来，我们的结论可能与前述的理论存在一定的差异，这种情况在很大程度上与中国的特殊背景有关。

目前研究融资约束、不确定性与投资关系的模型主要有三类，即托宾 q 模型、加速模型和新古典模型。

托宾 q 模型[①]关注的是企业长期发展机会对投资行为的影响，该模型认为市场价格能够充分反映企业的长期发展机会，因此证券市场有效性是其基本条件。许多学者对我国证券市场效率进行了研究，总体结论倾向于 1993 年以后接近于弱势有效，但没有达到半强势有效，[②] 但也有很多研究结果认为我国证券市场并未达到弱势效率。[③] 显然，市场有效性条件还存在一定的问题。其次，我国上市公司的股份分为流通股和非流通股，这为估计 q 值带来困难。另外，特有的股权结构——即流通股和非流通股的存在限制了套利机制的作用，因而，企业的投资机会用 q 值来替代可能存在偏差。

新古典模型中使用资本成本概念，但在我国同样面临资本成本的科学计算问题。主要原因是利率市场化水平有限，企业的“资本成本”的非利率因素存在而且作用很大，如抵押物品、融资期限、债务契约条款等。另外，银企的特殊博弈关系使企业的资本成本意识相对不足。

与前两种模型比较，加速模型没有上述问题，而且模型的可观

① 体现投资价值的有效性变量是边际 q 值，但边际 q 值的获取比较困难，一般用平均 q 值来代替，所以，模型的有效性会受到影响，况且，中国的经济条件并不具备计算 q 值的条件。

② 参见宋颂兴、金伟根（1995）、杨朝军、蔡明超（2000）、陈小悦（1997）的研究。

③ 参见俞乔（1994）、吴世农（1996）、奉立城（2000）、吕继宏、赵振全（2000）的研究。

察性和可操作性较强。加速模型关注的是企业短期发展机会，企业收入的增长代表了这种发展机会，因此，将企业投资机会简化为销售收入的增长。加速模型由于避开了证券市场因素如企业市场价值等，也避开了企业融资的资本成本等，而仅考虑企业实际经营中的因素，比较适合于我国国情。因此，本书拟采用加速模型进行研究。基本模型设计如下：

$$\frac{I_{it}}{K_{i,t-1}}=\alpha+\beta_1\frac{\Delta REV_{i,t-1}}{REV_{i,t-1}}+\beta_2\frac{CF_{i,t-1}}{K_{i,t-1}}+\beta_3\frac{U_{i,t}}{K_{i,t-1}}+l_{it}$$

模型中，I 为企业投资增量，本研究中将其定义为固定资产（具体指资产负债表中固定资产原价、工程物资及在建工程三项之和）的年度增加值，这样定义可以较全面地反映企业的投资情况。K 为年初固定资产净额合计值，代表企业资本存量。企业资本存量是企业经营的基础，而投资是资本存量的主要来源，企业根据经济环境确定投资的大小，以满足企业资本存量的要求。这样，投资增量与资本存量（相对于一定时期，如企业的第 t 年的资本存量）的比值为企业的投资水平。

模型中，REV 为年度企业主营业务收入，ΔREV 为本年度主营业务收入相对于上年业务收入的增加额，两者的比值为营业收入变化对投资水平的解释程度。营业收入从几个方面有利于企业的投资。首先，营业收入的增加是企业经营状况良好的信号之一，有利于银行等金融机构对企业的经营评价，因而，主营业收入的增加预期减少企业的融资约束。其次，营业收入增加一定程度上能够提高企业的利润水平，如果企业的投资直接目标是最大化其利润，则主营业收入的增加将刺激企业的投资动机，可以预期这一变量的增加将促使企业增加投资。加速模型假定企业的投资需求与企业拥有的短期投资机会直接关联，是短期投资机会直接引发企业的投资选择，主营业收入增加将有利于企业投资的增加。最后，营业收入是企业自身拥有资金的基础，因而，主营业收入增加一定程度上将改善企业的融资困境，尤其是企业存在严重的外部融资成本压力和融资限制时更是如此。可以预期，营业收入的增加将增加企业的投资，即与企业的投资增加的方向一致。

这里，有必要特别指出主营业收入与一般营业收入的较大差别。主营业收入与一般营业收入的主要区别是，主营业收入是企业支柱产品和主要的利润增长点，因而它与企业的发展趋势一致，而一般营业收入则没有这个特点。另外，主营产品是企业的核心利润来源，尽管企业的营业收入是多个渠道的，经营的产品也可能是多元的（这要视每个企业的经营特点而定，不能一概而论）。因而，在同样条件下，只有主营业收入才更能促使企业增加投资。

CF 为企业的年度经营活动所产生的现金流量净额，净现金流与资本存量的比值反映企业的一定资本资产水平下的现金流水平。现有的大量的融资约束研究是基于“投资—现金流敏感性”研究。假定融资约表示投资因为融资条件受限制的情况，则存在融资约束的企业将更多地求助于自身的现金流，这样，企业受限制的程度越强，则企业投资所需资金更诉诸于内部现金流。因而，可以预期，融资约束程度与投资—现金流敏感性呈正方向变化。

U 为企业经营面临的不确定性因素，不确定性与资本存量的比值反映了企业投资过程中面临的不确定性水平。事实上企业面临的不确定性情况复杂多样，而从研究的角度，不确定性的表示、不确定性对投资的影响作用及其结果也不尽相同。虽然，本书研究企业投资与不确定性的关系主要使用了期权的方法，但该检验则使用通常的研究方法，以及使用一般意义上的不确定性替代，其中主要的原因是考虑到可操作性，以及中国资本市场和投资市场的期权价值的评价机制和条件缺乏。

模型中的 l 为残差项。另外，模型中所有 i 代表公司 i，t 代表第 t 年度。

预期出现的结果可以参照表 6－1。

表 6-1 模型变量定义与预期符号

	变量名	变量定义	预期符号
被解释变量	$Ii, t/Ki, t-1$	企业投资增量与资本存量的比值	
解释变量	$\Delta REVi, t/REVi, t-1$	本年度主营业务收入增长率	+
	$CFit/Ki, t-1$	年度经营活动所产生的现金流量净额，净现金流与资本存量的比值	+
	$Ui, t/Ki, t-1$	企业经营面临的不确定性因素	+

四、数据筛选与变量的代理问题

（一）样本选择

首先，该检验选择我国 A 股市场（深圳交易所和上海交易所）制造行业公司 1998～2003 年共计 6 年的数据。① 选择制造业作为研究对象是基于：（1）制造业的投资主体部分是固定资产投资，且回收期长，资产专用性强，具有不可逆转投资的特征，更能体现实物投资的特点，所以用现有的投资模型分析是适合的；（2）制造业企业的投资在国民经济中的投资具有代表性，能够代表中国投资的基本特点；（3）制造业的投资一般表现为生产性投资，直接作用于生产，因而适用加速模型是适合的；（4）制造业相对于其他行业讲，比较早地进入了证券市场，因而数据的完整性较好。

其次，我们之所以将数据的起始时间定在 1998 年，是因为财政部出台《现金流量表》会计准则，现金流量表作为强制性披露的会计报表正式出现，且必须经过审计。这说明，相对于 1998 年以前的会计报表信息，数据的可信度大大加强，从而使研究结果的科学性和有效性加强。

最后，我们对数据的筛选做出了规定。其原则如下：（1）选用 1997 年 12 月 31 日以前在我国 A 股市场上市的公司；（2）剔除样本中含有 ST、PT 类的公司；（3）为避免发行境内外资股或发行

① 制造行业的选择依据是中国证监会 2001 年 4 月发布的《上市公司行业分类指引》。

境外股份对公司投资行为的影响，样本中不含有发行 B 股、H 股、N 股的公司；（4）由于本书关注公司在可持续状态下的投资行为，样本中不含有进行过重大重组而改变行业属性的公司。

依据上述原则，最终选择的样本为 215 家公司，其中深圳证券交易所 109 家，上海证券交易所 106 家。①

（二）不确定性和融资约束的代理及数据分组

研究不确定性和融资约束的投资影响时，选择合适的代理变量是关键。因为不同的代理选择，即使使用相同的模型，估计的结果也会相差很大。应该在现有方法的基础上结合中国国情，来解决这一问题。另一问题是如何对讨论的对象进行分组，而这一问题与代理问题又是联系在一起的。

1. 融资约束的代理及企业分组。在考虑融资约束对投资影响是否存在时，现有文献采用对样本数据进行分组的方法。Fazzari，Hubbard 和 Petersen（1988）认为，股利支付的多少可以反映公司融资约束程度。股利支付越高，表明公司内部资金越充足，而若需要外部融资时也会相对容易，从而融资约束程度越轻。Hoshi，Kashyap 和 Scharfstein（1991）则采取企业是否存在主银行为分组标准。若企业有主银行作为其外部融资来源，则该类企业的融资约束较轻，否则企业将面临较为严重的融资约束。

Chow 和 Fung（1998）为了考察我国上海制造行业企业是否因存在借贷偏见而造成融资约束，使用了所有权结构作为区分融资约束程度的标准。Chow 和 Fung（2000）分析上海制造业行业的融资约束现象，使用了企业规模的划分标准，认为由于信息不对称原因，融资约束对小企业的影响要大于大企业。

① 本书的样本数据主要来自于深圳国泰安信息技术有限公司（GTA）提供的中国股票市场研究（CSMAR）数据库。个别数据来自于上海证券交易所网站（www. sse. com. cn）和深圳证券交易所网站（www. szse. cn），这些数据主要用于补充和修正 CSMAR 数据查询中出现的空缺和偏差。

国内现有文献研究融资约束时使用的分组标准基本借鉴国外做法，冯巍（1999）使用是否属于国家重点支持企业和股利支付水平作为分组标准。何金耿、丁加华（2001）使用股利支付水平作为标准。何金耿（2002）使用股权性质作为分组标准。魏锋、刘星（2004）使用股利支付率、多元判别分析确定的判别值以及公司规模作为区分融资约束程度的标准。

但本书认为，上市公司是否存在融资约束以及不同企业融资约束程度，不能完全按照西方的研究标准，因为西方研究的对象和背景与我国的现实不同。要研究中国企业的融资约束需要考虑两个方面的因素：市场因素（这要视中国企业的市场化程度水平而定）和体制政策因素（转型和改革的经济背景，以及与改革关联的暂时性政策调整）。所以从研究的有效性看，单纯从市场因素出发对分析对象进行分组并不恰当，如国内的有些学者以红利支付标准分组可能欠妥。中国大量的上市企业在上市前多是国有的，即使是上市以后，政府对企业的干预和影响仍然存在；另一方面，即使是非国有企业，政府和政策的影响相对于西方上市企业而言要大。除此之外，中国的证券市场和上市公司的有关体制也不同于西方，如中国的证券市场规模、进入机会的非均等性、信息的披露机制缺乏，等等，而且上市公司的结构和股权特点也具有特殊性。这些因素都会影响企业获取融资资源（外部融资）的成本和机会。

考虑到上述这些情况，我们认为企业分组应遵循如下原则：首先是市场性因素标准。① 销售以及净资产回报不仅是企业内源性

---

① 关于市场因素标准，国外的大量研究使用企业的年限、规模和客户关系等区分融资约束的程度。就企业的年限而言，一般认为年限长的企业相对于年限短的企业在融资资源的获取上占明显优势；而企业的规模对融资约束的影响表现在，大企业可能融资约束相对较小，因为银行从大企业中获取企业和项目信息的成本较低；长期的客户关系（银行与企业之间的关系）对融资约束的影响在于，银行和企业从各自的利益出发，长期关系不仅有利于信息在企业和银行之间的分布，而且有利于降低企业的投资风险，更重要的是可以方便企业的外部融资。相应的，研究中使用企业年限作为标准的学者包括 Devereux，Schiantarelli（1990），Oliner，Rudebusch（1992），Jaramillo（1996），Hermes，Lensink（1998）；使用企业规模的学者有 Gertler，Gilchrist（1994）；使用客户关系的学者包括 Fohlin（1998）等。

融资来源，而且也反映了企业的经营状况，从而有利于银行掌握企业的情况，便于银行对企业的融资。其次是政策因素，如净资产回报。净资产回报既是市场因素也是政策因素，因为至少在现阶段我国银行信贷发放要参照企业的净资产回报。再次是体制因素，如上市企业的国有股份比例。最后，上述的一些因素作用可能是交叉的，如企业规模是市场标准但与股权结构中国有股比例较高的企业交叉。基于上述考虑，我们具体采取如下的分类标准。

第一，国有持股比例的标准。因为直觉上国家持股比例高则融资约束的效应应该小，否则融资约束强。不确定性的影响作用也应该是这样的。国家持股比例分组为不具有重要影响组（[0，10%)），具有重要影响组（[10%，25%)），相对控股组（[25%，50%]），绝对控股组（(50%，100%)）。

第二，净资产回报的标准。我国上市公司在证券市场融资的很多行政规定都与净资产回报率挂钩，上市公司在证券市场融资的难易程度直接与净资产回报率相联系。银行在向上市公司提供贷款时，也会模仿证券市场的做法，给予净资产回报率高的企业以宽松的贷款支持，而对净资产回报率低的企业，则较为严格。由于净资产回报率关键性的“门槛”是 0 和 10%，故将净资产回报率的分组为（$-\infty$，0）、[0，10%）和 [10%，$+\infty$）。

第三，企业规模的标准。企业的规模是企业实力的表现，且往往与企业的信誉联系在一起。在中国，企业的发展规模也受到了政府和银行的首肯。预期企业的规模不同，则融资约束和不确定性的影响作用可能不同。按照企业规模将样本分组为小、中及大规模组，由于没有特定的分组界限，规模分组时均匀分配样本单位进入各组。

2. 不确定性的代理。在国外，如 Bo，Zhang（2002）使用产品市场和要素市场的滚动标准差来表示不确定性。在国内，魏锋、刘星（2004）使用股票收益率的波动性，但使用此方法的缺陷是，企业投资行为与股价波动并无直接联系，即证券市场对企业实际运作的反应有限。

我们倾向于使用企业主营业务收入三年滚动标准差（Rolling Standard Deviation）作为代理变量。比如，计算1998年U值时（U为不确定性因素），使用1996年、1997年和1998年主营业务收入值，计算1999年U值时，使用1997年、1998年和1999年主营业务收入值，以此类推。l为残差项。①

五、检验的结果和主要结论

检验结果有以下一些特点。

1. 总体模型的结果（见表6－2）。结果显示加速模型可以作为企业投资的决策模型。② 由模型1可知，加速模型对投资的解释度达到18%，即企业销售收入变化是决定企业投资的一个重要因素。当在加速模型基础上分别引入现金流量、不确定性因素后，模型的可决系数逐步提高，模型2、模型3可决系数分别为19.8%和23.1%；同时，系数β_2、β_3显著不为0，表明现金流量、不确定性因素对企业投资有显著影响。当将现金流量、不确定性因素同时引入模型后，模型的可决系数进一步提高至24.5%，β_1、β_2、β_3显著不为0，可以认为，样本企业投资受到现金流量和不确定性的相互加强的影响。这一结论说明，在同样情况下，企业的不确定性影响和融资影响不能分开来考虑，它们存在相互影响作用。

---

① 本研究使用面板数据（panel data）进行研究，具体分析时采用固定效应（Fixed Effects）和非加权（No weighting）方法。所使用的软件为Eviews 4.0。

② 另外注意：加速器的解释力加强可能与融资约束的抑制效应可能不是同步的，因为，当整个经济环境趋于良好预期，往往使资金的提供者的预期也趋于变好，则加速器解释了增强的同时，融资约束可能会下降。不确定性的负面影响也需要结合整个经济形势的变化特点，因为企业对不确定性的反应，在不同经济形势下是不同的，经济形势看好时，即使不确定性增加，可能企业会提高投资的积极性，而事实上不确定性增加可能伴随收益空间的增加，所以经济形势的看好对企业投资影响，可能从几个方面鼓励了投资水平的提高。

表 6-2 所有样本检验结果

解释变量	所有样本			
	模型 1	模型 2	模型 3	模型 4
$\Delta REVi, t/REVi, t-1$	0.472	0.46	0.251	0.251
t 值	15.95	15.68	6.737	6.808
p 值	0	0	0	0
$CFit/Ki, t-1$		0.344		0.294
t 值		5.517		4.835
p 值		0		0
$Ui, t/Ki, t-1$			0.312	0.297
t 值			9.341	8.936
p 值			0	0
$R2$	0.183	0.202	0.236	0.249
$adj. R2$	0.18	0.198	0.231	0.245
企业数	215	215	215	215

2. 按照国家股比例分组的结果（表 6-3）。比较模型 2 的检验结果，通过现金流量系数 β_2 可以看出，随着国家股比例的上升，现金流量与投资之间的敏感性逐步加强，这一结果与通常预期的融资约束程度随国家股比例上升而下降的预期正好相反，但是与 Kaplan 和 Zingales（1997）的研究结论一致。一般认为，国有股权比例高的企业从两个方面有利于融资，一是“国有企业”受到政府和银行等金融组织的偏爱；二是国有股权比例较大的上市企业往往是规模较大的企业，而规模大小与企业的外部融资约束程度相联系。单从企业规模因素角度看，大企业未必就不存在融资约束，因为，规模大的企业虽然实力强，一定程度上有利于经营，但较大规模的上市公司可能存在股权分散的弱势，因而代理成本可能反而上升，而小公司则没有这样的问题。就中国的上市公司而言，虽然企业的规模差异并不大，而且国有股权比例较大的企业正好反映了股权集中，应该有利于克服代理问题；但另一方面，国有股权高的企业却存在其

表 6-3 根据国家股比例分组的检验结果

解释变量	国家股［0, 10%）				国家股［10%，25%）				国家股［25%，50%）				国家股（50%，100%）			
	模型1	模型2	模型3	模型4	模型1	模型2	模型3	模型4	模型1	模型2	模型3	模型4	模型1	模型2	模型3	模型4
$\Delta REVi$，$t/REVi$，$t-1$	0.197	0.199	0.157	0.159	0.169	0.152	0.056	0.027	0.063	0.037	-0.04	-0.04	0.64	0.609	0.293	0.254
t 值	3.75	3.783	2.981	3.011	1.472	1.314	0.429	0.205	0.969	0.58	-0.53	-0.57	14.74	14.27	3.849	3.428
p 值	0.0002	0.0002	0	0.003	0.146	0.193	0.669	0.838	0.334	0.562	0.6	0.569	0	0	0	0.0007
$CFit/Ki$，$t-1$		0.131		0.066		0.104		0.118		0.264		0.226		0.791		0.805
t 值		1.265		0.638		1.28		1.474		3.351		2.83		5.738		5.996
p 值		0.207		0.524		0.205		0.145		0.0009		0.005		0		0
Ui，t/Ki，$t-1$			0.227	0.221			0.138	0.149			0.145	0.118			0.376	0.383
t 值			3.933	3.767			1.728	1.874			2.992	2.402			5.504	5.771
p 值			0	0.0002			0.088	0.065			0.003	0.017			0	0
$R2$	0.075	0.079	0.113	0.114	0.148	0.167		0.208	0.039	0.082	0.073	0.103	0.288	0.326	0.323	0.363
$adj.\ R2$	0.06	0.062	0.096	0.094	0.076	0.084		0.116	0.016	0.055	0.047	0.073	0.28	0.318	0.315	0.354
企业数	62	62	62	62	13	13	13	13	42	42	42	42	98	98	98	98

他方面的代理问题。同时，这种反常的结果一定程度上可能具有过渡性的特点，长期内随着体制和政策的完善，这种类型的企业融资约束会较低。

比较模型 3 的检验结果，通过不确定性因素系数 β_3 可以看出，不确定性对投资的影响随着国家股比例的上升而呈现倒 U 形结构。这一结果部分验证了通常假设预期，但国家股比例最高组的不确定性因素系数 β_3 的高度显著却与预期相反。出现这一结果的原因可能是在当前国家改革和逐步加强国有资产管理体制的大背景下，国家首先开始对国家股比重大的企业强化所有者职能，加大监管，因此造成了该类型企业投资决策时对不确定性风险的敏感。

3. 按照净资产回报率（ROE）分组的结果（表 6 - 4）。比较模型 2 的检验结果，通过现金流量系数 β_2 可以看出，随着 ROE 的上升，现金流量与投资之间的敏感性逐步加强。这与通常的假设预期结果正好相反，但与 Kaplan 和 Zingales（1997）和 Cleary（1999）的结论一致。比较模型 3 的检验结果，通过不确定性因素系数 β_3 可以看出，不确定性对投资的影响呈现 U 形结果，在 ROE 处于［0，10%）的样本企业组内影响最为显著，而对于其他两组企业则不显著，这一结果验证了我们的预期假设。

4. 按照总资产规模分组的结果（表 6 - 5）。比较模型 2 的检验结果，通过现金流量系数 β_2 可以看出，随着企业规模的增大，现金流量与投资之间敏感性呈现出倒 U 形结构，即规模最小和最大组的敏感性最强，而规模中等组缺乏敏感性。这部分验证了预期假设，即企业规模越小，融资约束程度越严重，但规模最大组的现金流量与投资之间的高度敏感性却与预期相反。如前所述，原因是大型企业存在特有的代理问题，或者这只是暂时性的。比较模型 3 的检验结果，通过不确定性因素系数 β_3 可以看出，不确定性对各组企业投资影响都有显著影响。这种影响随着企业规模增大也增加。这与预期正好相反，可能的解释是由于小规模企业的风险识别、控制体系不如大规模企业完善造成的。

表 6-4　　根据 ROE 分组的检验结果

解释变量	ROE（-∝，0）				ROE［0，10%）				ROE［10%，+∝）			
	模型 1	模型 2	模型 3	模型 4	模型 1	模型 2	模型 3	模型 4	模型 1	模型 2	模型 3	模型 4
$\Delta REVi, t/REVi, t-1$	0.03	0.026	0.029	0.025	0.494	0.489	0.164	0.168	0.608	0.601	0.541	0.56
t 值	0.837	0.726	0.83	0.721	7.786	7.733	2.347	2.402	12.51	12.65	6.279	6.632
p 值	0.404	0.469	0.407	0.472	0	0	0.019	0.017	0	0	0	0
$CFi, t/Ki, t-1$		0.167		0.166		0.222		0.138		0.546		0.539
t 值		1.936		1.914		2.57		1.664		4.096		4.023
p 值		0.054		0.057		0.01		0.097		0.0001		0.0001
$Ui, t/Ki, t-1$			-0.02	-0.02			0.504	0.494			0.068	0.042
t 值			-0.41	-0.33			9.177	8.938			0.927	0.585
p 值			0.681	0.745			0	0			0.354	0.559
$R2$	0.031	0.049	0.032	0.05	0.109	0.117	0.2	0.203	0.343	0.375	0.345	0.376
$adj.\ R2$	0.002	0.015	0.026	0.011	0.102	0.108	0.192	0.194	0.331	0.362	0.331	0.361
企业数	34	34	34	34	125	125	125	125	56	56	56	56

表 6－5 根据规模分组的检验结果

解释变量	规模最小				规模中等				规模最大			
	模型 1	模型 2	模型 3	模型 4	模型 1	模型 2	模型 3	模型 4	模型 1	模型 2	模型 3	模型 4
$\Delta REVi, t/REVi, t-1$	0.088	0.084	0.074	0.072	0.837	0.83	0.652	0.651	0.365	0.39	-0.01	0.035
t 值	2.564	2.503	2.122	2.106	19.07	18.1	9.467	9.405	5.863	6.284	-0.08	0.388
p 值	0.011	0.013	0.034	0.036	0	0	0	0	0	0	0.933	0.698
$CFi, t/Ki, t-1$		0.259		0.249		0.06		0.017		0.447		0.356
t 值		3.854		3.708		0.599		0.168		3.293		2.682
p 值		0.0001		0.0002		0.549		0.867		0.001		0.008
$Ui, t/Ki, t-1$			0.132	0.117			0.233	0.231			0.352	0.33
t 值			2.308	2.066			3.469	3.415			5.658	5.304
p 值			0.022	0.039			0.0006	0.0007			0	0
$R2$	0.034	0.067	0.046	0.077	0.477	0.477	0.491	0.491	0.106	0.128	0.169	0.182
$adj.\ R2$	0.02	0.052	0.03	0.059	0.47	0.469	0.483	0.482	0.093	0.114	0.155	0.167
企业数	71	71	71	71	72	72	72	72	72	72	72	72

5. 综合考察融资约束与不确定性的检验结果（表6-6）。通过在模型中引入国有持股比例、净资产回报率和企业规模等变量与现金流、不确定性变量之间交叉乘积变量，综合检验融资约束与不确定性对企业投资的影响。检验结果见表6-6，其中，变量*GYG*为国有持股比例，*ROE*为净资产回报率，*SIZE*为企业规模。由表6-6的检验结果可知，交叉乘积项*GYG*∗*CFi*，*t*/*Ki*，*t*-1回归系数显著为正，说明了国有股比例越高，投资现金流敏感性越高，从而验证了前述分组一中有关检验结果。交叉乘积项*GYG*∗*Ui*，*t*/*Ki*，*t*-1和*SIZE*∗*Ui*，*t*/*Ki*，*t*-1回归系数显著为正，说明了国有股比例越高，企业规模越大，投资对不确定性敏感性越大，从而证实了前述股权比例分组和资产规模分组的有关检验结果。

表6-6　　综合考虑融资约束与不确定性的检验结果

被解释变量	*Ii*，*t*/*Ki*，*t*-1		
解释变量	系数	*t*值	*p*值
Δ*REVi*，*t*/*REVi*，*t*-1	0.241	6.251	0.000
CFi，*t*/*Ki*，*t*-1	0.184	1.177	0.240
Ui，*t*/*Ki*，*t*-1	-0.061	-0.669	0.503
GYG∗*CFi*，*t*/*Ki*，*t*-1	0.524	2.391	0.017
ROE∗*CFi*，*t*/*Ki*，*t*-1	-0.393	-0.706	0.480
SIZE∗*CFi*，*t*/*Ki*，*t*-1	-0.004	-0.195	0.846
GYG∗*Ui*，*t*/*Ki*，*t*-1	0.302	3.018	0.003
ROE∗*Ui*，*t*/*Ki*，*t*-1	0.061	0.201	0.841
SIZE∗*Ui*，*t*/*Ki*，*t*-1	0.043	4.573	0.000
R2	0.249		
adj. R2	0.244		
企业数	215		

六、启示

上述检验的结果有些与我们通常直觉判断一致，有些则相左。

这种经验研究与理论分析非一致性的特点，也充分说明了投资决策研究的复杂性和结果的多样性特点。如果按照我们前面分析的结论，预期的结果将是：融资约束和不确定性将影响整体的企业投资水平，但会在不同企业之间有不同程度或者其他特点上的差异。结合前面的理论研究，检验结果给予我们的启示有如下几个方面值得注意。

1. 企业投资重视短期投资机会。按照现有理论，企业的投资决策发生的条件，大体上可以分为两个方面：一是投资机会；二是为投资机会融资。投资机会是企业成长和发展过程中积累的一种资源，又是企业进一步发展的基础，在各种投资机会中，短期投资机会在企业投资机会中又处于比较重要的地位，上述的检验证实了这一点。从研究的角度，一些投资模型，如新古典投资模型、托宾 q 的模型，以及这些模型的发展形式，肯定了所谓长期的投资机会的重要性，尤其是托宾的 q 模型强调了投资决策中长期的发展机会，因为，市场的整体预期强化了企业对投资的评价。然而，如前所述，这种投资模型在实证检验上存在较多不足，而减速模型则没有这样的不足。我们的检验结果显示了加速模型对企业投资的解释作用。就我们检验的而言，一个不能忽略的因素是现阶段我国企业短期经营行为，这种短期行为表明现阶段体制和政策对企业行为的影响作用，因而具有一定的特殊性。

2. 不确定性对几乎所有的企业投资有影响。由于不确定性往往与投资的风险关联，一般情况下，不确定性增大将增加企业投资的风险，同样情况下企业将倾向于抑制自己的投资选择行为。如果说企业投资的基本目标是利润最大化，或者利润最大化的改变形式——企业价值的最大化和股票价值的最大化，则投资的风险必然影响企业的这种最大化动机选择。这样，我们可以推论：一切能够改善经济环境确定性的政策和行为将改善企业的投资动机，而一切增加经济体系中的不确定性的因素将抑制企业的投资动机。

3. 不同企业对不确定性的敏感度是不同的。理论上，所有的企业对不确定性反应趋于抑制投资（也有些理论认为不确定性鼓励了投资），只要我们假定企业是风险厌恶者。但仅仅停留在这样的认识水平上显然是不够的，因为，现实经济中的企业情况差异较大，如企业的规模、经营状况、信誉特点、技术特性和财务状况等——企业的内外在条件不尽相同，因而，企业抗风险的能力在企业之间存在较大差异。这种差异一定程度上将影响投资选择时的态度，从而决定了企业的投资行为。一般认为，企业的规模越大，经营能力和整体竞争力越强，则企业对经济环境的不确定性的抵御能力就越强，则企业投资对不确定性的敏感性就可能越小，即不确定性对这种类型的企业的投资影响就越小。但也不尽然，这取决于多种因素。这些因素既可以是体制和制度的因素、经济运行的整体态势，也可以是经济结构、产业特点和市场竞争特点等因素。

4. 融资对企业投资决策的影响是复杂的。首先，融资作为企业投资的必要条件，是借助所谓的融资环境和条件来实现的。理论上虽然回答了金融因素对企业投资的影响作用，而且实证研究也显示了金融因素对投资行为的解释作用，但并没有完全回答这种影响的方式和程度。现实中，由于信息的原因以及企业之间的差异性，相同的金融体制和环境本质上对不同企业而言可能存在明显的差异，即存在金融变量对不同企业投资的影响不同，主要是影响程度不同。一般情况下，我们可以假定企业投资行为的发生先决条件是企业已经获取了某种投资机会，然后企业设法为投资机会进行融资，所以，融资是为投资服务的，服从于企业投资的内在要求，也就是说，融资是企业投资行为的一个必要条件。在融资以一定的成本无限获取的假定条件下，融资本身就不会构成对企业投资的影响，如果融资存在成本差异，或者即使在较高成本位置上也不能保证融资条件的满足，融资就成为企业投资行为实现的严重约束。这种假定条件上的差异就是传统投资理论与现代投资理论的分水岭。金融变量对企业投资决策的影响本质上是通过融资这个必要条件实现的。

其次，融资对企业投资的影响不是同一的。一是不同企业获取融资资源的成本是不同的；二是不同企业能否获取融资资源（融资条件的满足本身可以看作是一种资源，这里，我们称之为融资资源）的机会不同。一般认为，大企业、信誉较好的企业、与信贷资源提供者（如银行）存在所谓客户关系的企业，以及受到政府偏爱的企业等，可能在获取融资资源的成本或者机会上具有优势，而小型企业或者没有上述有利条件的企业，其投资行为受到融资因素影响的程度大。

现有的文献没有专门的融资约束定义，现有的研究多从外部融资环境对企业投资的影响角度，分析所谓的融资约束问题，所以，一般融资约束是指外部融资资源条件受限的情况，本书认为，融资约束是企业投资的必要条件之一——即融资无法正确满足的状况。这样一来，融资约束程度就是指外部融资对投资限制的程度。[①]

再次，融资条件和环境具有丰富的内涵。上述分析表明，金融与企业投资的关系表现为融资与投资的关系，所以，分析融资与企业投资的关系，必须分析金融体制和政策与企业投资行为的关系。

融资环境和条件包括以下几层含义：一是融资制度的整体水平。如融资工具的发达程度、融资方式的多元化特点，以及融资市场化水平等。融资制度的水平对融资实现效率具有重要的影响作用，因为现代化的金融体制是保证融资资源输送到企业中的基础，不仅总量上有利于企业投资，而且结构上满足不同企业的不同层次的融资要求。从这个意义上，融资制度是发生融资约束，融资约束程度过高的原因之一。二是融资资源的市场手段和计划配置手段具有完全不同特点。计划体制下，融资资源的配置具有明显的政府行为特色，即使在转型时期，这一资源配置也很大程度上受政府决策的影响。三是市场经济条件下的融资资源配置服从竞争原则，融资

① 之所以要强调外部融资，这是因为若企业有足够的内部资金，企业的投资完全可以借助自有资金来满足，则外部融资条件限制的情况就不会发生。

资源的配置是主体行为的理性决策行为的结果。由于企业投资决策本身具有风险，且在不同企业之间存在差异，如果在融资资源提供者规避风险的假定前提下，则企业投资风险上的差异就会影响融资资源的配置，即融资资源的配置在企业之间是非均等的。但仅有这个条件尚不足以促使融资约束的发生，只有当信息非对称性强化了上述的非均等程度，使一部分企业的正常投资行为受到限制时，融资约束的负面经济效应就会出现。

5. 不确定性和融资约束的投资效应具有交叉特点。无论是不确定性环境还是融资环境，很大程度上都与企业的内在条件有关。如就融资环境和条件而言，企业之间差异的原因与企业自身特点有关，一般认为大型企业和信誉好的企业外部融资环境条件较好。大量的研究支持了经营状况好的企业，规模较大的企业以及信誉好的企业受到资本市场和银行的“偏好”，而小型企业和经营状况差的企业似乎没有这个优势。就不确定性而言，也有相似的特点，即大型企业和经营状况好的企业对不确定性的抵御能力较强，因而不确定性对企业投资的影响较小。由此，我们可以推论：企业规模、信誉和财务特点等与不确定性和融资约束的投资效应方向一致。我们的检验并没有体现这个特点，其中一个重要的原因是中国现阶段经济体制和政策的特殊性。

6. 中国的企业投资行为现阶段具有非理性的特点。这里的非理性是指企业投资的投资模型和对待风险的态度。理性的企业在选择投资决策时，必然要充分考虑投资所能够实现的增大利润的特点，以及投资所带来的风险，投资决策也是两种因素共同作用企业的结果。而企业的非理性在投资行为上的表现为不确定性造成的风险对企业的投资决策影响不大，融资选择也具有类似的特点。即融资的形式以及是否为投资进行融资，不是基于投资的形成的收益和投资的风险大小。长期以来，由于我国经济体制和政策的原因，企业普遍具有预算软约束的特点，因而投资行为呈现出冲动特性。这种非理性的投资行为无法使用典型的投资理论来解释。

第二节 投资政策

一、全文总结

本书是关于企业投资行为的理论分析。主要是分析不确定性环境与企业投资行为的关系，融资约束与投资行为的关系，以及两种因素综合条件下的企业投资行为。不确定性和融资约束与企业投资行为的关系，不仅是企业投资理论分析和实证研究的主要趋势，现实中，不确定性和融资也是影响企业投资决策的主要因素，因而，研究不确定性与企业投资行为的关系，以及融资约束与企业投资行为的关系，就等于抓住了研究企业投资行为的主线。国内外的大量文献虽然给出了相应的实证研究，但较少从理论上将不确定性和融资约束结合起来，综合考虑两者与企业投资的关系。不确定性与企业投资行为研究，从现有的情况看，主要是使用期权的方法，考虑了不确定性增加与现时投资的较高成本的关系，得出了不确定性增加较低当前投资水平的结论。另一方面，由于资本市场的内在特点，使用信息经济学的方法，得出融资约束条件下的投资趋于不足的现实。这样，如果企业的投资假定是处于不确定性环境，融资环境也是处于约束的情况，总的投资水平将是不足的。

其次，我们简单分析了处于转型时期的中国企业投资行为问题。由于本书的理论核心是分析融资约束的投资效应和不确定性的投资效应，所以，中国的转型时期的投资行为分析也集中在这一点上。而且，我们将分析的重点定在体制转型与上述的投资效应的关系上：一方面是理论探讨；另一方面是实证研究。文章最后是关于投资政策问题。

理论分析先从四个方面分别分析了企业投资决定的问题：确定性条件下的投资——确定性投资模型；资本非完全下的融资约束效应；以及不确定性的投资——不确定性的投资效应模型；最后是两

种效应的综合。这几个方面的分析应该是层层递进的。

首先，确定性条件下的投资模型是我们分析的出发点。确定性模型的基本特点是假定投资的收益相对确定性，这就是说，在确定性模型中，假定投资决定是在确定性环境中进行的，所以最优投资是如何计算投资的净收益（因为资产的未来收益是确定的，而投资成本也是确定的），然后与投资的借贷资金（或者说资金的机会成本）进行比较，以确定性投资的量。在前面的讨论中，本书试图确定企业的合意资本存量，而投资就是不断逼近合意资本存量的过程，合意资本存量就是投资的边际收益和资本的边际成本的交点确定的资本存量。所以，要构建投资模型，关键是获取资本的边际收益的替代；以及资本的边际成本的替代。本书的贡献之一是在资本的边际收益与投资的边际收益之间建立联系，并对资本的边际收益线的变化特点进行更全面的解释。另外，本书还探讨了规模收益的特点的不同与资本的边际收益线变化的关系，这在一般模型中没有体现。

确定性条件下的投资模型与传统的投资理论密切相关。我们通常使用的投资模型基本上是传统意义上的投资模型，或者是传统投资模型的一定变形。所以，有必要介绍能够代表传统投资模型的典型代表，这里我们重点分析几个传统投资模型，如加速数模型、凯恩斯的投资模型（但凯恩斯的模型在很大程度上又与不确定性联系在一起）、乔根森的投资模型、托宾的 q 理论，① 以及现金流量模型等。

其次，我们分析了不确定性对投资的影响作用。从直觉上，我们知道不确定性对投资有影响作用：一种解释是，不确定性一定意义上与风险联系在一起，所以，不确定性增加可能使投资的风险增加，所以不确定性增加可能抑制投资；另一种解释是，投资者

① 托宾的 q 理论实际上是在凯恩斯的模型的基础上发展而来的，两者的模型都是将投资的市场价值与投资资产的重置成本联系在一起，以此来确定投资的量，在托宾的模型中，将投资决定简化为 q 值的确定。

(企业)若是风险厌恶者，则不确定性增加可能会抑制投资的决定。从理论上看，不确定性的投资效应似乎表现出十分复杂的情况：一种结论是，不确定性抑制了当前的投资，而从长期来说，不确定性也使企业的合意资本存量减少；另一种结论倾向于认为，不确定性增加了投资。本书认为，不确定性在短期内可能抑制了投资，而在长期内可能增加企业的资本存量，但这要看经济环境的不确定性特点。

不确定性的投资效应的结论基础是不同的理论假定和方法上的使用，尤其是方法上的差异。这里我们主要集中讨论期权分析方法上的不确定性对投资的影响分析。因为期权价值的分析具有十分吸引人的发展前景。从分析方法上，我们主要是一般理论描述，即尽可能地从理论逻辑上说明投资决定的影响问题（包括融资约束的投资效应以及不确定性的投资效应），而不是十分严密的数理证明。

本书认为，要正确分析不确定性的投资效应，需要在正确定义不确定性的基础上，将不确定性产生的潜在投资成本和潜在收益联系在一起，以确定企业的合意资本存量。分析不确定性的投资影响作用，仅仅将分析的焦点定在投资的临界值上是不全面的，需要在资本存量意义上确定企业的合意资本存量。这就要建立企业投资的资本成本线和资本收益线。因为，不确定性使投资的临界值上升，其原因是不确定性使投资的成本上升，所以，不确定性的增加表现为投资成本的上升，最终影响了投资的净收益。

按照期权的观点，不确定性与投资的价值相关，所以，不确定性使企业产生了将投资推迟的动机。这里涉及一个如何定义投资的问题。在一些学者看来，投资存在几个特点：投资是不可逆的或者是部分不可逆的；[①] 投资是可以推迟的；投资产生的收益是不确定性的。[②] 如果根据当前情况，选择投资要产生一定的代价，则等待

---

① 关于投资的不可逆的特点，可以参考平迪克和迪克西特的论述（1994）。

② 参见平迪克、迪克西特：《不确定性条件下的投资》，朱勇等译，中国人民大学出版社2002年版，第4页。

就是必要的，关键是由于投资是不可逆的，所以投资尽管从当前的角度看是有收益的，但未来的情况的变化，特别是不利因素的出现可能使不可逆性投资产生十分不利的结果。所以，不确定性在短期内使投资减少，有些学者也提出长期内不确定性也使企业的合意资本存量减少（如平迪克）。

对于企业来说，投资是一项重要的决定，投资发生的各项成本都必须计入投资的支出中，然后与投资的收益进行比较。企业投资的资金来源是决定投资的关键因素之一。因为，任何投资机会无论如何，都需要一定的资金作为保证，当企业本身有足够的资金来满足投资需要，则资金市场的利率变化可能对投资的影响不大，但当企业的投资资金需要通过资本市场的融资，则资本市场的资金供给特点会对企业的投资决定发生影响。融资约束效应不仅体现在外部融资使企业的资金成本上升，而且表现在资金的获得本身的可能性降低，这样，融资的影响将是直接的。融资约束效应不仅是总体上，即资金的供给与资金需求的非对称性，而且可能是一种结构效应，即与企业的具体条件关联，不同企业的情况导致不同的融资约束结果。

理论上，融资约束存在资本成本效应，而不确定性存在投资成本效应，当现有条件无法满足企业认为的合适的投资时机时，企业可能选择投资计划的推迟。投资计划的推移可能具有十分重要的含义，因为推移使一些影响当前投资决定的因素，在推移的情况下会失去作用。因此，体现融资约束和不确定性约束的理论基础，就是从上述的成本效应角度着手。

二、关于投资政策

理论分析的直接收益性结果是关于投资政策的参考意义。投资政策的目标是对社会总投资行为的干预，如果为了增加总投资可以考虑实施促进投资的政策，如果为了抑制投资，则可以考虑实施阻止投资提高的政策，但投资政策的基础是投资的行为主体对投资政策的反应，是基于对企业实施投资计划决定因素的理论解释。因此，企业投资行为的理论本身的不同特点将产生不同的投资政策方案，投资理论的发展将直接有利于投资政策的合理性和优化。本书的主要贡献之一是将两种投资效应的结合性说明，是推动企业资本投资行为理论的发展的一种尝试，由此使投资政策以全新的方式出现。

新的投资理论的政策含义体现以下几个方面。

第一，以确定性假定为基础的投资政策。假定投资的环境是相对确定的，则由此形成的投资理论就是确定性的投资理论。传统确定性的投资理论——如乔根森的投资理论认为，在资本成本一定的情况下，实际投资的收益特点将决定投资能够进行的关键，由此，主流经济学认为，投资的收益水平是相对不变的，则通过改变投资的资本成本可以影响投资。由于确定性的投资理论假定前提之一是资本市场的完全性，所以，资本市场的借贷利率变化不受借贷数量的影响（即资本成本表现为一条水平线），改变资本成本的方法是企业之外的利率调整——降低利率就是降低资本成本；提高利率就是增加资本成本，而改变资本成本就可以改变投资水平。

这样，确定性条件下投资理论的基本政策含义就是利率政策。总投资函数就是假定企业投资是利率的函数，投资增加和减少的基本影响因素就是利率。显然，这里是不考虑投资的收益状态，即使考虑也是在总体上分析经济的总体趋势，考虑这种趋势对投资收益水平的总体影响。而本书详细分析了投资的收益问题，分析的结论认为，投资水平的变化特点应当结合企业的投资的规模特点，应当注意短期和长期的不同特点等。这些投资收益特点对投资政策也是具有参考作用的。因为，投资的回报水平要区分企业的不同发展阶段、地区差异和行业特点，这些都是影响投资收益变化的因素，所以，投资政策的实用需要考虑投资收益的这些特殊表现。

这种简化的投资政策方案——利率政策有其自身的合理性，因为企业投资行为的基本影响因素之一是资本成本。但事实上企业投资行为的是十分复杂的，影响的因素有许多方面，一些因素甚至是十分重要的，而传统的利率政策却忽略了这一点。如经济环境的确定性问题；借贷市场对企业贷款企业的评价问题等，将直接影响单纯意义上的利率政策对企业投资作用。

第二，不确定性条件下投资的政策问题。投资决定不可能在确定性环境中进行，假定经济环境确定是对经济现实的一种抽象，所以，投资理论必须在不确定性与企业投资的关系上有所贡献。不确定性投资理论大体上可以分为期权意义上的不确定性分析和传统意义上的不确定性分析，两种理论都强调了不确定性的影响作用，但期权分析更注重投资的时机。既然不确定性对投资决定有影响——负面影响，则保证经济环境的稳定性就是提高投资率的重要方面。这样一来，未来利润的各种不确定性渠道，如产品价格、投资成本（资本品价格、其他形式的调整成本）、汇率的波动及税收政策和管制政策的变化等，对投资的影响可能比单纯的利率政策更重要。利率的未来走势比利率本身的大小重要，所以减少利率的不必要的变化将是刺激投资增加的关键。

第三，融资条件和融资约束下的投资政策。资本市场并非完全意味着融资成本在外在和内源性融资形式上的差异，企业在决定投资的时候需要考虑资本成本，实际的投资需求必须注意外在融资可能对投资的抑制作用。如果企业投资的资金来源是股票市场，则股票市场的特点将影响企业投资水平，股票市场是对企业价值的评价场所，这种评价将引起企业的投资行为上的一些变化，如过于注意满足股票持有人的短期期望，而逼迫放弃一些具有实际价值的投资项目。股票市场本身的发展，也会影响企业的投资决定。在股票市场不完善的条件下，由于市场对企业价值的评级机制不完善，加上某种垄断因素（如中国的国有股垄断势力，由此产生的非公开信息），使企业通过股票融资更适合，因为股票市场对企业投资项目真实价值的忽视，也助长了企业的投机意识，而通过银行体制的方式融资却没有这样的优势。

通过信贷的方式为投资融资，则银行的配给行为将会影响投资的决定。银行的信贷配给反映了银行对企业投资的一种态度，主要原因是银行对投资风险的担忧，所以，要消除银行的这种顾虑就需要增加银行关于投资的信息。一方面应增加银行对投资过程的直接干预；另一方面应提高银行在企业中的利益。从投资政策的角度，必须利率政策的实施过程中商业银行对利率政策的反应程度，因为利率政策（首先是中央银行的利率政策行为）必须通过商业银行的贷款行为来配合才能起到对投资的影响作用。由于体制和政策的原因，银行可能会过分担忧投资的风险问题，因为企业的违约风险已经远超过银行认为的正常标准，所以商业银行强化了贷款资金的风险意识，即使是中央银行降低利率，未必对投资的增加有什么实际意义。

结合中国的情况，融资约束更有自己的特殊性。首先是银行的性质和地位问题。银行的国有性质一定意义上可能会影响银行的贷款行为，银行的风险意识和风险管理能力可能都存在问题，银行的这种态度会影响企业的投资决定，因为这给企业的投资行为创造了预算软约束的环境，从而使企业的投资行为表现出非理性的特点。在中国，银行的贷款行为除了银行的性质和地位特点之外，银行与企业的特殊关系也将是影响银行的贷款行为的重要方面。由于政策的干预，以及银行的风险意识弱化，加上政府对国有企业的特殊保护，可能会使银行的贷款行为不是基于风险意识，而是满足政府的愿望，如果任凭这种势力的发展，将危及银行的正常经营，影响社会资源的合理使用，影响企业的正常经营和发展，影响到整个社会经济的稳定与发展。随着改革的不断进行，银行体制以及资本市场的逐步完善，企业投资的软预算约束环境将逐步改变，则银行的信贷配给行为将是典型市场经济国家下的特点；所以，一切影响银行的信贷配给行为的因素都将起作用，但现阶段，我们实施投资政策的时候必须考虑我国体制上的这些特殊性。

第四，关于不确定性和融资约束的综合问题。经济学忽略了不确定性与融资约束的互相加强作用，以及这种作用对经济环境变化，如经济周期的关系。尽管金融加速器理论在融资约束与经济的周期性变化有较好的解释，但没有直接将不确定性融入这一理论分析之中。

因此，我们要考虑这两种因素的综合效应问题。一方面要考虑典型市场经济国家中的企业投资行为，既受到不确定性的影响，又受到融资环境约束的现实，所以，投资政策必须基于企业的投资环境的稳定，以及融资环境的改善；另一方面必须考虑一些企业对不确定性环境及融资约束的敏感反应。

大量的研究结果显示，企业的财务状况与不确定性存在互相影响的关系。尤其是企业的财务杠杆可能是重要的，因为，财务杠杆的大小显示了企业的经营状况，表明了企业对外部融资的高度依赖，同时也体现了企业获得外部资金的能力。因此，面对不确定性环境，如通货膨胀引起的利率实际价值的降低，会鼓励企业的借贷动机，但较高的财务杠杆的信息披露作用，在不确定性的条件下更增加了银行对企业的信贷配给行为。因此，投资政策必须考虑这些综合性因素的影响。

在中国，由于政策上的非公平，一些企业尤其是民营企业在获得贷款方面没有国有企业的特殊优势，所以这些企业的本身的净财富水平将严重影响投资的决定。另外，由于这些企业对经济的敏感度较强，所以不确定性的经济环境和政策环境对这些企业的影响更大。

参考文献

中文文献

1. 逄锦聚:《经济波动与经济调整》,南开大学出版社 1993 年版。

2. 逄锦聚:《宏观调控新论》,湖南人民出版社 2000 年版。

3. 逄锦聚:《跨世纪宏观经济难题研究》,天津人民出版社 2000 年版。

4. 范里安:《微观经济学:现代观点》(费方域译),上海三联书店、上海人民出版社 2000 年版。

5. 曼斯费尔德:《微观经济学》(第 9 版),中国人民大学出版社 1999 年版。

6. 詹姆斯·M·亨德森、理查德·E·匡特:《中级微观经济学理论——数学方法》(苏通译),北京大学出版社 1998 年版。

7. 《哈维尔莫选集》(沈利生译),首都经济贸易大学出版社 2001 年版。

8. A.D. 钱德勒:《大企业和国民财富》,北京大学出版社 2004 年版。

9. W.W. 罗斯托:《经济成长的阶段》,商务印书馆 1962 年版。

10. 阿维纳什·迪克西特、罗伯特·平迪克:《不确定性条件下的投资》(朱勇一等译),中国人民大学出版社 2002 年版。

11. 埃瑞克·菲吕博顿等:《新制度经济学》,上海财经大学出版社 1998 年版。

12. 安德鲁·B·阿贝尔:《投资与消费》,《经济学手册》

（［美］K. J. 阿罗、［美］M. D. 英特里盖特主编），经济科学出版社 2002 年版。

13. 德怀特·贾菲、约瑟夫·斯蒂格利茨：《信贷配给》，《经济学手册》（［美］K. J. 阿罗、［美］M. D. 英特里盖特主编），经济科学出版社 2002 年版。

14. 多恩布什、费希尔：《宏观经济学》，中国人民大学出版社 1997 年版。

15. 樊纲：《现代三大经济理论体系的比较与综合》，上海三联书店、上海人民出版社 1994 年版。

16. 佛朗哥·莫迪里亚尼、默顿·H·米勒：《资本成本、公司财务和投资理论》（《资本结构理论研究译文集》卢俊编译），上海三联书店、上海人民出版社 2004 年版。

17. 黄淳、何伟：《信息经济学》，经济科学出版社 1998 年版。

18. 凯恩斯：《就业利息和货币通论》，商务印书馆 1997 年版。

19. 凯文·多德：《竞争与金融——金融与货币经济学新解》（丁新娅、桂华等译），中国人民大学出版社 2004 年版。

20. 林毅夫、蔡昉、李周：《中国的奇迹：发展战略与经济改革》，上海人民出版社、上海三联书店 1994 年版。

21. 刘涤源：《凯恩斯经济学评论》，武汉大学出版社 1997 年版。

22. 柳欣：《资本理论——货币理论与有效需求》，人民出版社 2003 年版。

23. 斯蒂芬·A·罗斯：《负债、税收和不确定性》（《资本结构理论研究译文集》卢俊编译），上海三联书店、上海人民出版社 2004 年版。

24. 魏克赛尔：《利息与价格》，商务印书馆 1997 年版。

25. 约瑟夫·熊彼特：《经济发展理论》，商务印书馆 1997 年版。

26. 约翰·赫尔：《期权、期货和衍生证券》（张陶伟译），华夏出版社 1997 年版。

27. 张培刚:《微观经济学的产生和发展》,湖南人民出版社 1997 年版。

28. 张杰:《中国国有金融体制变迁分析》,经济科学出版社 1998 年版。

29. 哈罗德·德姆塞茨:《企业经济学》,中国社会科学出版社 1999 年版。

30. 张维迎:《企业理论与中国企业改革》,北京大学出版社 1999 年版。

31. 李扬、王松奇:《中国金融理论前沿》,社会科学文献出版社 2000 年版。

32. 查理斯·P·金德尔伯格:《经济过热、经济恐慌及经济崩溃——金融危机史》(朱隽、叶翔等译),北京大学出版社 2000 年版。

33. 坎哈亚、罗伯特:《金融自由化与投资》(沈志华译),经济科学出版社 2000 年版。

34. 钱小安:《信贷紧缩、银行重组与金融发展》,上海三联书店、上海人民出版社 2000 年版。

35. 臧旭恒:《居民资产与消费选择行为分析》,上海三联书店、上海人民出版社 2001 年版。

36. 郭建强:《中国转轨期财政货币政策研究》,中国物价出版社 2001 年版。

37. 曹凤岐:《股份经济论》,北京大学出版社 2001 年版。

38. 阿兰·斯密德:《制度与行为经济学》,中国人民大学出版社 2004 年版。

39. 富兰克·H·奈特:《风险、不确定性和利润》,中国人民大学出版社 2005 年版。

40. 马科维茨:《资产选择理论》(《金融学文献通论》陈雨露、汪昌云主编),中国人民大学出版社 2006 年版。

41. 约瑟夫·E·斯蒂格利茨:《不完全信息市场中的信贷配给理论》(《金融学文献通论》陈雨露、汪昌云主编),中国人民大学出版社2006年版。

42. 约翰·H·凯瑞肯:《借贷者偏好——信贷配额及货币政策有效性》(《金融学文献通论》陈雨露、汪昌云主编),中国人民大学出版社2006年版。

43. 威廉·夏普:《资本资产价格模型:风险状态下的市场均衡理论》(《金融学文献通论》陈雨露、汪昌云主编),中国人民大学出版社2006年版。

44. 费雪·布莱克:《期权定价模型》(《金融学文献通论》陈雨露、汪昌云主编),中国人民大学出版社2006年版。

45. 罗伯特·莫顿:《公司债务的定价:利率的风险结构》(《金融学文献通论》陈雨露、汪昌云主编),中国人民大学出版社2006年版。

46. 桑福德·格罗斯曼:《信息有效市场悖论》(《金融学文献通论》陈雨露、汪昌云主编),中国人民大学出版社2006年版。

47. Heysh Shefrin:《行为资本资产定价理论》(《金融学文献通论》陈雨露、汪昌云主编),中国人民大学出版社2006年版。

48. Eugene F. Fama:《代理问题和现代企业理论》(《金融学文献通论》陈雨露、汪昌云主编),中国人民大学出版社2006年版。

49. Stewary C. Myers:《资本结构之谜》(《金融学文献通论》陈雨露、汪昌云主编),中国人民大学出版社2006年版。

50. 迈克尔·詹森:《自由现金流的代理成本——公司财务和并购》(《金融学文献通论》陈雨露、汪昌云主编),中国人民大学出版社2006年版。

51. 冯巍、方向阳:《企业投资理论新进展及其启示》,载《经济学动态》,1998年第8期。

52. 冯巍:《内部现金流量和企业投资——来自我国股票市场上市公司财务报告的证据》,载《经济科学》,1999年第1期。

53. 冯用富：《金融理论的经济学基础》，载《经济学动态》，1998年第3期。

54. 郭树言：《进一步深化投资体制改革》，载《经济学动态》，1995年第10期。

55. 何大安：《市场体制下的投资传导循环及其机理特征》，载《中国社会科学》，2003年第3期。

56. 胡代光：《新凯恩斯主义经济学的核心命题、政策含义和对它评析》，载《经济学动态》，1998年第2期。

57. 黄运成：《国有企业的债务负担与债务重组》，载《经济学动态》，1995年第5期。

58. 贾春新：《金融深化：理论与中国的经验》，载《中国社会科学》，2000年第3期。

59. 林凌、刘世庆：《利润周期与经济周期》，载《中国社会科学》，1999年第3期。

60. 林毅夫、李志比：《国有企业：政策性负担与制度性矛盾》，载《新华文摘》，2004年第10期。

61. 刘树成：《论中国经济增长与波动的新态势》，载《中国社会科学》，2000年第1期。

62. 路风：《国有企业转变的三个命题》，载《中国社会科学》，2000年第5期。

63. 平新乔：《"预算软约束"的新理论及其计量验证》，载《经济研究》，1998年第10期。

64. 宋养琰：《对国有企业产权改革的总体设想》，载《中国社会科学》，1993年第1期。

65. 孙竹：《布莱克—斯科尔斯模型与金融衍生市场风险管理》，载《经济学动态》，1998年第2期。

66. 汪同三、李涛：《中国通货紧缩的深层次原因》，载《中国社会科学》，2001年第6期。

67. 王健：《新凯恩斯主义信贷配给论》，载《经济学动态》，

1995年第9期。

68. 翁君奕：《现代公司资本结构理论》，载《经济学动态》，1995年第11期。

69. 吴易风：《市场经济与政府干预》，载《中国社会科学》，1993年第2期。

70. 吴忠群：《中国经济增长中消费和投资的确定》，载《中国社会科学》，2003年第3期。

71. 徐康宁、王剑：《美国对华直接投资决定性因素分析(1983~2000)》，载《中国社会科学》，2002年第5期。

72. 张新泽：《当前我国的融资收缩及应对对策》，载《中国社会科学》，2001年第1期。

73. 郑秉文：《20世纪西方经济学发展历程回眸》，载《中国社会科学》，2001年第3期。

74. 周宝义：《银企间不良债权债务问题研讨观点综述》，载《经济学动态》，1995年第7期。

75. 何金耿：《上市公司投资决策的价值依据》，载《南京社会科学》，2002年第7期。

76. 何金耿、丁加华：《上市公司投资决策行为的实证分析》，载《证券市场导报》，2001年第9期。

77. 刘峰、吴波：《托宾q值之有效性研究——理论分析与经验证据》，中国第三届实证会计国际研讨会宣讲论文，2004年。

78. 魏锋、刘星：《融资约束、不确定性对公司投资行为的影响》，载《经济科学》，2004年第2期。

79. 俞乔、程建波等：《非国有企业投资行为研究》，载《经济学季刊》，2002年第3期。

80. 郭建强：《企业投资决定理论的分析与评价》，载《山西大学学报》，2004年第1期。

81. 唐雪松、郭建强：《基于自由现金流代理成本假说的投资行为研究》，载《证券市场导报》，2007年第4期。

82. 曹颖、陆正飞：《信息披露质量与股权融资成本》，载《经济研究》，2006 年第 2 期。

83. 张小茜、汪炜、史晋川：《利率市场化与信贷配给——一个基于 IRR 的实物期权模型》，载《金融研究》，2007 年第 3 期。

84. 罗党论、唐清泉：《政府控制、银企关系与企业担保行为研究——来自中国上市公司的经验证据》，载《金融研究》，2007 年第 3 期。

85. 刘林：《股权融资偏好模型分析与治理改进设计》，载《金融研究》，2006 年第 10 期。

86. 倪铮、魏山巍：《关于我国公司债务融资的实证研究》，载《金融研究》，2006 年第 8 期。

87. 王朝弟：《小企业信贷配给的阶段性约束及其体制内优化》，载《金融研究》，2006 年第 12 期。

88. 杨丰来、黄永航：《企业治理结构、信息非对称性与中小企业融资》，载《金融研究》，2006 年第 5 期。

89. 郭友、莫倩：《资本约束与信贷挤压》，载《金融研究》，2006 年第 7 期。

90. 李礼、齐寅峰、郭莉：《经济制度变迁对我国国有企业融资动机的影响——基于调查问卷的分析》，载《南开管理评论》，2007 年第 1 期。

91. 郭建强：《关于体制转型性不确定性对投资的抑制》，载《生产力研究》，2006 年第 11 期。

英文文献

1. Avner Bar-ilan William C. Strange, "The Timing and Intensity of Investment." *Journal of Macroeconomics*, Winter 1999, Vol. 21, No. 1, pp. 57 –77.

2. Robert Lensink, Hong Bo and Elmer Sterken, "Investment, Capital Market Imperfections, and Uertainty." Edward Elgar Cheltenham, UK. Northampton, MA, USA, 2001.

3. Andrew B. Abel Janice C. Eberly, "The Effects of Irreversibility and Uncertainty on Capital Accumulation." *Working Paper* 5363, November 1995.

4. Stewart C. Myers, "Finance Theory and Financial Strategy." *Real Option and Investment under Unertainty*, Edited by Eduardo S. Schwartz and Lenos Trigeorgis. The MIT Press, 2001.

5. Marc Goergen and Luc Renneboog, "Investment Policy, Internal Financing and Ownership Concertration in the UK." *Center for Economic Research*, No. 2000 – 116.

6. Roberts Chirinko and Ulf von Kalckreuth, "Further Evidence on the Relationship Between Firm Investment and Financial Status." *Economic Research Center* November, 2002.

7. Xiao-Yuan Dong, Louis Putterman, "Soft budget constraints, social burdens, and labor redundancy in China'state industry." *Journal of Comparative Economics* 31 (2003) 110 – 133.

8. Lubomir Lizal, Jan Svejnar, "Investment, Credit Rationing, and the soft Budget Constraint: Evidence from Czech Panel Data." *The Review of Economics and Statistics*, 84 (2): 353 – 370. (May, 2002).

9. Laixiang Sun, "Aggregate Behavior of Investment in China, 1953 – 96 – An Analysis of Investment Hunger and Fluctuation." *Institute of Social Studies* 2001.

10. Janos Kornai, Eeic Maskin, and Gerard Roland, "Understanding the Soft Budget Constraint", *Journal of Economic Literature* pp. 1095 – 1136. Vol. XLI (December 2003).

11. Abel, A. B, "Optimal investment under uncertainty." *The American Economic Review*, 72, 228 – 233 (1983).

12. Abel, A. B. and J. C. Eberly, "A unified model of investment under uncertainty." *The American Economic Review*, 84, 1369 – 1384

(1994).

13. Abel, A. B. , A. K. Dixit, J. C. Eberly and R. S. Pindyck, "Options, the value of capital, and investment." *Quarterly Journal of Economics*, 111, 753 – 777 (1996).

14. Abel, A. B. and J. C. Eberly, "The effects of irreversibility and uncertainty on capital accumulation." *Journal of Monetary Economics*, 44, 339 – 377 (1999).

15. Aizenman, J. and N. P. Marion, "Volatility and investment: interpreting from developing countries." *Economica*, 66, 157 – 179 (1999).

16. Atiyas, I, "Financial reform and investment behaviour in Korea: evidence from panel data." *Paper prepared for the conference on the impact of financial reform: World Bank*, (1992).

17. Barnett, S. A. and P. Sakellaris, "A new look at firm market value, investment and adjustment costs." *The Review of Economics and Statistics*, 81, 250 – 260 (1999).

18. Berger, A. N. and G. F. Udell, "Relationship lending and lines of credit in small firm finance." *Journal of Business*, 68, 351 – 181 (1995).

19. Bernanke, B. S, "Irreversible, uncertainty, and cyclical investment." *Quarterly Journal of Economics*, 98, 85 – 106 (1983).

20. Corbett, J. and T. Jenkinson, "How is investment financed? A study of Germany, Japan, the United Kingdom and the United States." *The Manchester School*, *Supplement*, 25, 69 – 93 (1997).

21. Ees, H. van and J. H. Garretsen, "Does liquidity matter for business investment? Some evidence for the Netherlands." *Journal of Macroeconomics*, 16, 613 – 627 (1994).

22. Ees, H. van and J. H. Garretsen, L. de Haan and E. Sterken, "Investment and debt constraints: evidence from Dutch panel data, in

S. Brakman. " H. van Ees and S. K. Kuipers (eds), *Market Behaviour and Macroeconomic Modelling*: MacMillan, Chapter6, pp. 159 - 179 (1998).

23. Ghosal, V. and P. Loungani, "The differential impact of uncertainty on investment in small and large businesses. " *The review of Economics and Statistics*, 82, 228 - 349 (2000).

24. Gilchrist, S. and C. P. Himmelberg, "Evidence on the role of cash-flow in reduced-form investment equations", *Journal of Monetary Economics*, 36, 541 - 572 (1995).

25. Guiso, L. and G. Parigi, "Investment and demand uncertainty. " *Quarterly Journal of Economics*, 114, 185 - 227 (1999).

26. Hansen, B. F., "Threshold effects in non-dynamic panels: estimation, testing and inference", *Journal of Econometrics*, 93, 345 - 368 (1999).

27. Harris, J. R., F. Schiantarelli and M. G. Siregar, "The effect of financial liberalization on the capital structure and investment decisions of Indonesian manufacturing establishments", *World Bank Economic Review*, 8, 17 - 47 (1994).

28. Hermes, N. and R. Lensink, "Regulatory change and the allocation of finance: the role of business conglomerates in chili, 1983 - 1992, in V. " Murinde Doukas, J. and C. Wihlborg (eds), "financial sector reform and privatization in transition economies: North Holland", pp. 217 - 239 (1998a).

29. Hu, X. and F. Schiantarelli (1998), "Investment and capital market imperfections: a switching regression approach using firm panel data", *The Review of Economics and Statistics*, 53, 466 - 479.

30. Kadapakkam, P. R., P. C. Kumar and L. A. Riddick, "The impact of cash flows and firm size on investment: the international evidence", *Journal of Banking and Finance*, 22, 293 - 320 (1998).

31. Lamont, O. , "Cash flow and investment: evidence from internal markets", *The Journal of Finance*, 52, 83 – 109 (1997).

32. Lensink, R. and E. Sterken, "The option to wait to invest and equilibrium credit rationing", *Journal of Money, Credit, and Banking*, 33, forthcoming (2001).

33. Magill, M. and M. quinzii, "Theory of incomplete markets", MIT Press (1996).

34. Ng, S. and H. Schaller, "The risky spread, investment and monetary policy transmission: evidence on the role of asymmetric information", Mimeo: Carleton University (1993).

35. Peeters, M. , "Does damand and price uncertainty affect Belgian and Spanish corporate investment?" Staff Paper: De Nederlandsche Bank (1997).

36. Perfect, S. B. and K. W. Wiles, "Alternative constructions of Tobin's Q: an empirical comparison", *Journal of empirical Finance*, 1, 313 – 341 (1994).

37. Price, S. , "Aggregate uncertainty, investment and asymmetric adjustment in the U. K. manufacturing sector", *Applied Economics*, 28, 1369 – 1379 (1996).

38. Scaramozzino, P. , "Investment irreversibility and finance constraint", *Oxford Bulletics*, 59, 89 – 108 (1997).

39. Serven, L. , "Uncertainty, instability, and irreversible investment, Policy Research", *Working Paper* 1722: The World Bank (1997).

40. Stiglitz, J. E. and A. Weiss, "Credit rationing in markets with imperfect information", *The American Economic Review*, 71, 393 – 410 (1981).

41. Tobin, J. , "A general equilibrium approach to monetary theory", *Journal of Money, Credit, and Banking*, 1, 15 – 29 (1969).

42. Janos Kornai, Eeic Maskin, and Gerard Roland, "Understanding the Soft Budget Constraint", *Journal of Economic Literature* Vol. XLI (December 2003) pp. 1095 – 1136.

43. Haiyan Song, Zinan LIU, "Analyzing the Determinants of China's Aggregate Investment in the Reform Period." *China Economic Review* 12 (2001).

44. Robert S. Chirinko, "Business Fixed Investment and Tax Policy: A Perspective on Existing Models and Empirical Evidence", *National Tax Journal*, (1992), and Ford and Poret, "Business Investment."

45. Bischoff, C. W. and Kokkelenberg, E. C, "Capacity Utilization and Depreciation in Use." *Applied Economics* 19: 995 – 1007 (1987).

46. Burnside, C. and Eichenbaum, M., "Factor-hoarding and the Propagation of Business-cycle Shocks." *American Economic Review* 86 (5): 1154 – 1174 (1996).

47. Collard, F., and Kollintzas, T, "Maintenance, Utilization and Depreciation along the Business Cycle", CEPR *Discussion Paper* 2477. (2000).

48. Haiyan Song, Zinan LIU, "Analyzing the Determinants of China's Aggregate Investment in the Reform Period", *China Economic Review* 12 (2001).

49. James Tobin, "A General Equilibrium Approach to Monetary Theory", *Journal of Money, Credit and Banking*, February (1969).

50. Lawrence H. Summers, "Taxation and Corporate Investment: A *q*-Theory Approach", *Brookings Papers on Economic Activity*, 1, (1981).

51. David Dequch, "Uncertainty and Economic Sociology." A preliminary Discussion. *American Journal of Economics and Sociology*, Vol. 62, No. 3, July, (2003).

52. Andrew B. Abel Janice C. Eberly, "The Effects of Irreversibility and Uncertainty on Capital Accumulation." *Working Paper* 5363, November, (1995).

53. Marc Goergen and Luc Renneboog, "Investment Policy, Internal Financing and Ownership Concertration in the UK." *Center for Economic Research*, No. 116 (2000).

54. Aymo Brunetti Beatrice Weder, "Investment and Institutional Uncertainty A Comparative Study of Different Uncertainty Measures." *Technical Paper, The World Bank and International Finance Corporation*, (1997).

55. Dani Rodirik, "Policy Uncertainty and Private Investment in Developing Countries." *Working Paper* No. 2999, (1989).

56. Matthew B. Canzoneri, Robert E. Cumby and Behzad T. Diba, "The Cost of Nominal Inertia in NNS Models", Working Paper10889, http: //www. nber. org/papers/10889 (November, 2004).

57. Andrew Henley, Alan Carruth, Andy Dickerson, "Industry-wide versus firm-specific uncertainty and investment, British company panel data evidence." *Economics Letters*. 78 (2003): 87 - 92.

58. Athanasios Episcopos, "Evidence on the relationship between uncertainty and irreversible investment." *The quarterly Review of Economics and Finance*. (1995): 41 - 52.

59. Clement Kong Wing Chow, "Ownership Structure, Lending Bias, and Liquidity Constraints: Evidence from Shanghais Manufacturing Sector." *Journal of Comparative Economic*. 26: 301 - 316. (1998).

60. Fazzari, Steven M., R. Glenn Hubbard, and Bruce C. Petersen., "Financing constraints and corporate in investment." *Brookings Paper on Economic Activity*. 1988. 1: 141 - 195.

61. Hong Bo, Robert Lensink, and Elmer Sterken, "Uncertainty and Financing Constraints." *European Finance Review*. 7: 297 - 321.

(2003).

62. Hong Bo, Zhihai Zhang, "The impact of uncertainty on firm investment, evidence from machinery industry in Liaoning province of China." *Economics Systems*. 26: 335 -352. (2002).

63. Kaplan, Steven N., and Liugi Zingales, "Do investment - cash flow sensitivities provide useful measures of financing constraints?" *The Quarterly journal of Economics*. 112: 169 -215. (1997).

64. Massimo Caruso, "Investment and the persistence of price Uncertainty." *Research in Economics*. 55: 189 -217. (2001).

65. Sean Cleary, "The relationship between firm investment and financial status." *The Journal of Finance*. 2: (Apr, 1999).

66. Sudipto Sarkar, "On the investment uncertainty relationship in a real options model." *Journal of Economic Dynamics & Control*. 24: 219 -225. (2000).

67. Takeo Hoshi Anil Kashyap David Scharfstein, "Corporate Structure, Liquidity, and Investment: Evidence from Japanese Industrial Groups." *The Quarterly journal of Economics*. 106: 33 -60. (1991).

68. Alti, Aydogan, "How sensitive is investment to cash flow when financing is frictionless?" *Carnegie-Mellon University working paper*. (2001).

69. Berle A, G Means, "The modern corporation and private property." *Macmillan, New York*. (1932).

70. Chapman, D. R., Junor, C. W., Stegman T. R., "Cash flow constraints and firm s' investment behavior." *Applied Economics* 28, 1037 -44 (1996).

71. Conyon, M., K. Murphy, "The Prince and the Pauper? CEO Pay in the US and the UK." *Economic Journal* 110, 640 -671 (2000).

72. Devereux, M., and F. Schiantarelli, "Investment, Financial Factors, and Cash flow: Evidence from U. k. Panel Data." in R. Glenn

Hubbard, ed., Asymmetric Information, Corporate Finance, and Investment. Chicago, IL, *University of Chicago Press*, 279 – 306 (1990).

73. Fazzari, Steven M., R. Glenn Hubbard, and Bruce C. Petersen, "Financing constraints and corporate in investment." *Brookings Paper on Economic Activity*, 1, 141 – 195 (1988).

74. Hart, Oliver, "Firm, contracts, and Financial Structure." *Oxford University Press*, (1995).

75. Huntley Schaller, "Asymmetric Information, Liquidity Constraints, and Canadian Investment." *Canadian Journal of Economics*, Vol. 26, No. 3: 552 – 574 (Aug., 1993).

76. Jensen M, W Mecking, "Theory of the firm: Managerial behavior, agency costs, and capital structure." *Journal of Financial Economics*, 3: 305 – 360 (1976).

77. Jensen, M., "Agency Costs of Free Cash Flow, Corporate Finance and Takeovers." *American Economic Review*, 76: 323 – 329 (1986).

78. Strong, J. S. and J. R. Meyer, "Sustaining Investment, Discretionary Investment, and Valuation: A Residual Funds Study of the Paper Industry." in R. Glenn Hubbard, ed., "Asymmetric Information, Corporate Finance, and Investment." Chicago, IL, *University of Chicago Press*, 127 – 148 (1990).

79. Takeo Hoshi, Anil Kashyap, David Scharfstein, "Corporate Structure, Liquidity, and Investment: Evidence from Japanese Industrial Groups." *The Quarterly journal of Economics*, 106, 33 – 60 (1991).

80. Vogt, S., "The Cash Flow/Investment Relationship: Evidence from U. S. Manufacturing Firms." *Financial Management* 23, 3 – 20 (1994).

81. Mark Klock, Clifford F. Thies, "A Test of Studies Over investment Hypothesis." *Financial Review*, (1995).

82. Bo, H. , "Theqtheory of investment: Does uncertainty matter?" *SOM Research Report* 99*E*07: *University of Groningen.* (1996).

83. Boyd, J. H. and E. C. Prescott, "Financial intermediary-coalitions." *Journal of Economic Theory*, 38, 211 – 232 (1986).

84. Caballero, R. J. and J. Leahy, "Fixed costs: The demise of marginai Q." NBER *Working paper Seyies* 5508 (1996).

85. Caballero, R. J . and R. S. Pindyck, " Uncertainty, investment, and industry revolution." *International Economic Review*, 37, 641 – 662 (1996).

后 记

该书是在本人博士论文的基础上形成的。2005 年博士毕业后，本人有幸在山东大学威海分校商学院工作至今。这里学术气氛浓厚，老师们敬业爱教，领导有方，这些极大地影响和感染了本人，激发了本人的工作热情。其间受我的导师逄锦聚教授启发和鼓励，也得到商学院院长张东辉教授的帮助，使该书稿成形完善并顺利出版。

该书主要是讨论企业投资问题。当时在构思博士论文时就考虑了该研究的视角问题，因为，可以肯定，学术界研究投资的文献浩如烟海，现有的成果也比较成熟，很难在已有的前人的研究基础上有所创新，因而选题就成了该研究能否成功的关键所在。本人在读博士之前就对有关的投资问题感兴趣，也收集了大量的有关的文献，也在日常的生活中关注了有关的话题。读博士期间，这种热情和认识逐步成熟，因为导师的启发和进一步的理论学习，加上期间的研究和纵深思考，促使论文结构和思路最终成形。文章首先定在企业投资行为这个对象上。

为什么要研究企业的投资行为？本人是这样考虑的：第一，企业的投资决策行为是企业最为重要的决策。因而，正确地认识和把握企业的这一决策行为的内在规律，就成为理论研究的重要命题。尽管企业投资决策地位和作用重要，但现有的理论研究和实证分析尚存在不足，根据作者掌握的资料看，已有的研究与实际需要还存在较大的差距。第二，企业的投资行为是决定宏观意义上的投资水平以及发生波动的基础。宏观经济学上的投资一般是指总投资。宏观经济学投资研究要求回答几个方面的问题，如投资发生波动的原因是什么，何种因素引起总投资水平发生改变等；我们应该启用什么样的政策来鼓励投资或者抑制投资。第三，中国转型时期的经济环境充满了变数，企业投资行为对经济环境的反应也具有一定的特殊性。这样，简单地套用西方的已有的理论来解释中国的企业投资行为存在不足。我认为应结合中国企业行为发生的制度背景和特有的机制等方面去理解，才有可能对中国的企业投资决策行为有一个比较正确的认识。在理解这个问题上，我觉得应注意几点：一是企业对待投资发生的收益和风险态度如何，这涉及企业投资发生的有关体制和制度，与政策也有一定的关系，同时也与整体意义上的体制和政策有关；二是转型时期（由传统的计划经济体制向市场经济转变的过程中）的经济环境的特殊性对企业投资行为的影响；企业投资对不确定性和融资约束的反应如何，尤其是实证意义上的反应如何等。

为了更好地回答企业投资行为的有关问题，我们首先要对当前的企业投资理论有比较全面的把握。通过阅读大量的西方的（也包括较少的国内的一些文献）关于企业投资理论，我发现现有文献的位置表现为两个方向：不确定性环境与企业投资决策的关系；资本市场非完全与企业投资的关系。但较少将两个方向的研究进行综合，尤其是理论层次上综合。本研究正是基于上述事实，使用新古典投资理论的基本方法，将企业的投资行为分解为相互联系的两个过程——投资收益确定过程和资本成本确定过程，最终确定企业的合意资本存量水平。使用该方法，将不确定性的期权分析思路和资本非完全的理论分析结合起来，形成了本书的理论结论。但需要强调的是，尽管本书也给出了一定的实证研究，但主要是理论分析，不足在于没有相应更严格的数量证明，这将是本人进一步要做的工作。

没有我的博士论文便没有该书的形成，因而我要感谢有关的人士给予的有益支持。

首先我要向我的导师逄锦聚教授表示深深的谢意。论文从选题到结构安排，导师都给了悉心的指导。逄老师知识渊博、经验丰富，看问题独具慧眼，常常既能于细微之处见真谛，又能高屋建瓴把握全局；他治学严谨、一丝不苟，对工作极其负责任，对自己的学生严格要求；他为人诚恳热情，对自己的学生悉心关怀，他常常教育我们，不仅学问要做得好，做人做事也要做得好。逄老师的这些高贵品质，将影响我们的一生；导师的至理名言——“做人做事做学问”，我们也会在今后的生活和事业中，作为座右铭时时刻刻勉励自己：工作上努力进取，生活和做人上严格要求，不辜负老师的期望。另外，我的师母在生活上对学生很是关怀，我也要感谢她的慈爱情怀。无论我今后在什么地方工作，都会牢记师恩。

我也要感谢我的硕士生导师张鸿文教授。在紧张学习期间，没能经常看望老师，作为学生表示歉意。张老师在学问上常常提示我要注意认真敬业，他的教导使我受益匪浅。同样感谢王述英导师的教诲和指导。

论文的写作过程中还受到其他老师的关心。如柳欣教授、刘俊民教授、段文斌教授、靳英华教授、刘书祥副教授、赵春玲副教授、秦海英博士等老师，有的老师所提供的只是一个简单的建议，但却启发和引导了我，从而使自己的论文水平有所提高。所以，在这里也表示谢意。

在短暂的学习期间，一些热心的同学和朋友，也给了诸多帮助，在这里也感谢他们。我的同窗杨俊青博士、吕明元博士、于长革博士、王玉海博士、梁荣博士、段岩燕博士、李翔博士、唐雪松博士等，在一些问题上，或者讨论，或者辩论，给了我不少的启发和帮助，所以在这里也感谢他们。

我要特别感谢我的父亲和母亲，并表示儿子的歉意。父母年事已高，身体也不是很好，但为了我能够踏踏实实地做论文，我的母亲从老家专门来给我看孩子，而父亲一个人在家中辛勤劳作，我深表愧疚。儿子希望能在今后的工作中，积极肯干，做出成绩为父母争光，并希望今后能更多关心二老，以表做儿子的孝心。

在学习期间，我的岳父和岳母也给了不少的鼓励，生活上关心体贴，尤其他们关照我女儿的学习和生活，在这里表示感谢。期间我的岳母病重，儿子没能尽到孝心，这里表示歉意，儿子希望今后给予老人更多的照顾和关心。

最后我要感谢我的夫人刘陈君女士。她是一位了不起的女性，她任劳任怨，纯朴善良，操持家务、教育子女很是艰难。近六年的学习期间，我的夫人一直支持配合，所以，才有今天学满期成，所以要感谢她。我还要对我的女儿表示歉意，因为我没有很好地尽到一个父亲的责任。

2007 年 6 月 26 日于山东大学威海分校

责任编辑：吕　萍　马金玉
责任校对：杨晓莹
版式设计：代小卫
技术编辑：潘泽新

不确定性、融资约束与企业投资分析
郭建强　著
经济科学出版社出版、发行　新华书店经销
社址：北京市海淀区阜成路甲 28 号　邮编：100036
总编室电话：88191217　发行部电话：88191540
网址：www.esp.com.cn
电子邮件：esp@esp.com.cn
汉德鼎印刷厂印刷
永胜装订厂装订
880×1230　32 开　9.5 印张　250000 字
2007 年 8 月第一版　2007 年 8 月第一次印刷
印数：0001—2000 册
ISBN 978-7-5058-6673-7/F·5934　定价：15.00 元
（图书出现印装问题，本社负责调换）